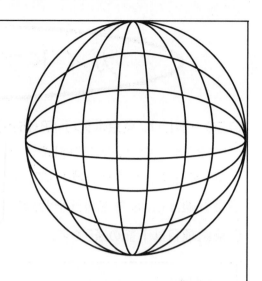

ボランティア・市民活動助成
ガイドブック

2023-2024

共同発行： **東京都社会福祉協議会民間助成団体部会**

東京
ボランティア
市民活動
センター

Tokyo
Voluntary
Action
Center

２０２３年調査

ガイドブックの利用について

〇この一覧には、東京ボランティア・市民活動センターと東京都社会福祉協議会民間助成団体部会が、2023年5月に調査を実施した、ボランティア活動・市民活動に対しての助成事業、表彰事業、融資事業を実施する団体が掲載されています。

〇掲載順序は、団体名の五十音順となっています。

〇掲載項目は下記の通りです。

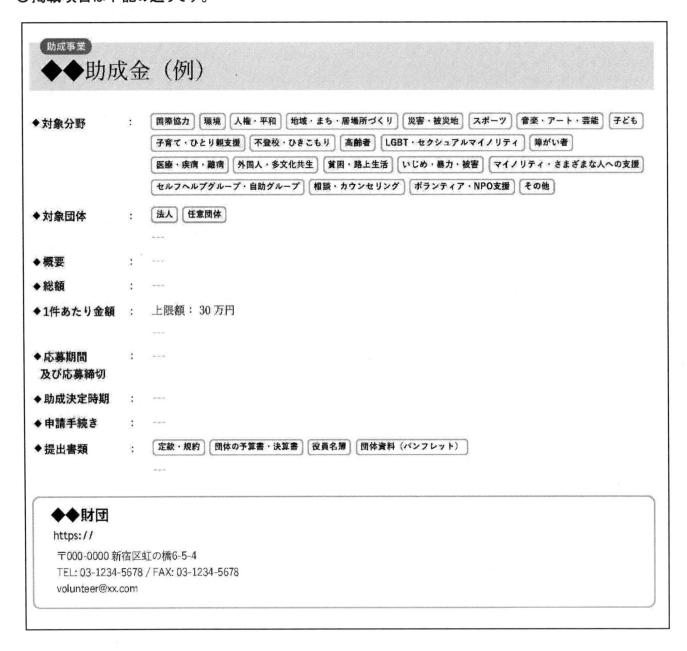

申請にあたっては、「◆対象団体」「◆概要」「◆申請手続き」「◆提出書類」をよくご確認ください。

注意事項

○掲載内容には、既に申請受付が終了された事業も含まれています。

○助成（表彰・融資）事業は、年度や次の公募の際に変更される場合があります。新たに申請を行う場合は、必ず内容を確認してください。
また、申請書類の様式についても変更される場合があります。申請書類の様式は参考に掲載しているものですので、実際の申請には使用しないで下さい。

○掲載内容は2023年6月現在の情報です。今後、実施時期や内容に変更が生じる可能性があります。申請に当たっては、必ず団体の実際の募集要綱を確認するようにしてください。

問い合わせを行う場合

○助成事業などへの問い合わせを行う場合、下記の点について、簡潔にお伝え下さい。
　　a．**実施予定の事業概要**（特に、実施予定の事業が、希望の助成〔表彰・融資〕事業に該当するかについてお問い合わせの場合、事業概要を簡潔におまとめの上、ご連絡下さい。）
　　b．希望する助成（表彰・融資）事業
　　c．助成（融資）希望金額

○東京ボランティア・市民活動センターでは、民間助成に関するお問い合わせやご相談を受け付けております。また、ホームページでも最新の助成事業情報を提供しています。このガイドブックの内容とあわせてご活用下さい。

東京ボランティア・市民活動センター（民間助成担当）
Tokyo Voluntary Action Center

〈開所時間〉　火～土　9：00～21：00／日　9：00～17：00
　　　　　　＊月曜および祝祭日はお休みです。
〈住所〉　〒162－0823　東京都新宿区神楽河岸1－1　セントラルプラザ10階
〈TEL〉　03－3235－1171　〈FAX〉　03－3235－0050
〈URL〉　https://www.tvac.or.jp

ボランティア・市民活動助成ガイドブック

目　　　次

＜表彰事業実施団体一覧＞

＜融資事業実施団体一覧＞

助成金申請 5つのステップ

Step 1　なぜ「助成金」を申請するのか？明確にしよう

・助成金を申請する上で「どうして助成金が必要なのか？」という理由の説明は不可欠です。確かに「お金がないから」という理由も大切ですが、「お金がない」ならば無理して事業をしなくてもいいのでは、という見方もできてしまいます。

・また「お金がない」状況は他の申請団体も同様です。多くの助成金は、助成団体という第三者からの（団体の存続支援ではなく）「事業」に対する支援ですから、先方に事業の意義と助成金が必要な理由を理解・共感してもらうことが重要です。

・数ある助成プログラムに手当たり次第申請するのは遠回りです。「なぜこの事業を行いたいのか？」「社会的意義は何か？」「どのような計画や体制で事業を行うのか？」などを団体内で話し合います。そして、その実現のためには「どのような助成が必要か？」を整理し、募集要項をよく読んで理念や目的に見合った助成プログラムを探します。

Step 2　助成金の情報を集めよう

・助成金の情報は様々な形で発信されています。主に以下のような場合があります。
　　①インターネットで周知
　　②各助成団体の発行する広報紙やポスターなどに掲載
　　③新聞の紙面に掲載
　　④社会福祉協議会やボランティア・市民活動センターの広報紙・掲示板・ウェブサイトに掲載
　　⑤助成金情報を集めた冊子に掲載

・この他にも助成団体が、臨時に助成（災害発生時や物品寄贈など）を行ったり、新たな助成事業を開始したりする場合も考えられます。さらには、従来の助成内容が変更されたり、年度毎に重視するテーマが変わったりすることもあるため、丁寧に情報収集することが必要です。

【助成金情報が掲載されている主なウェブサイト】
＊「東京ボランティア・市民活動センター（TVAC）」のホームページ「ボラ市民ウェブ」
　　https://www.tvac.or.jp/
＊「公益財団法人　助成財団センター（JFC）」のホームページ
　　http://www.jfc.or.jp/
＊「地球環境パートナーシッププラザ（GEOC）」による運営サイト「環境らしんばん」

Step 3 この「助成を選んだ理由(わけ)」について提案しよう

- 助成団体は積極的に助成を行おうとしています。審査においても「この事業によって、どんな効果が得られるのか」という点に注目しています。
- ポイントは、申請書類を通して「この事業を実施することによって、助成団体が期待する効果を得ることができる」と、具体的な提案や説明ができるかどうかです。
- そのために、過去の助成実績が参考になります。その助成団体がこれまでどんな事業に助成しているのか、内容や傾向を調べ、助成の意図を読み取ることが必要です。過去の助成団体の情報は、助成団体の発行する広報紙やホームページに掲載されていることがあります。

Step 4 熱意は表すもの　はっきりと文章に表現しよう

- 申請書類の中には「団体紹介ばかりで『何について』、あるいは『何のために』助成を希望しているのかわからない」ものや「その助成を受けてどんな効果があるのか説明されていない」ものもあります。
- 真剣さや熱意の推測はできます。しかしそのこと（熱意をもって事業を確実に行うことができる）が具体的な「文章」として書かれていなければ、審査をする側に理解してもらうのは難しいでしょう。
- 申請書類を作る際、以下の項目について箇条書きにすることをおすすめします。
    - ①団体の目的・活動内容
    - ②申請する事業の内容と具体的な計画
    - ③申請する事業の社会的効果や意義
    - ④その助成プログラムを選んだ理由
    - ⑤希望する助成の内容
- また、申請書類は書き上げてすぐに提出するのではなく、団体のことを知る人と、全く知らない人に読んでもらい、感想をもらい、手を加えていくのも効果的です。

Step 5 提出の前に、焦らずもう一度確認　基本が大切

- 完成した申請書類はコピーをとります。審査の段階で助成団体から問い合わせがくる場合もあります。また、万一採択されなかった場合、「なぜ選ばれなかったのか」の分析を行うためにも、申請書類のコピーは重要です。
- 一つの助成プログラムには、多くの団体が申請するため、選ばれるかどうかは、他団体の状況や件数にも左右されます。しかし、「添付書類が揃っていない」「記入や捺印にもれがある」「金額の積算が間違っている」と初めの段階で落とされてしまう例は、意外に多いのです。まずは「基本」をおさえること。当たり前ですが、それが助成金を得る一番の方法です。

助成を受けた事業で困ったときは・・・

⇒　助成団体にも報告と相談を！

・助成金は、申請をした時点の計画で実施をしていくのが原則です。

・ただし、やむを得ない事情、例えば災害や感染症の流行、あるいは予期せぬアクシデントに伴う対応などで、助成を受けた活動ができなくなった、あるいは大幅に活動の内容を変える必要が出てきた、というケースはあると思います。現に、東京ボランティア・市民活動センターでも、様々な理由で「助成を受けた事業が申請時点の計画通りにいかなくなりそうですが…」という相談を受けています。

・その場合は、必ず助成団体（助成をしてくれた団体）に報告と相談をしましょう。助成をした趣旨や目的に沿っている相談であれば、柔軟に対応してもらえる場合もありますし、相談の中から、課題解決に向けたヒントや新たな方策が生まれるかもしれません。

⇒　助成団体との信頼関係を築くためにも

・適切なタイミングでの「報告・連絡・相談」は、信頼関係を形成するための重要な要素の一つでもあります。

・適切なタイミングでの相談があった場合は、助言や適切な対応を受けられることも多いですし、それ以上に「報告・連絡・相談」を丁寧にする団体には、助成団体も信頼を寄せることができます。

・逆に、相談無く、団体の判断のみで内容を勝手に変更した場合、助成団体との信頼関係に影響を及ぼしますし、助成金の返金を求められることもあり得ます。

・助成団体は、各団体へお金を渡しているだけではなく、助成を通じて「社会課題を一緒に解決したい」という気持ちや「この団体なら自分たちには取り組みが難しい活動をしてくれる」という期待、「助成をした結果社会がどう変わるか」なども考えながら助成をしています。助成を受けた時点で、その事業は実施する皆さんだけではなく、助成をしてくれた団体の想いも受けることになります。そのため、助成事業について大きな内容や方法の変更を伴う場合や、事業の進捗が計画通りにいっていない場合は、助成団体へ相談をしましょう。

助成を受けた次の年

Check 1　報告書でアピールしよう

・助成事業（助成を受けて実施した事業）終了後には、助成団体に対して報告書の提出が必要です。ここでの報告内容は、基本的には「助成金の使途内訳」についてですが、使途が申請内容と異なる、計算のミスがある、領収書の添付がないなど、報告書の不備は意外と多く見られます。助成側にとって報告書は助成した団体の「顔」となります。簡単な内容でも正確・丁寧に記入することが大切です。

・助成プログラムの中には、一度助成を行なった団体に対して連続した助成をしないものがあります（例えば、申請条件に「直近〇年以内に当該助成を活用していないこと」と定めている）。このような場合、再度助成対象となるためには一定の間隔（おおむね3年程度）を置くことが必要です。しかし、過去に助成した団体全てを「対象外」としているものは少なく「2度目はないから、もう関係ない」と、報告書作成の手を抜いてしまうことは、数年後の助成獲得のチャンスを遠ざけてしまうことにもなりかねません。

・さらに報告書は、団体の力量や可能性を助成団体にアピールする機会にもなります。成果のみを一方的に強調するのではなく、事業を通して浮かび上がった新たなニーズや社会的課題、今後の活動の方向性を示すことで団体の意志と積極的な姿勢を表すことができます。

Check 2　成果と課題を振り返ろう

・助成を受けたことが、1回の事業で終わることなく、団体や活動の発展につながるためには、団体内での振り返りがとても大切です。

・その事業は、助成を受ける前と比べてどこがどのように変わったでしょうか。また、団体の役員・スタッフの意識に変化はありましたか？助成事業が終了したら、次のポイントについて話し合ってみてください。こうした議論の積み重ねは、次の活動へのアイデアにもつながります。

振り返り（評価）のポイント	視点
○ 目標と課題の達成	・事業を計画した当初に決めた目標や課題について、どこまで達成できましたか？
○ 残された課題	・事業を計画した当初に決めた課題について、達成できなかった課題は何ですか？
○ 新たな課題	・団体として新たに取り組む必要がある課題が、浮かびましたか？
○ 新たなメンバーの参加	・実施した事業をきっかけに、団体の活動に新たに参加したメンバー（団体役員・スタッフなど）はありましたか？ ・団体の使命（ミッション）や、活動の方向性などについて、ともに議論し、考えることができる関係が広がりましたか？
○ 理解者や支援者の広がり	・実施した事業をきっかけとして、団体の存在を認知し、活動について理解、共感しながら、支援していただける人やグループ、団体などができましたか？
○ 他団体との新たなつながり	・同じ分野や、関連する活動をしている団体を知り，課題共有や、連携、協力ができそうな関係ができましたか？
○ 新たな社会資源の開拓	・今後の活動で、活用できそうな社会資源（人・モノ・金・情報など）を開拓できましたか？
○ 事務局の執行体制	・事業実施の上で必要な連絡・調整などの事務についてすすめる体制は、十分でしたか？ ・特定の担当者に業務が偏ったり、従来の活動との区別があいまいになってしまったことは、ありませんでしたか？
○ 計画の変更や新たな決定と合意	・助成事業を進める上で、変更（活動日や担当、会議や打ち合わせの日程や内容など）が生じた際、関係者（役員、スタッフ、会員、ボランティアなど）の理解と同意を得る努力を、十分に行いましたか？
○ スケジュール	・従来の活動と並行しながら、助成事業を実施することについて、スケジュールは守れましたか？

Check 3　事業の成果を多くの人たちに発信する

・助成事業の成果や内容を関係者や一般市民に向けて、広く発信することも大切です。例えば、総会の中に「助成事業の報告」の時間を設けたり、市民を対象にシンポジウムや学習会などを開催することは、団体が取り組んでいる課題について多様な人と「一緒に考える」貴重な機会となります。

・また、事業の成果をまとめた冊子やパンフレットを作成するのもアイデアの一つです。広く頒布を行うことによって活動への理解を広げることにつながります。多くの人に、自分たちの団体が「何をしたいのか」について理解してほしい場合、実際に今まで「何をしてきたか」の成果を伝えると大きな説得力になります。

Check 4　「気づいたこと」とアイデアを出しあおう

・事業に取り組む中で「次はこうしたい！」というアイデアが一人ひとりの頭の中に浮かんできたことと思います。これらを共有する機会を設けることが大切です。

・団体のミッション達成のために、現状の活動に工夫を加えたり、新たに必要な活動を生み出したり。そのためのアイデアを出しあい、議論できる雰囲気や環境が団体の中にあることは、助成金を受けるためだけではなく、グループ・団体として成長し続ける上でも重要です。

・「できる」「できない」の判断は、最後に行えばいいので、アイデアを出しあう場では、メンバー同士がお互いの「ひらめき」や「勘」を尊重しながら、自由に、前向きに話し合うことが大切です。

Check 5　「アイデア」を実現に近づける

・出し合ったアイデアは、まずはすべて「できること」と位置づけます。そして実現のための課題を整理するところから始まります。「何が足りないのか」だけでなく「どうすれば補えるのか」、ひとつひとつのアイデアを最大限尊重しながら、積極的に考えることが求められます。

・例えば、以下のポイントを参考にしながら、団体内で検討を行なってみて下さい。

　①「足りないこと」は何か。

　　また、それらを補うためにはどうすればよいか。

　②これまでの経験やノウハウから、活かせるもの何か。

　③「活かせる」と考えた経験やノウハウは、そのまま使えるものか。

　　あるいは、形式や方法をアレンジする必要があるか。

　④実施する上で、事務局体制や組織体制について、変更する必要はあるか。

　⑤団体として、あるいは地域の現状や社会の情勢から考えて、

　　取り組むべきタイミングはいつか。

　⑥「人」や「資金」について、団体の自助努力でどの程度工面できるか。

団体のこれからの姿を描く

- 活動をはじめて間もない頃は、「おもいつき」で何とか活動が成り立っていくかもしれません。しかし、関わるスタッフや参加者が増えてくると、必然的に、組織の課題に対応する機会も増えます。

- また、助成金の申請についても、初回以降、なかなか良い結果が得られず、自分たちの活動に自信をなくしてしまうこともあるかもしれません。

- こうした困難を、単に活動の「行き詰まり」とするのではなく、成長する過程での「試練」として受け入れつつ、打破するために団体の状況を冷静に分析することが重要です。

- 確かに、連続して助成を受けることは難しく、活動が本格的になりつつあるところで、再び資金難に陥ることもあるかもしれません。しかし、それを「自分たちの活動が認められない」と嘆くのではなく、申請書を今一度確認してみてください。すでに活動実績や経験を持つ団体として、「今すべき活動」であり、そしてその活動は「今すべき時期」として明確に書かれているか、さらには、活動の波及効果を示せているか。そのあたりにポイントがあるかもしれません。

- 助成団体は、助成した事業を実施することによって、その団体の活動が充実し、ミッションの達成に近づくための「たしかな歩み」になることを願っています。ですから、過去に助成した実績のある団体が、再度申請をしてきたならば、経験を踏まえた上で団体としての将来像を示しているか、さらには新たな取り組みが具体的に提案できているかを求めています。

- 一方で、助成金だけを頼りにせず、資金面での支援者を広げていくことも必要です。助成事業の成果を踏まえた学習会やシンポジウムの開催は、活動の成果を広く伝える一方で、団体の活動を理解してもらうことを通して、多くの人に資金的に支えてもらうためにも重要な機会です。

- 助成を受けた次の年度は、「今年度の活動費をどう工面するか」に意識が向きがちな時期かもしれません。しかし、この時期だからこそ、団体の未来の姿を描きながら、「目標を実現するには何をするか」について具体的に考えることが大切です。

助成事業実施団体

【 注 意 事 項 】

○掲載内容には、既に今年度の申請受付が終了された事業も含まれています。

○助成（表彰・融資）事業は、年度や次の公募の際に変更される場合があります。新たに申請を行う場合は、必ず内容を確認してください。
また、申請書類の様式についても変更される場合があります。申請書類の様式は参考に掲載しているものですので、実際の申請には使用しないで下さい。

○掲載内容は2023年6月現在の情報です。今後、実施時期や内容に変更が生じる可能性があります。申請に当たっては、必ず団体の実際の募集要綱を確認するようにしてください。

社会福祉育成活動推進のための助成事業

◆ 対象分野 　：　地域・まち・居場所づくり　災害・被災地　子ども　子育て・ひとり親支援　高齢者　障がい者

◆ 対象団体 　：　法人　任意団体

原則、非営利の法人を対象とする。（ただし法人でなくても2年以上の継続的で組織的な活動を行っている任意団体は対象とする。）

◆ 概要 　：　1. 社会福祉事業に関わる施設運営業者への施設の充実や、先駆的な試み、開拓的事業に対する財政的な支援

2. ペイン記念奨学金 社会福祉への根幹を担う人的育成のため、社会福祉の専門的な教育を受ける者対象は大学院生

3. 社会福祉活動の充実に寄与することを期待して知識技術への向上を目指す研修（海外・国内）セミナー、各種講座、講演会の開催に対して助成する。

4. エッセイ募集 社会福祉は広く国民から支持されなければならない。そのため広く国民各層より助け合い、支えあう体験や経験を募集し、福祉意識の涵養に貢献する。外国籍在日の人々からも募集する。

5. 海外にある福祉事業者にも目を向け、必要に対し助成する。

◆ 総額 　：　4,500万円

◆ 1件あたり金額 　：　施設等助成… 1件20万円限度

奨学金… 授業料相当額年間100万円限度/人、研究補助として年間10万円（2年間）数名

研修… 海外500万円限度、国内500万円限度、各種講座・講習等50万円限度

エッセイ賞… 最優秀5万円、優秀2万円、佳作1万円、一般、専門職、学生、外国籍の在日者各部門から若干名

◆ 応募期間
　 及び応募締切 　：　施設等への助成は9月〜11月、その他は適時ホームページに掲載する

◆ 助成決定時期 　：　施設等への助成は12月中旬、その他は適時ホームページに掲載する

◆ 申請手続き 　：　施設等の助成はHPからウェブ申請、その他は主に申請書類を郵送

◆ 提出書類 　：　定款・規約　団体の予算書・決算書　役員名簿　団体資料（パンフレット）

前年度事業報告、助成対象の見積書

公益財団法人 愛恵福祉支援財団

https://www.aikei-fukushi.org/

公益財団法人愛恵福祉支援財団の理念は、キリスト教精神に基づき、
健康で文化的な生活が営まれるように、
互いに助け合って生きていく豊かな福祉社会の建設に寄与していくことです。
そのための活動を担う人々を育て、活動を支援します。

〒114-0015 東京都北区中里2-6-1 愛恵ビル5F
TEL: 03-5961-9711 / FAX: 03-5961-9712
loveandgrace@aikei-wf.or.jp

「発達障がい」とともに生きる豊かな地域生活応援助成

◆ **対象分野** ： 地域・まち・居場所づくり　子ども　障がい者

◆ **対象団体** ： 法人　任意団体
※団体の法人格は不問だが、個人での活動は対象外。
※2024年度から活動を開始する団体も審査の対象となります。

◆ **概要** ： 発達障がいの特性に由来する、本人の苦手なことや困り事に寄り添う支援、本人の得意分野を伸ばす活動や居心地のよい環境整備に力を注ぐ活動、または発達障がいの人と関わる家族や人の支援活動を行う団体などに対し、①1年間または②最長3年間にわたり、年間最大100万円を助成。

① 単年度助成
助成期間:1年間（2024年4月～2025年3月の活動に充当）

② 3年継続助成
助成期間:最長3年間。1年ごとに継続のための選考あり（2024年4月～2027年3月の活動に充当）

※医師による発達障がいの診断の有無は問いません。

◆ **総額** ： 総額1000万円程度

◆ **1件あたり金額** ： 上限額： 100 万円

◆ **応募期間及び応募締切** ： 8月中旬頃から申し込み開始。締め切りは申し込み方法により異なる。郵送は10月中旬頃、オンラインは10月末日（どちらも予定）。

◆ **助成決定時期** ： 12月下旬頃を予定。

◆ **申請手続き** ： 所定の申し込み用紙または申し込みフォームに必要事項を記入し、当団規定の書類を添えて郵送またはオンラインにて申し込み。

◆ **提出書類** ： 定款・規約　団体の予算書・決算書　団体資料（パンフレット）

社会福祉法人 朝日新聞厚生文化事業団

https://www.asahi-welfare.or.jp/

「お互いに支え合い、だれもが安心して暮せる社会をつくる」をミッションとして、福祉を支える「地域づくり」「人づくり」「支援の輪づくり」を軸に、社会福祉事業に取り組んでいます。

〒104-8011 東京都中央区築地5－3－2朝日新聞東京本社新館9階
TEL: 03-5540-7446 / FAX: 03-5565-1643
mail@asahi-welfare.or.jp

児童養護施設・里親家庭等進学応援金（進学応援金）
まなび応援金・資格取得金（まなび応援金）

https://www.asahi-welfare.or.jp/ouen/

◆ 対象分野 ： 子ども

◆ 対象団体 ： （進学応援金）申し込み時点で児童養護施設や里親家庭、自立援助ホームに在籍し、専門学校、短大、大学に進学する学生
（まなび応援金）自立援助ホーム・子どもシェルターで暮らしている方と、暮らした経験のある29歳まで（申し込み時点）の方

◆ 概要 ： 【進学応援金】
児童養護施設や里親家庭、自立援助ホームに在籍し、専門学校や短大、大学に進む学生に、入学祝い金10万円と卒業まで毎年30万円の応援金を助成します。2023年度は約20人に届ける予定です。「応援生」を励ましたり一緒に活動したりする活動にも力を入れます。社会的養護の中高生や社会的養護出身の若者にアドバイスやエールを送る「ぴあ応援フェス」、応援生がYouTubeで思いなどを社会に発信する「ぴあ応援ラジオ」といった活動のほか、「ぴあ応援ブック」の作成などに引き続き取り組みます。

【まなび応援金】
自立援助ホームで暮らす高校生などに就学金（年間24万円）を贈って進学を後押しします。資格取得金（上限15万円）を助成する制度も引き続き実施し、厳しい環境にある子どもたちを支えます。

◆ 総額 ： 年によって増減あり

◆ 1件あたり金額 ： （進学応援金）入学金10万円と卒業まで毎年30万円の学費を助成
（まなび応援金）就学金（年間24万円）や資格取得金（15万円）

いずれも返済不要です。

◆ 応募期間
　及び応募締切 ： （進学応援金）4月〜8月 （まなび応援金）前期:春〜9月、後期:秋〜3月

◆ 助成決定時期 ： （進学応援金）10月初旬 （まなび応援金）前期10月、後期4月

◆ 申請手続き ： 本人申込書、資格計画書、推薦書、課題提出用紙などをそえて郵送で応募。ホームページをご覧ください。

◆ 提出書類 ： ---

社会福祉法人 朝日新聞厚生文化事業団

www.asahi-welfare.or.jp

「お互いに支え合い、だれもが安心して暮せる社会をつくる」をミッションとして、福祉を支える「地域づくり」「人づくり」「支援の輪づくり」を軸に、社会福祉事業に取り組んでいます。

〒104-8011 東京都中央区築地5-3-2 朝日新聞社内
TEL: 03-5540-7446 / FAX: 03-5565-1643
shingaku@asahi-welfare.or.jp

公益信託アジア・コミュニティ・トラスト
「アジア留学生等支援基金」助成事業

◆ **対象分野** : 外国人・多文化共生 その他

◆ **対象団体** : 対象団体は次の要件を満たすものとします。
1.社会開発等の公益活動に従事する国内の民間非営利組織であること。
2.インターンを受入れ、新型コロナウイルス感染症の予防対策を講じた環境において指導する体制があり、かつ、感染拡大に伴う緊急事態宣言もしくはまん延防止等重点措置の発令期間中は在宅での業務および指導を行う体制があること。
3.団体としての活動実績が3年以上あること。
4.（連続あるいは通産）3年以上、本「アジア留学生インターン受入れ助成プログラム」から助成を受けていないこと。
5.反社会的勢力ではないこと（法人の場合は、当該法人の役員等を含みます）。

◆ **概要** : 2012年1月に設定された「アジア留学生等支援基金」（以下、「本基金」とする）は、日本の大学に在籍するアジアからの留学生（正規の大学生・大学院生）が日本の民間非営利組織におけるインターンシップを通して、大学では得られない経験-日本社会の新しい動きや課題に取り組む現場での体験、地域社会の人々との直接的な交流等-をし、日本理解を深め、そして将来、留学生がインターンシップで習得した知見または技能を母国の社会で活用し、社会開発事業等の発展に資することを目的としています。本基金の目的に基づき、ACTは、アジアからの留学生（大学生・大学院生）をインターンとして受入れ、体験学習の機会を提供する日本の市民組織（NGO/NPO）その他民間非営利組織の事業を助成します。

◆ **総額** : 助成可能金額は最大500万円を目安とする

◆ **1件あたり金額** : 1件あたり15〜45万円程度（募集枠15〜30団体）

◆ **応募期間**
   及び応募締切 : 例年3〜4月頃に募集要項を公開し、応募の受付を開始します。助成申請書の締め切りは6月中です。

◆ **助成決定時期** : 例年、8月上旬までに助成の可否を連絡しています。

◆ **申請手続き** : 例年3〜4月頃にウェブサイト（https://act-trust.org/）にて募集要項および助成申請書作成ガイドラインを公開しますので、募集要項に記載の期日までに必要な書類を事務局までご提出ください。

◆ **提出書類** : 定款・規約 団体の予算書・決算書 団体資料（パンフレット）

公益信託 アジア・コミュニティ・トラスト（アジア留学生等支援基金）

https://act-trust.org/

アジア諸国における社会開発、学術研究、教育、文化、農業、青少年育成等の振興に資する事業に助成を与えることにより、我が国とこれらの諸国との相互理解の増進に寄与することを目的とする。

〒113-8642 東京都文京区本駒込2-12-13 アジア文化会館1F ACC21内
TEL: 03-3945-2615 / FAX: 03-3945-2692
asip-act@acc21.org

子ども文庫助成事業 子どもの本購入費助成

◆ **対象分野**	:	地域・まち・居場所づくり 子ども
◆ **対象団体**	:	法人 任意団体

子どもたちに本を届けることを目的に読書啓発活動を行う民間のグループまたは個人、
及び非営利団体、施設が対象。株式会社等、収益事業を本業とする法人は対象外です。

◆ **概要** :
（助成金30万円）
対象:子ども文庫、読み聞かせ団体、子ども文庫連絡会、子ども食堂（文庫併設）、ボランティア学習支援、外国にルーツのある子どもを対象とした活動等。
内容:【Aプログラム】
児童書、絵本などの書籍、及び紙芝居、人形劇、パネルシアターなどの購入に15万円
以上。その他講習会開催、書籍管理用品や備品の購入等に15万円までご利用が可能。
【Bプログラム】
当財団が指定する「指定研修会」への参加に30万円全額をご利用可能。「指定研修会」以外の研修会の自主開催をご希望の場合、応募者が文庫連絡会やそれに準じる組織であること、かつご希望の研修会の内容（依頼予定の講師や会場等）と予算の内訳を明確に示していただくことを条件とする。

◆ **総額** : 予算額3,000万円

◆ **1件あたり金額** : 上限額： 30 万円

子どもの本購入費助成

◆ **応募期間**
　及び応募締切 : 2023年6月20日（火）応募受付締切 当日消印有効

◆ **助成決定時期** : 2023年12月（予定）、選考委員会、理事会を経て決定

◆ **申請手続き** :
所定の応募用紙に必要事項を記入し、公益財団法人伊藤忠記念財団へ送付。
募集要項（応募用紙合）は、当財団HPよりダウンロードが可能となっております。
（https://www.itc-zaidan.or.jp/summary/library/grant.html）

◆ **提出書類** :
定款・規約 団体の予算書・決算書 役員名簿 団体資料（パンフレット）

法人格をお持ちの場合、事業報告書を要提出

◆ **備考** : 募集要項は当財団HPにてダウンロード可能となっております。

公益財団法人 伊藤忠記念財団

https://www.itc-zaidan.or.jp/

青少年の健全育成、子どもたちに読書の喜びを伝える

〒107-0061 東京都港区北青山2-5-1
TEL: 03-3497-2651 / FAX: 03-3470-3517
bs-book@itc-zaidan.or.jp

子ども文庫助成事業 病院・施設子ども読書活動費助成

◆ **対象分野** ： 子ども 障がい者

◆ **対象団体** ： 法人 任意団体

子どもたちに本を届けることを目的に読書啓発活動を行う民間のグループまたは個人、
及び非営利団体、施設が対象。株式会社等、収益事業を本業とする法人は対象外です。

◆ **概要** ： （助成金30万円）
対象:病院内で療養中の子どもたち、障害児施設、養護施設、その他読書にハンディキャップの
ある子どもたちに対し読書啓発活動を行う、3年以上の活動歴がある読書ボランティア団
体や公立を含む施設及び非営利団体等。（対象施設:小児病棟を持つ病院、児童養護施
設、特別支援学校、乳児院、母子生活支援施設、盲ろうあ児施設、児童自立支援施設等）
内容:(1)子どもの本購入費助成「Aプログラム」に準じる。加えて、読書支援機器購入及び対象
となる子どもたちのための図書作成費用にもご利用可能。

◆ **総額** ： 予算額3,000万円

◆ **1件あたり金額** ： 上限額： 30万円

病院・施設子ども読書活動費助成…（一律30万円）

◆ **応募期間**
 及び応募締切 ： 2023年6月20日（火）応募受付締切 当日消印有効

◆ **助成決定時期** ： 2023年12月（予定）、選考委員会、理事会を経て決定

◆ **申請手続き** ： 所定の応募用紙に必要事項を記入し、公益財団法人伊藤忠記念財団へ送付。募集要項
（応募用紙含）は、当財団HPよりダウンロードが可能となっております。
（https://www.itc-zaidan.or.jp/summary/library/grant.html）

◆ **提出書類** ： 定款・規約 団体の予算書・決算書 役員名簿 団体資料（パンフレット）
法人格をお持ちの場合、事業報告書を要提出

◆ **備考** ： 募集要項は当財団HPにてダウンロード可能となっております。

公益財団法人 伊藤忠記念財団

https://www.itc-zaidan.or.jp/

青少年の健全育成、子どもたちに読書の喜びを伝える

〒107-0061 東京都港区北青山2-5-1
TEL: 03-3497-2651 / FAX: 03-3470-3517
bs-book@itc-zaidan.or.jp

子ども文庫助成事業 子どもの本100冊助成

◆ 対象分野 ： 地域・まち・居場所づくり 子ども

◆ 対象団体 ： 法人 任意団体

子どもたちに本を届けることを目的に読書啓発活動を行う民間のグループまたは個人、
及び非営利団体、施設が対象。株式会社等、収益事業を本業とする法人は対象外です。

◆ 概要 ： （当財団が選んだ児童図書セット）
対象:子ども文庫、読み聞かせ団体、子ども文庫連絡会、非営利団体等で、既に読書啓発活動を
行っている団体。
内容:当財団が選書をした小学校低学年、中学年、高学年、乳幼児の4セットの中から、ご希望の100
冊を贈呈。
任意のセットのご選択、もしくは4セットに150冊リストを加えた550冊全体の中からお好きな100冊
の選書が可能。

◆ 総額 ： 予算額3,000万円

◆ 1件あたり金額 ： 上限額： 15万円

子どもの本100冊助成…（15万円相当）

◆ 応募期間
及び応募締切 ： 2023年6月20日（火）応募受付締切 当日消印有効

◆ 助成決定時期 ： 2023年12月（予定）、選考委員会、理事会を経て決定

◆ 申請手続き ： 所定の応募用紙に必要事項を記入し、公益財団法人伊藤忠記念財団へ送付。募集要項
（応募用紙含）は、当財団HPよりダウンロードが可能となっております。
（https://www.itc-zaidan.or.jp/summary/library/grant.html）

◆ 提出書類 ： 定款・規約 団体の予算書・決算書 役員名簿 団体資料（パンフレット）

法人格をお持ちの場合、事業報告書を要提出

◆ 備考 ： 募集要項は当財団HPにてダウンロード可能となっております。

公益財団法人 伊藤忠記念財団

https://www.itc-zaidan.or.jp/

青少年の健全育成、子どもたちに読書の喜びを伝える

〒107-0061 東京都港区北青山2-5-1
TEL: 03-3497-2651 / FAX: 03-3470-3517
bs-book@itc-zaidan.or.jp

助成事業

公益信託今井記念海外協力基金 国際協力NGO助成対象事業

◆ **対象分野** ： 国際協力

◆ **対象団体** ： 法人　任意団体

助成対象団体は、アジアを中心とした開発途上国において援助・協力活動を行う非営利の民間団体
で、次の要件を満たすものとする。（2022年度の募集要項より）
・開発途上国における援助事業を主たる事業目的としていること
・日本国内に事務所を置き、責任の所在が明確であること
・前年度の総収入額が原則5,000万円以下の団体であること
・活動実績が2年以上あること
・助成対象事業を推進するうえで、十分な管理能力を有すると認められること
・過去に今井基金から3年間の連続助成を受けていないこと（ただし、3年間の連続助成の最終年度
から、3年以上経過している場合には、再度応募できるものとする）
・現在までに今井基金から助成を受けた回数が通算5回以内であること（今井基金からの助成回数
は、通算6回を限度とする）

◆ **概要** ： 助成対象とする事業は、次の分野のものとする。（2022年度の募集要項より）
・教育・人材育成（例:学習援助、教師・指導者育成・研修、奨学金援助、教材・教育設備・器材の
購入、研修生受入れ、専門家派遣、他）
・保健衛生（例:基礎保険知識の普及、指導者育成・研修、保健衛生設備設置・器材の購入、託児所
設置、専門家派遣、他）
・医療（例:医療・診療、医療知識・技術指導、医療設備・器材の購入、専門家養成、専門家派遣、
他）

※次の事業を優先して支援する。
・経済的に困窮する家庭の子どもやその他困難な状況にある子ども（難民・避難民、少数民族、スト
リート・チルドレン、子ども兵、児童労働・売春を強いられた子ども、HIV/AIDS障がい児などを含
む）を支援する事業
・支援対象地域の住民の参加が促進され、助成終了後に事業が持続的に発展するような計画となって
いる事業
・事業の性格が資金援助であっても、助成対象団体が主体性と責任を持って取り組む事業（資金援助
のみの活動は対象外とする）

◆ **総額** ： 2022年度の助成予定総額は650万円程度

◆ **1件あたり金額** ： 1件当たり50～100万円程度

◆ **応募期間
及び応募締切** ： 例年、11月頃の募集要項の公開と同時に応募の受付を開始し、翌1月中旬頃に応募を締め切ります。

◆ **助成決定時期** ： 例年、4月中旬までには助成の可否を連絡しております。

◆ **申請手続き** ： 例年11月頃にウェブサイト（http://www.imai-kikin.com/）にて募集要項および申請書フォーマット
を公開しますので、募集要項記載の期日までに必要な書類を事務局までご提出ください。また、募集
要項および申請書フォーマットをメールにてお送りすることも可能ですので、その際はメールアドレ
スを事務局までお知らせください。

◆ **提出書類** ： 定款・規約　団体の予算書・決算書　役員名簿　団体資料（パンフレット）

詳細はウェブサイトをご確認ください。

◆ **備考** ： 2023年度の募集要項については内容が決まっておりませんので、助成対象事業・団体、助成金額、
申請手続き、応募期間などについて変更の可能性がございます。

公益信託 今井記念海外協力基金

http://www.imai-kikin.com/

本公益信託は、開発途上国における教育、医療等の分野における協力及び災害等による被災者の救済並びにこれらに資する活動を行い、もって開発途上国の経済社会の発展に寄与することを目的とする。

〒113-8642 東京都文京区本駒込2-12-13 アジア文化会館1F ACC21内
TEL: 03-3945-2615 / FAX: 03-3945-2692
imai-kikin@acc21.org

エクセレントNPO大賞

◆ 対象分野 ： 国際協力 環境 地域・まち・居場所づくり 子ども ボランティア・NPO支援

◆ 対象団体 ： 法人 任意団体

国内外での社会貢献を目的にしている日本国内の民間非営利組織（法人格の有無は不問）

◆ 概要 ： 助成対象内容
以下の各賞をご用意しています。
（1）エクセレントNPO大賞
次の3つの部門賞の受賞団体の中から最も優れた団体に、「エクセレントNPO大賞」が授与されます。
（2）部門賞
①市民賞
非営利組織の活動が広く市民に開かれ、参加の機会が幅広く提供されており、市民が活動に参加することによって、一人一人が市民として成長できる場が十分に提供されている団体を選出します。非営利組織と市民がどれだけつながりを持ち、市民参加の受け皿になっているのかが評価の視点となります。
②課題解決力賞
自らの使命のもとで、社会的な課題解決に向けて成果を出している団体を選出します。課題を具体的に把握しているかどうか(=課題認識)やそれを解決する方法やシナリオがあるか(=課題解決の方法)、あるいは自発的に課題に取り組み、また、成果をどう実現しているのか(=自立性)などが評価の視点となります。
③組織力賞
責任ある活動主体としてガバナンスが機能し、経営の持続性、安定性と刷新性をうまく共存させている団体を選出します。不安定な財政状態をいかに克服しているのか、資金調達や活動における規律や倫理性が不足していないか、活動や組織を持続可能なものにするための工夫がなされ、効果をあげているか等が評価の視点となります。
（3）チャレンジ賞
上記の部門賞に加え、まだ自己評価に慣れていない団体を主な対象として、「チャレンジ賞」を特別に設けております。上記の各賞と同様に、エクセレントNPO基準を元に自己評価をしたうえで、ご応募いただきます。評価の基準数を大幅に絞り込んでおり、応募しやすくなっているのが特徴です。

◆ 総額 ： 150万円

◆ 1件あたり金額 ： エクセレントNPO大賞:50万円
市民賞:30万円
課題解決力賞:30万円
組織力賞:30万円
チャレンジ賞:10万円

◆ 応募期間
　及び応募締切 ： 各年度の10月〜12月(2024年度は休止の予定)

◆ 助成決定時期 ： 表彰式:各年度の3月(2024年度は休止の予定)

◆ 申請手続き ： 「『エクセレントNPO』をめざそう市民会議」のホームページに掲載の応募要項に基づき、応募してください。（http://www.excellent-npo.net/）

◆ 提出書類 ： 団体の予算書・決算書 役員名簿
自己評価書

◆ 備考 ： ・エクセレントNPO評価基準について
この評価基準は、「『エクセレントNPO』をめざそう市民会議」が5年を費やして開発したもので、ピーター・ドラッカーの非営利組織論を基に、評価論の知識・技術を駆使して構築されました。本賞では「市民性」「課題解決力」「組織力」の3カテゴリー、15基準に基づいて評価が行われます。
・審査委員について
審査委員は下記の通りです。
島田京子(元横浜市芸術文化振興財団専務理事)

近藤誠一（近藤文化・外交研究所代表、元文化庁長官）

新田英理子(SDGs市民社会ネットワーク理事・事務局長)

渋谷篤男(審査委員中央共同募金会常務理事)

砂田薫(ギャップイヤー・ジャパン代表)

堀江良彰(難民を助ける会理事長)

福島良典(毎日新聞社論説委員長)

阿部陽一郎（中央共同募金会専務理事）

・賞について

受賞団体には、賞状、賞金が贈呈されるほか、毎日新聞等で受賞についての記事が掲載される予定です。

「エクセレントNPO」をめざそう市民会議

http://www.excellent-npo.net/

「エクセレントNPO」は、NPO、NGOなど社会貢献を目的に活動する民間非営利組織を、独自に開発した基準に基づき評価し、信頼性と質の向上をめざし、市民とのつながりをつくり良循環を築くことを目的としています。

日本の内外で様々な社会課題が浮上していますが、政府や企業など単独セクターでは解決できないものばかりです。

私たちは、「エクセレントNPO」を「自らの使命のもとに、社会の課題に挑み、広く市民の参加を得て、課題の解決に向けて成果を出していて、そのために必要な、責任ある活動母体として一定の組織的安定性と刷新性を維持している非営利組織」と位置付け、2012年より毎日新聞社との共催で、非営利組織を対象とした「エクセレントNPO大賞」を創設しました。

この大賞は、エクセレントNPO基準をもとに自己評価を行い、それを応募書類として送っていただくというユニークな方式をとっています。

こうした方式をとったのは、NPOの自己評価力を高め、自らの質の向上に向けて頑張っているNPOを社会に対して「見える化」を進めたいと考えたからです。

なお、エクセレントNPO基準とは、非営利組織の現状と課題を分析した上で、望ましいNPOのあり方を定義し、「市民性」「課題解決力」「組織力」の観点から作成された基準です。

審査もこの基準に基づいて行われ、全ての応募者に丁寧なフィードバックコメントが送られます。

「エクセレントNPO大賞」は、非営利セクター間で課題解決と質の向上に向けた競争が始まり、こうした非営利組織の取り組みが広く可視化されることで、非営利組織を支援する人々の動きが加速されること、その結果、市民と非営利セクターの間に良循環が生まれることを目指しています。

それは、私たちの社会(あるいは市民社会)を足元から強くしていくことにつながると考えています。

〒113-0013 東京都中央区日本橋人形町3-7-6 LAUNCH 日本橋人形町ビル5階 言論NPO内

TEL: 03-3527-3972 / FAX: 03-6810-8729

enpo@genron-npo.net

NHK厚生文化事業団 地域福祉を支援する「わかば基金」支援金部門（全国）

https://www.npwo.or.jp/category/wakaba

◆ 対象分野	：	地域・まち・居場所づくり｜子ども｜子育て・ひとり親支援｜高齢者｜障がい者
◆ 対象団体	：	法人｜任意団体
		NPO法人、もしくは法人格のない任意団体

◆ 概要　　　：　国内の、ある一定の地域に福祉活動の拠点を設け、この支援金でより活動の幅を広げていこうというグループを対象
　（例）
＊地域で暮らす高齢者や障害のある人、生活困窮者などの日常生活を支援したり、さまざまなサービスを提供している。（在宅か施設かは問いません）
＊障害のある人の社会参加や就労の場づくりを促進したり、その活動の支援にあたっている。
＊文化・芸術活動を通じて、障害や年齢をこえた交流や相互理解を図っている。
＊福祉情報の提供やネットワークづくりを通して、地域の福祉活動の向上につとめている。
※ただし、次のようなグループは対象になりません。
＊行政や他財団等からの助成を「わかば基金」の申請と同じ内容で申請、もしくは助成を受けている。
＊法人格をもっている（ただし、NPO法人は申請可）。
＊人件費、謝礼、家賃、交通費などのランニングコストや、グループ運営のための事務経費。
＊設立資金。

◆ 総額　　　：　およそ20グループを予定

◆ 1件あたり金額　：　上限額：100万円
　　　　　　　　　　　上限100万円

◆ 応募期間　　　：　2023年2月1日〜3月29日 （2023年度）
　及び応募締切

◆ 助成決定時期　：　6月末に申請したグループに郵便で通知

◆ 申請手続き　　：　NHK厚生文化事業団へ
　　　　　　　　　　※ホームページからダウンロード。

◆ 提出書類　　　：　団体の予算書・決算書
　　　　　　　　　　全部門共通:見積書か申請したい事業の予算書を添付のこと

◆ 備考　　　　　：　今年度の募集は終了

社会福祉法人 NHK厚生文化事業団

https://www.npwo.or.jp

地域に根ざした福祉活動を推進しているグループに支援金を贈ることで、グループの活動を支えるとともに、NHKの放送などによってその活動を広く紹介し、地域福祉の向上を目指す。

〒150-0041 東京都渋谷区神南1-4-1 第七共同ビル
TEL: 03-3476-5955 / FAX: 03-3476-5956
info@npwo.or.jp

NHK厚生文化事業団 地域福祉を支援する「わかば基金」 災害復興支援部門

https://www.npwo.or.jp/category/wakaba

◆ 対象分野 ： 地域・まち・居場所づくり 災害・被災地 子ども 子育て・ひとり親支援 高齢者 障がい者

◆ 対象団体 ： 法人 任意団体
NPO法人、もしくは法人格のない任意団体

◆ 概要 ： ○東日本大震災以降に激甚災害指定を受けた災害の被災地域に活動拠点があり、その地域の 復旧・復興をすすめているグループ。
○被災地に必要な新たな福祉事業を展開したい、と考えているグループ。
（例）
＊被災地域で暮らす高齢者や障害者、生活困窮者などの日常生活を支援したり、さまざまなサービスを提供している。（在宅か施設かは問いません）
＊新たな事業を展開するために必要な物品をそろえたい。
＊福祉情報の提供やネットワークづくりを通して、地域の生活再建・福祉向上につとめている。
※ただし、次のような場合は対象になりません。
＊法人格をもっている（ただし、NPO法人は申請可）。
＊グループ設立資金。
＊人件費、謝礼、家賃、交通費などのランニングコストやグループ運営のための事務経費。

◆ 総額 ： およそ1〜3グループを予定

◆ 1件あたり金額 ： 上限額： 100 万円
上限100万円

◆ 応募期間
及び応募締切 ： 2023年2月1日〜3月29日 （2023年度）

◆ 助成決定時期 ： 6月末に申請したグループに郵便で通知

◆ 申請手続き ： NHK厚生文化事業団へ
※ホームページからダウンロード。

◆ 提出書類 ： 団体の予算書・決算書
見積書か申請したい事業の予算書を添付のこと

社会福祉法人 NHK厚生文化事業団

https://www.npwo.or.jp

地域に根ざした福祉活動を推進しているグループに支援金を贈ることで、グループ活動を支えるとともに、NHKの放送などによってその活動を広く紹介し、地域福祉の向上を目指す。

〒150-0041 東京都渋谷区神南1-4-1 第七共同ビル
TEL: 03-3476-5955 / FAX: 03-3476-5956
info@npwo.or.jp

NHK厚生文化事業団 地域福祉を支援する「わかば基金」
PC・モバイル端末購入支援部門（全国）

https://www.npwo.or.jp/category/wakaba

◆ 対象分野　　：　地域・まち・居場所づくり　災害・被災地　子ども　子育て・ひとり親支援　高齢者　障がい者

◆ 対象団体　　：　法人　任意団体
　　　　　　　　　NPO法人、もしくは法人格のない任意団体

◆ 概要　　　　：　〇地域で活発な福祉活動に取り組んでおり、PCやモバイル端末を使用することで、より高齢者や障害当事者に役立ち、活動の充実を図れるグループ。
　　　　　　　　　●対象となる活動例
　　　　　　　　　・地域の高齢者や障害当事者、生活困窮者、困難を抱えた人々などへパソコン指導サービス。（在宅か施設かは問いません）
　　　　　　　　　・障害当事者の社会参加や就労の場づくりの促進、またその活動の支援。
　　　　　　　　　・要約筆記や字幕、音声や点訳などでの情報保障。
　　　　　　　　　・オンラインでの学習支援や相談事業。
　　　　　　　　　・福祉情報の提供やネットワークづくりを通しての地域福祉活動の向上。　など

　　　　　　　　　■注意点
　　　　　　　　　・購入したいPC・モバイル端末機器本体代金の全額、または一部を支援します（最大10万円）。購入予定機器代金の不足分は各グループでご負担ください。
　　　　　　　　　・購入可能な機器は、PC（ノート、デスクトップ、2in1など）、iPadなどのタブレット、スマートフォンなどのモバイル端末。
　　　　　　　　　・メーカー、台数、新品、中古は問いません。
　　　　　　　　　・通信費は対象外です。
　　　　　　　　　・支援決定前に購入された機器は対象外です。

◆ 総額　　　　：　3,000,000円

◆ 1件あたり金額　：　上限額： 10 万円

◆ 応募期間　　：　2023年2月1日〜3月29日 （2023年度）
　及び応募締切

◆ 助成決定時期　：　6月末に申請したグループに郵便で通知

◆ 申請手続き　：　NHK厚生文化事業団へ
　　　　　　　　　ホームページからダウンロード。

◆ 提出書類　　：　団体の予算書・決算書
　　　　　　　　　見積書か申請したい事業の予算書を添付のこと

社会福祉法人 NHK厚生文化事業団

https://www.npwo.or.jp

地域に根ざした福祉活動を推進しているグループに支援金を贈ることで、グループの活動を支えるとともに、NHKの放送などによってその活動を広く紹介し、地域福祉の向上を目指す。

〒150-0041 東京都渋谷区神南1-4-1 第七共同ビル
TEL: 03-3476-5955 / FAX: 03-3476-5956
info@npwo.or.jp

第35回NHK厚生文化事業団
地域福祉を支援する

わかば基金
NHK厚生文化事業団

2023年度 募集要項

3つの方法で、ボランティアグループや
NPOの活動を応援します

支援金部門

PC・モバイル端末購入支援部門

災害復興支援部門

　「わかば基金」は、地域に根ざした福祉活動を展開しているグループが、
活動の幅を広げるための支援をしています。
これまでに、920グループに「支援金」などを贈呈してきました。
また、自然災害の被災地で福祉活動を展開しているグループを応援する部門もあります。
福祉にとって厳しい時代だからこそ、
　「わかば基金」は地域に芽吹いた活動をもっと応援していきます。
多くのグループからの申し込みをお待ちしています。

主　催 社会福祉法人
NHK厚生文化事業団

後　援 NHK

募集部門

● 支援金部門

1グループにつき、最高100万円 （15〜20グループを予定）

◆対象

○国内のある一定の地域に福祉活動の拠点を設け、この支援金でより活動を広げたいというグループ。

対象となる活動例		
地域の高齢者や障害当事者、生活困窮者、困難を抱えた人々などの日常生活を支援したり、さまざまな福祉サービスの提供。（在宅か施設かは問いません）	障害当事者の社会参加や就労の場づくりの促進、またその活動の支援。	文化・芸術活動などを通じて、障害や年齢の枠をこえた交流や相互理解。　など

対象外
・「わかば基金」の申請と同じ内容で、行政や他財団等の助成を受けている、もしくは受ける予定。 ・法人格を持っている。（NPO法人は申請可） ・人件費、家賃、交通費、グループ運営などのランニングコストや事務経費、また講師などの謝礼。 ・設立資金。

※PCやタブレットなどのモバイル端末を希望するグループは「PC・モバイル端末購入支援部門」に申請してください。
支援金でのPC・モバイル端末の購入はできません。

● 災害復興支援部門

1グループにつき、最高100万円 （1〜5グループを予定）

◆対象

○東日本大震災以降に激甚災害指定を受けた自然災害の被災地域に活動拠点があり、福祉活動を通してその地域の復旧・復興をすすめているグループ。

○被災地に必要な新たな福祉事業を展開したい、と考えているグループ。

対象となる活動例		
被災地で暮らす高齢者や障害当事者、生活困窮者、困難を抱えた人々などの日常生活を支援したり、さまざまな福祉サービスの提供。（在宅か施設かは問いません）	新たな福祉事業を展開するための必需品。	福祉情報の提供やネットワークづくりを通しての、被災した地域の生活再建・福祉向上。　など

対象外
●法人格をもっている（ただし、NPO法人は申請可）。 ●設立資金。 ●人件費、家賃、交通費、グループ運営などのランニングコストや事務経費、また講師などの謝礼。

※PCやタブレットなどのモバイル端末を希望するグループは「PC・モバイル端末購入支援部門」に申請してください。
支援金でのPC・モバイル端末の購入はできません。

●PC・モバイル端末購入支援部門

1グループにつき、最高10万円 （30グループを予定）

◆対象
○地域で活発な福祉活動に取り組んでおり、PCやモバイル端末を使用することで、より高齢者や障害当事者に役立ち、活動の充実を図れるグループ。

対象となる活動例		
地域の高齢者や障害当事者、生活困窮者、困難を抱えた人々などへのパソコン指導サービス。（在宅か施設かは問いません）	障害当事者の社会参加や就労の場づくりの促進、またその活動の支援。	要約筆記や字幕、音声や点訳などでの情報保障。
オンラインでの学習支援や相談事業。	福祉情報の提供やネットワークづくりを通しての地域福祉活動の向上。　など	

対　象　外
●法人格を持っている。（NPO法人は申請可）

○注意点（必ずご確認ください）

・購入したいPC・モバイル端末機器本体代金の全額、または一部を支援します（最大10万円）。購入予定機器代金の不足分は各グループでご負担ください。
・購入可能な機器は、PC（ノート、デスクトップ、2in1など）、iPadなどのタブレット、スマートフォンなどのモバイル端末。
・メーカー、台数、新品、中古は問いません。
・通信費は対象外です。
・支援決定前に購入された機器は対象外です。

● 申し込み方法

| 申請書の「記入上の注意」をよく読み、必要事項を漏れなくご記入のうえ、お申し込みください。（申請書はホームページからダウンロードしてください）
https://www.npwo.or.jp

＊「支援金部門」、「災害復興支援部門」、「PC・モバイル端末購入支援部門」の**いずれか**を選んでご記入ください。
（複数部門への応募は受け付けません）
＊日本国内に活動拠点があるグループを対象とします。
＊郵送のみ受け付け。（FAX・Email不可）
＊申請書は必ず、**第35回** のものをご使用ください。**（以前の用紙では受け付けません）**
＊申請書提出の際にはA3用紙1枚にしてください
　（A4用紙をコピー機でA3用紙に拡大コピーしてください）
＊グループ資料の添付の有無は支援決定に影響はありません。ただし、以下の資料は必ず添付してください。

■提出書類

全部門共通
2021年度の収支報告書（活動計算書など）A4用紙1枚にまとめたもの（2021年度のものがない場合には、2022年度の収支見込みが分かるもの）

支援金・災害復興支援部門
使用項目の見積書（見積書が出せないものは予算書）

PC・モバイル端末購入支援部門
購入予定機器の見積書か、金額が掲載されたカタログなどのコピーやwebページなどを印刷したもの

＊お送りいただいた応募書類や関係資料はお返ししません。予めご了承ください。
＊申請用紙・資料はステープラーで留めないでください。クリアホルダーへの差し込みや送り状も不要です。
＊申請書に記載された連絡先などの情報は適正に管理し、わかば基金に関係する連絡のために利用させていただきます。
＊記入された申請書はコピーを取って、お手元に保管してください。

申請受付期間 **2023年2月1日**(水)〜**3月29日**(水)**必着**　【郵送のみ】

結果発表 2023年6月末に、申請したグループに文書で通知します。
　　　　　＊なお、選考結果や選考内容などのお問い合わせには応じられませんのでご了承ください。

選　考 当事業団内に設けられた**選考委員会**で審査のうえ、**支援先を決定**します。

[選考委員]（五十音順　敬称略）
同志社大学 名誉教授 ……………………………………… 上野谷　加代子
社会福祉法人オリーブの樹 理事長 ……………………… 加藤　裕二
株式会社ユーディット 会長 ……………………………… 関根　千佳
社会福祉法人全国社会福祉協議会　地域福祉部長 …… 高橋　良太
東京学芸大学 名誉教授 …………………………………… 松矢　勝宏
ＮＨＫメディア総局 第1制作センター長
ＮＨＫ厚生文化事業団 理事長

必ずご確認ください

●次の事由による場合には支援金の返還を求めることもあります。
　　①支援金により取得した物件・物品などを申請目的に反して使用、譲渡、貸し付け、または廃棄した場合。
　　②年度内にNPO法人以外の法人格を取得される場合。
●反社会的勢力および反社会的勢力と関係すると認められる団体からの応募は受け付けられません。また決定後に判明した場合は支援金等を返還いただきます。
●支援先に選ばれたグループには、活動の様子について放送などの取材に協力していただく場合があります。
●支援金は2023年7月から2024年3月までの間に必ず活用し、その様子を報告いただきます。
●ご報告いただいた内容や画像などは、当方ホームページやSNSなどに掲載いたします。

申し込み・問い合わせ先

社会福祉法人ＮＨＫ厚生文化事業団　「わかば基金」係

〒150-0041 東京都渋谷区神南1-4-1　TEL03-3476-5955 (平日10：00〜17：00)
E-mail：info@npwo.or.jp

第35回 わかば基金 申請書

申請部門 (いずれかに☑)	□ 支 援 金　　部門		□ 災害復興支援　　部門		PC・モバイル機器 購入支援　部門	
申請内容	希望金額 　　　　　万円 (上限100万円/1万円未満切捨)		希望金額 　　　　　万円 (上限100万円/1万円未満切捨)		希望金額 　　　　　万円 (上限10万円/1万円未満切捨)	
申請内容詳細 項目が多数の場合は、金額の大きい物から順に記載し、記入できない分はその他でまとめてください	使用項目	金額	使用項目	金額	購入予定機器	金額
		円		円		円
		円		円		円
		円		円		円
		円		円		円
	合計	円	合計	円	合計	円
	※別途見積書か予算書を添付してください		※別途見積書か予算書を添付してください		※別途、価格の分かるものを添付してください	
申請理由 使用の趣旨目的						

グループ名	代表者役職：　　　　　　　　　　代表者名： ホームページ・facebook等のアドレス：
グループの所在地	〒　　　-　　　　　都道府県 電話：　　（　　　）　　　　FAX：　　　（　　　）
連絡先 (申請担当) 申請についての問い合わせや結果などはこちらにご連絡いたします	〒　　　-　　　　　都道府県 担当者役職：　　　　　　　担当者名： 電話：　　（　　　）　　　FAX：　　　（　　　） 携帯：　　（　　　）　　　e-mail：
現在のグループの所属人数	人　【内訳】専任スタッフ：　　人(有償：　　人　無償：　　人) 　　　　　　　　　　　ボランティア：　　人(有償：　　人　無償：　　人) 【スタッフ構成の特徴】(男女比・年齢構成・専門分野など)
活動の対象	活動の主な対象者と人数　　　　　　　　主な活動地域
発足日	【発足】西暦　　　　年　　　月　　　日
発足からこれまでの経緯 (活動の趣旨等)	

2021年度収支概要 ①項目は大まかにまとめたもので構いません ②作業(就労)会計の収支がある場合はご記入ください	収入項目	金額(円)	支出項目	金額(円)
	②作業(就労)会計の収入		②作業(就労)会計の支出	
	合計		合計	

※別途2021年度の収支報告(活動計算書など)の詳細(A4用紙1枚にまとめて)を添付してください。2021年度のものが無い場合は2022年度の収支見込みが分かるもの

記入上の注意（募集要項の「申し込み方法」と合わせて必ずご確認ください）

①各項目をもれなく記入してください（鉛筆不可）。
②複数部門への申請は受け付けられません。
③申請書に直接資料を貼り付けないでください。ステープラなどで止めないでください。
④ 収支報告（活動計算書など／A4用紙1枚にまとめて）ならびに、使用項目の見積書、価格の分かるもの、もしくは予算書を必ず添付してください。
⑤申請書に記載されたご連絡先などの情報は、わかば基金に関係する連絡以外には利用いたしません。
⑥申請書はA3用紙1枚にして提出してください。
⑦申請書は必ずコピーを取り、保管をしておいてください。

※事務局使用欄		①	②
1-	コード		
2-	コード		
3-	コード		

■過去に「わかば基金」の　□支援を受けたことがある（第　　　回）　□申請したことがある　□今回が初めて
（いずれかに☑）

①現在の詳しい活動状況（活動の特徴と内容）、②支援の必要性、③支援を受けた後の効果と将来的見通し、
を下記記入欄にお書きください。

【活動状況】

【支援の必要性】

【支援の効果と将来的見通し】

■災害復興支援部門に申請される団体は、激甚災害指定された災害名と年度、被災状況を下記にご記入ください。

■グループの活動が、放送や新聞などで取り上げられたことがあれば、下記にご記入ください。

■他団体からの助成金等について

【自治体（市町村など）からの「補助金」】

申請中	□無	□有	補助金受領年度(	年度)	名称(	)	金額(	円)
過去	□無	□有	補助金受領年度(	年度)	名称(	)	金額(	円)

【民間助成金など（財団、社会福祉協議会等）】

申請中	□無	□有	助成金受領年度(	年度)	助成名称(	)	金額(	円)

※申請中の助成の活用方法(　　　　　　　　　　　　　　　　　　　　　　　　　　　　　　　)

過去	□無	□有	助成金受領年度(	年度)	助成名称(	)	金額(	円)
（直近のもの）	□無	□有	助成金受領年度(	年度)	助成名称(	)	金額(	円)

2023年度助成事業

◆ **対象分野** ： 国際協力　環境　人権・平和　地域・まち・居場所づくり　災害・被災地　子ども　高齢者　障がい者
医療・疾病・難病　外国人・多文化共生　その他

◆ **対象団体** ： 法人　任意団体

1年以上の活動実績を有する非営利団体（法人格の有無は問いません）で毎年4月1日から翌年3月31日までの1年間に実施を予定している公益に資する事業に助成をします。営利を目的とするものや宗教上の活動を目的とするもの、個人、日本に拠点の無い団体等は助成対象となりません。

◆ **概要** ： 医学医療研究の推進、青少年の健全育成、社会教育・学校教育の充実、芸術文化の発展・向上、多文化共生、開発途上国への支援、環境の保護・保全、地域社会の活性化、動物の保護・訓練、支援活動、健康増進・健全育成の支援、災害復興活動支援、社会福祉の増進、公益法人の振興・発展。
上記の事業活動を実施している非営利団体への助成。

◆ **総額** ： 「助成総額」は、毎年、変わります。

◆ **1件あたり金額** ： 各基金ごとに毎年、助成限度額を設定します。なお、助成割合に限度は設けていませんが、自己資金をできるだけ準備してください。

◆ **応募期間**
　及び応募締切 ： 毎年10月1日より11月下旬まで、翌年4月1日から翌々年3月31日まで実施する事業の申請を受付。（申請書類は返却しません。）

◆ **助成決定時期** ： 3月上旬に開催する当財団理事会で採択、非採択を決定後、速やかに文書で通知します。

◆ **申請手続き** ： 毎年9月下旬に「助成申請者のためのガイド」を作成するとともに、当財団ホームページに記載する。申請用紙はホームページからダウンロード可。申請書類は郵送で受付。（原本とそれをコピーした3部の計4部を郵送）。あわせて申請書を電子メールで送信。

◆ **提出書類** ： 定款・規約　団体の予算書・決算書　役員名簿　団体資料（パンフレット）

直近年度の事業報告書、助成金を充当したい経緯費の見積書または価格表、人件費を計上する場合は算出根拠

公益財団法人 大阪コミュニティ財団

http://www.osaka-community.or.jp/

理念:本財団は、地域社会のより良い生活、文化向上等をめざして、企業や個人の皆様の「お志」のこもったご寄付を、名前を付けた基金のかたちでお受けし、その「お志」を最大限に尊重しつつ、地域社会の多様なニーズに対応した社会貢献を行う財団です。

目的:本財団は、一般市民や企業等の社会貢献への志を尊重し、最大限に生かすため、公益に資する事業を行うものへの助成または顕彰、学生等への奨学金の支給等を行い、地域社会の公益の増進に寄与することを目的とします。

〒540-0029 大阪市中央区本町橋2-8 大阪商工会議所ビル5階
TEL: 06-6944-6260 / FAX: 06-6944-6261
info@osaka-community.or.jp

大塚商会ハートフル基金 公募助成制度

◆ **対象分野** ： 地域・まち・居場所づくり　その他

◆ **対象団体** ： 法人　任意団体

4名以上のメンバーが活動する非営利団体であり、活動年数が3年以上あること。法人格の有無は問いません。一般社団法人については非営利型のみ対象となります。
かつ、以下のいずれかの都道府県に所在する団体。
北海道・宮城県・茨城県・栃木県・群馬県・埼玉県・千葉県・東京都・神奈川県・静岡県・愛知県・三重県・滋賀県・京都府・大阪府・兵庫県・広島県・福岡県

◆ **概要** ： 募集の都度、助成の対象となる活動を指定します。

◆ **総額** ： 300万円（基金の残高によって変動します）

◆ **1件あたり金額** ： 30万円

◆ **応募期間**
　及び応募締切 ： 毎年変動しますので、ホームページに掲載するお知らせをご覧ください。

◆ **助成決定時期** ： 毎年変動しますので、ホームページに掲載するお知らせをご覧ください。

◆ **申請手続き** ： ホームページから申請書をダウンロードし、必要事項を記入したうえで必要書類と共に事務局宛に郵送。

◆ **提出書類** ： 定款・規約　団体の予算書・決算書　役員名簿

株式会社 大塚商会

https://www.otsuka-shokai.co.jp/corporate/csr/society/

「大塚商会ハートフル基金」は、2003年に誕生した社員と会社のマッチングギフト制度です。
大塚商会は、ミッションステートメントに定める目標の一つ「自然や社会とやさしく共存共栄する先進的な企業グループとなる」ことを目指しており、社会的課題に取り組んでいる団体を支援します。

〒102-8573 千代田区飯田橋2-18-4
TEL: 非公開 / FAX: 非公開
heartful@otsuka-shokai.co.jp

地球環境基金助成金

◆ 対象分野 ： 環境

◆ 対象団体 ： 法人 任意団体
①一般社団法人及び一般財団法人に関する法律に基づき設立された法人又はこれに準ずる非営利法人（②に該当するものを除く）
②特定非営利活動促進法第10条の規定に基づき設立された特定非営利活動法人
③法人格を有さず、営利を目的としない団体で一定の条件を満たすもの

◆ 概要 ： イ 国内の民間団体による開発途上地域における環境保全のための活動
ロ 海外の民間団体による開発途上地域における環境保全のための活動
ハ 国内の民間団体による国内における環境保全のための活動

◆ 総額 ： 2023年度:「5億5,140万円」（内定ベース）
（金額は地球環境基金企業協働プロジェクトLOVE BLUE助成分を含んだ総額）

◆ 1件あたり金額 ： 上限額はメニューによって異なる
2023年度:約340万円（内定ベース）
（金額は地球環境基金企業協働プロジェクトLOVE BLUE助成分を含んだ1件あたり）

◆ 応募期間
及び応募締切 ： 11月中旬～12月上旬（地球環境基金ホームページで最新情報をご確認ください）

◆ 助成決定時期 ： 翌年3月下旬（内定）

◆ 申請手続き ： 「地球環境基金助成金申請システム」にて申請（詳細はホームページをご確認ください）

◆ 提出書類 ： 定款・規約 団体の予算書・決算書 役員名簿
活動実績、活動概要を示す資料、海外団体の場合は事務委任書

独立行政法人 環境再生保全機構

https://www.erca.go.jp

民間団体（NPO・NGOなど）による環境保全活動への資金の助成その他の支援を行い、環境保全活動に向けた国民的運動の展開を図ることを目的として、平成5年5月に創設。
基金の原資は、国及び民間の拠出（寄附）をもって構成されており、運用益と国からの運営費交付金により、NGO・NPOが行う環境保全活動への資金助成等の支援業務を実施。

〒212-8554 神奈川県川崎市幸区大宮町1310 ミューザ川崎セントラルタワー8階
TEL: 044-520-9505 / FAX: 044-520-2192
c-kikin@erca.go.jp

地球環境基金企業協働プロジェクト（LOVE BLUE助成）

◆ **対象分野** ： 環境

◆ **対象団体** ： 法人 任意団体

①一般社団法人及び一般財団法人に関する法律に基づき設立された法人又はこれに準ずる非営利法人
（②に該当するものを除く）
②特定非営利活動促進法第10条の規定に基づき設立された特定非営利活動法人
③法人格を有さず、営利を目的としない団体で一定の条件を満たすもの

◆ **概要** ： 国内の民間団体による国内における清掃活動など水辺の環境保全活動

◆ **総額** ： 2023年度:「1,940万円」（内定ベース）

◆ **1件あたり金額** ： 2023年度:約129万円（内定ベース）

◆ **応募期間
及び応募締切** ： 11月中旬〜12月上旬（地球環境基金ホームページで最新情報をご確認ください）

◆ **助成決定時期** ： 翌年3月下旬（内定）

◆ **申請手続き** ： 「地球環境基金助成金申請システム」にて申請（詳細はホームページをご確認ください）

◆ **提出書類** ： 定款・規約 団体の予算書・決算書 役員名簿

活動実績、活動概要を示す資料

独立行政法人 環境再生保全機構

https://www.erca.go.jp

民間団体（NPO・NGOなど）による環境保全活動への資金の助成その他の支援を行い、環境保全活動に向けた国民的運動の展開を図ることを目的として、平成5年5月に創設。
基金の原資は、国及び民間の拠出（寄附）をもって構成されており、運用益と国からの運営費交付金により、NGO・NPOが行う環境保全活動への資金助成等の支援業務を実施。

〒212-8554 神奈川県川崎市幸区大宮町1310 ミューザ川崎セントラルタワー8階
TEL: 044-520-9505 / FAX: 044-520-2192
c-kikin@erca.go.jp

令和5年度 障がい者福祉助成金

◆ **対象分野** ： 障がい者

◆ **対象団体** ： 法人　任意団体

原則として障がい者支援を行う非営利の民間団体であり、グループホーム、地域活動支援センター、就労継続支援 A/B 型などの社会福祉事業（福祉施設の運営、福祉活動など）、またはそれに準じた事業を行う、規模の小さな団体や NPO 法人等の団体を対象とします。

※加齢に伴う障がい(高齢者)を除く。

所在地が関東地区1都6県(東京・神奈川・埼玉・千葉・茨城・群馬・栃木)に限定。ただし、対象地域外であっても東京から在来線で 2 時間程度であれば対象とする場合もある。

◆ **概要** ： 環境整備のための施設改修工事、設備・備品の調達、10 万円未満の少額備品の購入に必要な資金の一部を助成します。

◆ **総額** ： 850万円

◆ **1件あたり金額** ： 上限額： 25 万円

◆ **応募期間**
　及び応募締切 ： 5月～6月

◆ **助成決定時期** ： 10月中旬

◆ **申請手続き** ： 申請書類を当ホームページからダウンロードして記載し、添付書類を添えて郵送で提出してください。申請書類の詳細は、申請時添付書類一覧表をご覧ください。申請書類に不備のないよう提出前によくご確認ください。

http://www.kinoshita-zaidan.or.jp/subsidy/

◆ **提出書類** ： ---

社会福祉法人 木下財団

〒104-0042 東京都中央区入船3-2-7 第二明治ビル6F

TEL： (03) 6222-8927 / FAX： (03) 6222-8937

info@kinoshita-zaidan.or.jp

「食育活動への助成」

◆ 対象分野 ： 子ども

◆ 対象団体 ： 法人　任意団体

　　　　　　　　・食育活動を行っている団体、行おうとしている団体
　　　　　　　　・法人格は問いません

◆ 概要 ： 食には体を作る、体の調子を整えるなどの栄養機能だけでなく、興味・関心や意欲の向上など「健全な心」を育む重要な役割があります。
ライフスタイルが多様化する今日、栄養バランスの崩れからくる生活習慣の増加、調理スキルの低下、若い世代の食への興味・関心の低下など、食を取り巻く社会課題は大きくなっています。
2016年3月に新たに策定された「第三次食育推進基本計画」においても、食育のテーマや取り組むべき主体が拡大しています。当団体はそれらの課題解決に取り組む団体へ積極的な助成を行います。

　　　　　　　　＜対象＞
食育活動を行う公益的な団体を対象とし、講座、イベント、研究等に必要な資金の一部を助成します。（産後ケア事業も対象とします）

　　　　　　　　＜対象所在地＞
日本国内

　　　　　　　　＜助成金使用対象期間＞
2023年4月1日〜2024年3月31日

◆ 総額 ： 2019年度 1,094万円、2020年度1,219万円、2021年度 1,270万円、
2022年度 1,233万円 、2023年度1,187万円

◆ 1件あたり金額 ： 上限額： 100 万円

　　　　　　　　　　2022年度 100万円

◆ 応募期間
及び応募締切 ： 2024年度助成事業2023年10月下旬〜2023年11月旬を予定

◆ 助成決定時期 ： 2月上旬頃

◆ 申請手続き ： 財団HPから申請書をダウンロードし、ご記入のうえ、郵送・メールにてお送りください。

◆ 提出書類 ： 定款・規約　団体の予算書・決算書　役員名簿　団体資料（パンフレット）

◆ 備考 ： 2019年4月より一般財団法人から公益財団法人に移行しました。

公益財団法人 キユーピーみらいたまご財団

https://www.kmtzaidan.or.jp

キユーピーグループは「食を通じて社会に貢献する」という創始者 中島董一郎の精神を受け継ぐとともに、めざす姿である「おいしさ・やさしさ・ユニークさをもって、世界の食と健康に貢献するグループ」を実現するために、事業活動だけではなく、食育の推進などの社会貢献活動を積極的に進めています。
しかしながら、近年、ライフスタイルや食生活の多様化が急速に進む一方で、若い世代を中心とした食に関する知識・興味の低下や、食を通したコミュニケーションの希薄化、子どもの貧困など「食を取り巻く社会課題」はますます大きくなっています。
そのような中、キユーピーグループは従来進めてきた独自の取り組みを進展させるだけではなく、想いを共有しうる団体の活動を広範に支援することで一企業だけでは成し得ない社会貢献に繋げていきたいという想いからキユーピーみらいたまご財団を設立することといたしました。
本財団はこの趣旨に沿うべく、食育活動および子どもの貧困対策などに取り組む団体を幅広く公募し、寄付を中心とした支援活動を実践することで、長期的な視野をもって健やかで持続的な社会の実現をめざしてまいります。

〒150-0002 東京都渋谷区渋谷1-4-13
TEL: 03-3486-3094 / FAX: 03-3486-6204
kmtsupport@kmtzaidan.or.jp

「食を通した居場所づくり支援」
「スタートアップ」【特別助成】新型コロナ禍対応

◆ 対象分野 ： 子ども

◆ 対象団体 ： 法人 任意団体

・子どもの居場所づくり、食育活動を行っている団体、行おうとしている団体
・法人格は問いません

◆ 概要 ： 当団体では、子どもの貧困を「経済面」だけでなく、「体験・交流」の乏しさから生まれる社会課題と捉え、この解決をめざした居場所づくりが必要と考えています。
また、全国各地で急速に拡大する「子ども食堂」などの子どもの居場所支援活動は、活動主体や取り組み内容に様々な形と特徴があります（食育/親子・共食体験/多世代交流/学習支援/子どもの貧困/ネットワーク形成支援・啓発活動）。
子どもの心と身体の成長、自立支援に向けて食の提供や料理・共食などの食の体験に積極的に取り組む「子ども食堂」などの団体の立ち上げ支援や設備購入、活動定着に向けたネットワーク形成へ助成を行います。

<対象>
地域における共食や食周りの様々な体験を通した子どもの心と身体の成長そして自立の支援を行うため、子ども食堂などの食を通した居場所づくりを行う公益的な団体の開設費用や備品購入等を支援します（事務局運営については「一般社団法人全国食支援活動協力会」との協働で行います）。

<対象所在地>
日本国内

<助成金使用対象期間>
2023年4月1日～2024年3月31日

<助成対象事案例>
拠点の改修費、冷蔵庫他厨房機器、会食会の椅子やテーブル、什器、テレビ、パソコンやプリンター、研修費用（講師謝金・参加費・交通費）、子ども食堂などに深い関りのある中間支援団体（子ども食堂ネットワーク・サポートセンター・フードバンク等）、他

◆ 総額 ： 2019年度 1,557万円 2020年度 1,562万円 2021年度 2,627万円
2022年度 2,819万円 2023年度 34,270万円

◆ 1件あたり金額 ： 上限額：70万円

70万円（スタートアップ新型コロナ禍対応は一律20万円）

◆ 応募期間
　 及び応募締切 ： 2024年度助成事業2023年10月下旬～2023年11月

◆ 助成決定時期 ： 2024年2月上旬頃

◆ 申請手続き ： 財団HPから申請してください。

◆ 提出書類 ： 定款・規約　団体の予算書・決算書　役員名簿　団体資料（パンフレット）

◆ 備考 ： 2019年4月より一般財団法人から公益財団法人に移行しました。

公益財団法人 キユーピーみらいたまご財団

https://www.kmtzaidan.or.jp

キユーピーグループは「食を通じて社会に貢献する」という創始者 中島董一郎の精神を受け継ぐとともに、めざす姿である「おいしさ・やさしさ・ユニークさをもって、世界の食と健康に貢献するグループ」を実現するために、事業活動だけではなく、食育の推進などの社会貢献活動を積極的に進めています。

しかしながら、近年、ライフスタイルや食生活の多様化が急速に進む一方で、若い世代を中心とした食に関する知識・興味の低下や、食を通したコミュニケーションの希薄化、子どもの貧困など「食を取り巻く社会課題」はますます大きくなっています。

そのような中、キユーピーグループは従来進めてきた独自の取り組みを進展させるだけではなく、想いを共有しうる団体の活動を広範に支援することで一企業だけでは成し得ない社会貢献に繋げていきたいという想いからキユーピーみらいたまご財団を設立することといたしました。

本財団はこの趣旨に沿うべく、食育活動および子どもの貧困対策などに取り組む団体を幅広く公募し、寄付を中心とした支援活動を実践することで、長期的な視野をもって健やかで持続的な社会の実現をめざしてまいります。

〒150-0002 東京都渋谷区渋谷1-4-13
TEL: 03-3486-3094 / FAX: 03-3486-6204
kmtsupport@kmtzaidan.or.jp

公募助成事業（2事業）

◆ **対象分野** ： 環境　地域・まち・居場所づくり　災害・被災地　子ども　子育て・ひとり親支援　高齢者　障がい者

◆ **対象団体** ： 法人　任意団体

NPO等の法人格の有無、および活動年数は問いません。
いずれも助成開始時に連絡責任者は満18歳以上であること。
①（キリン・地域のちから応援事業）4名以上のメンバーが活動する団体・グループ。
②（キリン・福祉のちから開拓事業）10名以上のメンバーがおり、全国または広域に活動する団体・グループ。

◆ **概要** ： 地域やコミュニティを元気にするさまざまなボランティア活動や、長期的な視点で全国や広域の社会的な課題の解決に取り組む活動へ、2つのテーマで公募による応援事業を行っています。
①キリン・地域のちから応援事業
②キリン・福祉のちから開拓事業
【助成期間】単年度助成

◆ **総額** ： 5,000万円（予定）
①キリン・地域のちから応援事業 総額4,500万（予定）
②キリン・福祉のちから開拓事業 総額500万（予定）

◆ **1件あたり金額** ： 公募助成事業（2024年度）（予定）
①キリン・地域のちから応援事業 上限30万円
②キリン・福祉のちから開拓事業 上限100万円

◆ **応募期間**
及び応募締切 ： ①②ともに2023年9月上旬〜10月31日（当日消印有効）（予定）

◆ **助成決定時期** ： ①②ともに2024年3月（予定）

◆ **申請手続き** ： ホームページでダウンロードして下さい。

◆ **提出書類** ： 定期刊行物、その他参考資料
※団体パンフレットはあった場合のみ

◆ **備考** ： キリン福祉財団のHPをご参照ください

公益財団法人 キリン福祉財団

https://foundation.kirinholdings.com/

障害児・者福祉、高齢者福祉、児童・青少年福祉、地域社会福祉向上等に関する諸活動に対しての助成等を通じ、我が国の社会福祉の発展に寄与することを目的としています。

〒164-0001 東京都中野区中野4丁目10番2号 中野セントラルパークサウス
TEL: 03-6837-7013 / FAX: 03-5343-1093
fukushizaidan@kirin.co.jp

街なか再生助成金

◆ 対象分野 ： 地域・まち・居場所づくり

◆ 対象団体 ： 法人　任意団体

助成対象とする民間団体は、以下のような民間団体です（第三セクターも含まれます）。
①土地区画整理事業等（民間宅地造成事業を除く。以下同じ。）の計画地区又は土地区画整理事業等を活用したまちづくりを検討している地区内の地権者・住民等で構成される準備組合・協議会・任意団体
②特定非営利活動促進法によって認証された特定非営利活動法人（NPO）で地区内の地権者や住民等が主体となっているもの
③中心市街地の活性化に関する法律（以下「中活法」といいます。）に規定されているまちづくり会社（特定会社、旧TMOを含む）や中心市街地整備推進機構
④その他の民間団体で、原則として関係公共団体の推薦を受けたもの

◆ 概要 ： 助成の対象事業は、以下のような取り組みで、特に土地区画整理事業に関連した取組を優先して募集します。
①土地区画整理事業等の面的整備事業の立ち上げに向けた取り組み
〈取り組み例〉
・民間が主体となったまちづくり構想・計画の策定
・合意形成に向けた権利者・住民等の取り組み など
②土地区画整理事業等の面的整備事業地区（事業中、事業完了地区）における良好な環境づくりや賑わいづくりに向けた取り組み
〈取り組み例〉
・権利者・住民等が主体となったまちづくりのルール（景観づくりのための地区計画案等）の作成
・エリアマネージメントなど民間主体のまちづくりを推進するための組織の立ち上げや組織の活動 など
③地区内の既存ストックを活かした街なか再生への取り組み
〈取り組み例〉
・空店舗・空き家、空き地、歴史的建造物等を活かした交流空間の創出 など

※次のような事業は助成の対象とはなりませんのでご注意ください。
・活動内容が過去に助成を受けたものと同一であるもの
・希望額の助成金が助成されないと事業実施が困難なもの
・イベント等一過性の事業
・政治、宗教、思想などの目的に偏するもの
・団体又は個人の営利を目的とするもの
・特定の事業の反対運動を目的としたもの
・特定の個人または法人が所有している土地建物等の資産の増加を目的としたもの

◆ 総額 ： ---

◆ 1件あたり金額 ： 上限額：100万円

**◆ 応募期間
及び応募締切** ： 毎年2月1日〜3月31日（締切）

◆ 助成決定時期 ： 毎年5月上旬に選考委員会にて選考。5月下旬に決定通知します。

◆ 申請手続き ： ホームページから応募の書式をダウンロード

◆ 提出書類 ： 団体資料（パンフレット）

法人格を取得していると認められる書類（写し）、市区町村の推薦状（任意団体の場合）

公益財団法人 区画整理促進機構 街なか再生全国支援センター

https://www.sokusin.or.jp/machinaka/index.html

（公財）区画整理促進機構 街なか再生全国支援センターが、街なかにおける市街地整備や街なかの再生に資する取り組みを行う民間団体を資金面で助成し、その事業等の活動を支援することで、賑わいのあるまちづくりを促進することを目的としています。

〒102-0084 東京都千代田区二番町12番地12 B.D.A二番町ビル2階
TEL: 03-3230-8477 / FAX: 03-3230-4514
mail@sokusin.or.jp

（公財）区画整理促進機構 街なか再生全国支援センターが、街なかにおける市街地整備や街なかの再生に資する取り組みを行う民間団体を資金面で助成し、その事業等の活動を支援することで、賑わいのあるまちづくりを促進することを目的としています。

草の根育成助成

| ◆ 対象分野 | : | 地域・まち・居場所づくり スポーツ 音楽・アート・芸能 子ども 高齢者 障がい者 貧困・路上生活 |

◆ **対象団体** ： 法人 任意団体

東京都内に活動拠点をおく非営利な活動法人（非営利株式会社を含む）NPO法人、社団法人、財団法人等及び任意団体。

◆ **概要** ：
①障がい者、生活困窮者や事故、災害、犯罪等による被害者の支援を目的とする事業や活動
②高齢者の福祉の増進を目的とする事業や活動
③勤労意欲のある者に対する就労の支援を目的とする事業や活動
④児童・青少年の健全な育成を目的とする事業や活動
⑤教育、スポーツで心身の健やかな表現と豊かな人間性を身に着けることを目的とする事業や活動
⑥文化及び芸術振興を目的とする事業や活動
⑦地域社会、コミュニティの健全な営みを目的とする事業や活動

◆ **総額** ： 4,000千円（予定）

◆ **1件あたり金額** ： 1,000千円

◆ **応募期間**
及び応募締切 ： 助成対象期間は毎年4月1日から翌3月31日。応募時期は6月。

◆ **助成決定時期** ： 7月下旬

◆ **申請手続き** ： 当財団HPより申請書をダウンロード、必要事項を記載及び必要書類を郵送もしくはメールで提出してください。
申請にあたっては、「手引き」をよく読んで助成の主旨に沿った申請であることが必須です。

◆ **提出書類** ： 定款・規約 団体の予算書・決算書 役員名簿 団体資料（パンフレット）

ホームページに詳細

公益財団法人 草の根事業育成財団

https://kusanoneikusei.net

公益財団法人草の根事業育成財団は、様々な社会問題を解決する諸団体と協働し、子どもから高齢者まで市民一人ひとりが心豊かな市民生活を実現するために助成します。

〒182-0024 東京都調布市布田1丁目15番9 エスポワール・ヴェール403

TEL: 042-427-4278 / FAX: 042-449-6942

info@kusanoneikusei.net

①社会的・文化的諸活動助成/②目的型諸活動助成

https://www.kddi-foundation.or.jp/grant/#social

◆ 対象分野 ： その他

◆ 対象団体 ： 任意団体

非営利団体（NPO）・非政府組織（NGO）の他、法人格を持たない団体

◆ 概要 ：
①社会的・文化的諸活動助成
（助成対象）
・情報化社会の動向に即し、ICTを通じて社会、教育、環境等の課題解決に貢献する各種の非営利団体（NPO）・非政府組織（NGO）の活動、「草の根」活動。
・ICTを通じての地域社会の国際化の促進、ならびに開発途上国における教育、文化、生活支援等に関する活動
・ICTの普及・発展あるいは国際間の相互理解促進に寄与する活動や事業

②目的型諸活動助成
（助成対象）
・SDGsの促進の視点に立ち、日本国内におけるデジタル・ディバイドの解消に貢献する活動

◆ 総額 ： 600万円

◆ 1件あたり金額 ： 上限額： 300 万円

①100万円
②300万円

◆ 応募期間 及び応募締切 ： ①2023年7月17日（月）〜 7月28日（金）17:00必着 ②2023年7月3日（月）〜 7月14日（金）17:00必着

◆ 助成決定時期 ： 2024年3月（2024年1月に内定通知）

◆ 申請手続き ： KDDI財団ウェブサイト内の「助成申請システム」より申請してください。

◆ 提出書類 ： 申請書につきましては、「助成申請システム」よりダウンロードくださいますようお願いいたします。

公益財団法人 KDDI財団

http://www.kddi-foundation.or.jp/

KDDI財団は、わが国の内外において、情報通信の恩恵を広く社会に還元するとともに、情報通信による世界の調和ある健全な発展に寄与することを理念としています。

「助成事業」ならびに「国際協力事業」を2本の大きな柱に、「表彰事業」ならびに「ICT普及事業」とともに、世界の隅々、全ての人々に情報通信の恩恵が行き渡ることを目指した事業を推進してまいります。

〒102-8460 東京都千代田区飯田橋3-10-10 ガーデンエアタワー
TEL: / FAX:
grant@kddi-foundation.or.jp

緑の募金公募事業

https://www.green.or.jp/bokin/volunteer/activity-support

◆ **対象分野** ： 環境

◆ **対象団体** ： 法人 任意団体

森林ボランティア、里山保全団体およびNPO等による以下の活動
（1）国内外の森と人を元気にする活動
（2）地球の緑を増やし、地球温暖化防止や生物多様性保全に貢献する活動
（3）森づくりのリーダーを育てる活動
（4）森や里山で子どもたちを育むことができる活動

◆ **概要** ： 公募事業は、国民参加の森林づくりに係る活動で、全国的又は国際的な見地から行われる先駆的モデル的な事業で次の（1）又は（2）の要件に該当する事業を対象とし、（3）に該当する場合は対象外とする。

（1）国内における森林整備・緑化事業
複数の都道府県にわたるなど広域的な見地から事業効果の波及が期待され、広く一般参加を呼びかけて行う以下の活動。
①森林の整備または緑化の推進
②災害に強い森林づくりの事業
③山村住民と都市住民の協働による森林の整備
④保育所・幼稚園・学校等の園庭・校庭等の緑化の推進
⑤「教育」や「健康」等の分野で、山村地域における森と人とのかかわりの拡大を推進する森林の整備や緑化の推進
⑥間伐材等の利用・加工を行うなど、森林循環の促進に通じる森林の整備
⑦その他、上記に準ずる森林の整備または緑化の推進を目的とする事業、これに付帯するイベント等

（2）海外における森林整備・緑化事業
海外で行う次のいずれかに該当する事業とする。
①砂漠化防止や熱帯林再生のための森林の整備
②土石流失防止・水源かん養・薪炭林造成等のための森林の整備
③公園・学校への植樹等による緑化の推進
④苗畑整備・育苗や緑化の推進に資する苗木の配布
⑤山火事防止等の森林パトロール、被害調査等の森林保全管理
⑥その他、上記事業に付帯するセミナーや給水施設整備等

（3）対象外とする事業
次のいずれかに該当する事業は、応募できないものとする
①既に、国又は国の機関から「緑の募金交付金以外」の補助・助成等を受けているもの・または受ける見込みにあるもの
②特定の事業者の利益のために行われるもの
③政治的又は宗教的宣伝を目的としていると認められるもの
④我が国又は相手国の行政機関の施策の遂行として行われる海外活動
⑤その他「緑の募金事業」の目的からふさわしくないと判断されるもの

◆ **総額** ： 3,400万円（2022年7月〜2023年6月の交付決定額）

◆ **1件あたり金額** ： 上限額： 200万円

1事業当たりの限度は200万円（国際協力は300万円）

◆ **応募期間**
　及び応募締切 ： 応募期間は2月1日から3月15日（機構ホームページに公告）

◆ **助成決定時期** ： 7月1日付けで通知

◆ **申請手続き** ： 機構のホームページを参照

◆ **提出書類** ： 機構のホームページに公告のとおり

◆ **備考** ： 詳細は機構のホームページを参照

公益社団法人 国土緑化推進機構

https://www.green.or.jp/

国内はもとより地球規模での「国民参加の森林づくり」を図ることを目的に、森林ボランティアによる森林づくり活動を推進し、もって健全な森林の育成に資する。

〒102-0093 東京都千代田区平河町2-7-4 砂防会館 別館5階

TEL: 03-3262-8457 / FAX: 03-3264-3974

info@green.co.jp

公益社団法人 国土緑化推進機構

国内はもとより地球規模での「国民参加の森林づくり」を図ることを目的に、森林ボランティアによる森林づくり活動を推進し、もって健全な森林の育成に資する。

〒102-0093 東京都千代田区平河町2-7-4 砂防会館 別館5階

TEL: 03-3262-8457 / FAX: 03-3264-3974

info@green.co.jp

緑と水の森林ファンド

◆ **対象分野** ： 環境

◆ **対象団体** ： 法人　任意団体

（1）民間の非営利団体（次の①又は②のいずれかに該当する団体や地域の自主的な活動組織）
①「特定非営利活動促進法」（平成10年法律第7号）に基づく特定非営利活動法人
②以下の要件を満たす団体等
ア 規約等により適正な運営が行われることが確実であると認められること。規約等には、名称、事務所、会員、役員の構成、事業運営、会計年度等について規定されていること。
イ 営利を目的としないこと。
（2）非営利の法人
（3）個人（調査研究に限る。）

◆ **概要** ： 1 普及啓発
（1）人生100年時代におけるライフステージに応じた健康・教育・観光等への森林利用の促進を図るための普及啓発活動
（2）「緑や水」「森林と木材の利用」など森林の総合的利用の促進
（3）青少年を対象とする森林ESDの推進（森のようちえんを含む）など森林環境教育の促進
（4）地域材の利用・木材需要の拡大等の山村地域の活性化・地域づくり運動の推進
2 調査研究
（1）森林の保全・公益的機能の増進等に関する調査研究
（2）青少年を対象とする森林ESDの推進（森のようちえんを含む）など森林環境教育に関する調査研究
（3）学校林や学校周辺林の教育的活用のための調査研究
（4）地域材・山村資源の有効活用・地場産業の振興等山村地域活性化に関する調査研究
3 活動基盤の整備
（1）森林ESD（森のようちえんを含む）や緑の少年団活動など森林ボランティアリーダーの養成・ネットワーク構築等の活動支援
（2）森林づくり活動を通した農山村と都市住民等との交流促進
（3）青少年の教育・中高等教育との連携の場としての森林の活用促進
（4）地域のシンボル的森林の利用促進
4 国際交流
（1）国内で開催される森林に関する国際会議への支援
（2）森林・林業に関する海外との情報交換

ただし、次の各号に該当する場合は、助成の対象となりません。
・専ら特定の事業者の利益のために行われるもの
・他の団体等への資金の助成等を内容とするもの
・事業が申請者の負担において行うべきものと認められるもの
・事業内容が一般に広く波及効果があると認められないもの
・事業が自主的・組織的な活動と認められず、適切に完遂できると認められないもの
・食糧等飲食費
・汎用性があり資産の形成につながる資材の購入
・森林ボランティア活動の労賃、ホテル・旅館・厚生施設等の宿泊費、居住地から事業場所最寄り（公共交通の最終地点）の集合/解散場所までの交通費

※事業期間が2023年7月1日から2024年6月30日までのもの

◆ **総額** ： 6,000万円

◆ **1件あたり金額** ： 団体100万円/個人70万円

◆ **応募期間**
　及び応募締切 ： 2023年2月1日（水）～3月15日（水）まで（当日消印有効）

◆ **助成決定時期** ： 7月上旬

◆ **申請手続き** ： 申請者は、「緑と水の森林ファンド」公募事業助成申請書を（公社）国土緑化推進機構へメールまたは郵送して下さい。

◆ 提出書類　　　　: ［定款・規約］［団体の予算書・決算書］ 役員名簿 ［団体資料（パンフレット）］

◆ 備考　　　　　　: 〔重点項目の設定について〕
「緑と水の森林ファンド」公募事業による助成は、以下の重点項目に沿った4分野（普及啓発、調査研究、活動基盤の整備、国際交流）の事業に対し、重点的に助成を行うこととします。
≪重点項目≫
1 人生100年時代におけるライフステージに応じた健康・教育・観光等への森林利用の促進
2 「緑や水」「森林と木材の利用」「震災復興支援」など森林に関する総合的・効率的な普及啓発
3 地域材の利用促進等山村資源の有効活用等による山村地域の活性化
4 森づくり活動における安全確認、リーダーの養成、ネットワーク形成支援、中高等教育との連携等による次世代の育成
5 学校林活動で森林ESD(森林環境教育)の促進や緑の少年団活動支援、中高等教育との連携等による次世代の育成
6 森林の公益的機能、持続的な森林づくりの循環等に関する普及啓発・調査研究

公益社団法人 国土緑化推進機構

https://www.green.or.jp/

社会環境の変化に伴い、国民の森林・みどりに対する関心はますます高まっており、具体的な「国民参加の森林づくり運動」を一層推進することが課題となっています。

平成27年9月の国連サミットで採択された17の国際目標（SDGs:持続可能な開発目標）人生100年時代におけるライフステージに応じた健康・教育・観光等への森林空間利用の促進を念頭に、森林の重要性に対する理解の推進を図るとともに、森のようちえんなど新たな森林の利用や森林環境教育の推進を具体的に図っていくことが重要となっています。さらに、東日本大震災では海岸林が多大な被害を受け森林復興への支援が引き続き求められています。

このような中、公益社団法人国土緑化推進機構では、「緑と水の森林ファンド」の基本課題である森林資源の整備及びこれらを通じた水資源のかん養や森林の利用等に関する総合的な調査研究、普及啓発、基盤整備等の推進を図るため、幅広い民間団体の参加による国民運動として展開することを目的に、「緑と水の森林ファンド」公募事業を実施します。

〒102-0093 東京都千代田区平河町2-7-4 砂防会館 別館5階
TEL: 03-3262-8457 / FAX: 03-3264-3974
info@green.co.jp

こくみん共済 coop 地域貢献助成

https://www.zenrosai.coop/zenrosai/csr/josei

◆ 対象分野 ： 環境　災害・被災地　子ども

◆ 対象団体 ： 法人　任意団体
日本国内を主たる活動の場とする、下記1〜3のいずれにも該当する団体を対象とします。
1.NPO法人、任意団体、市民団体
2.設立後1年以上の活動実績を有する団体（基準日:2022年8月17日※応募開始日）
3.直近の年間収入が300万円以下の団体（前年度の繰越金を除く）

◆ 概要 ： 1.自然災害に備え、いのちを守るための活動
【活動例】防災研修、防災マップの作成、防災ウォークなど

2.地域の自然環境・生態系を守る活動
【活動例】自然観察会、環境教育のための学習会、森林・里地里山（棚田等含む）・竹林の保全活動、水環境（河川・湖沼・里海）の保全活動、生物多様性の保全活動（絶滅の危機に瀕する動植物の保護）など

3.温暖化防止活動や循環型社会づくり活動
【活動例】自然エネルギーの普及・啓発活動、省エネルギーの促進活動、3R（リサイクル、リユース、リデュース）を促進する活動など

4.子どもや親子の孤立を防ぎ、地域とのつながりを生み出す活動
【活動例】親子サロン、読み聞かせ、プレーパークなど

5.困難を抱える子ども・親がたすけあい、生きる力を育む活動
【活動例】障がい・外国籍・ひとり親家庭などの子どもや親の交流、相互支援活動など

◆ 総額 ： 2,000万円

◆ 1件あたり金額 ： 30万円

◆ 応募期間及び応募締切 ： 2022年8月17日（水）〜2022年9月16日（金）※2022年1月1日〜2022年12月31日を対象期間とする助成の受付は終了しております。

◆ 助成決定時期 ： 2023年1月下旬

◆ 申請手続き ： 所定の申請書添付書類にてご応募下さい。
申請書は弊会ホームページからダウンロードできます。

◆ 提出書類 ： 定款・規約　団体の予算書・決算書　役員名簿

◆ 備考 ： 2023年以降の募集要項については内容が確定次第ホームページ等で掲載いたします。

生活協同組合 こくみん共済 coop（全国労働者共済生活協同組合連合会）

http://www.zenrosai.coop/

こくみん共済 coopでは、共済の普及と社会課題の解決に取り組み、理念である「みんなでたすけあい、豊かで安心できる社会づくり」を進めています。
「こくみん共済coop地域貢献助成」は、その取り組みの一つであり、「人と人とがささえあい、安心して暮らせる未来へ」をテーマとして、「防災・減災活動」「環境保全活動」「子どもの健全育成活動」に携わる団体の活動を支援するものです。

〒151-8571 東京都渋谷区代々木2-12-10
TEL: 03-3299-0161 / FAX: 03-5351-7776
90_shakaikouken@zenrosai.coop

子どもゆめ基金

https://yumekikin.niye.go.jp/

◆ 対象分野 ： 子ども

◆ 対象団体 ： 法人 任意団体

次に該当する団体で、当該団体が自ら主催し、子どもの健全な育成を目的に子どもの体験活動や読書活動の振興に取り組む団体が助成の対象となります。
（1）公益社団法人、公益財団法人又は一般社団法人、一般財団法人
（2）特定非営利活動法人
（3）（1）及び（2）以外の法人格を有する団体（次に掲げる団体を除く。）
①国又は地方公共団体
②法律により直接に設立された法人
③特別の法律により特別の設立行為をもって設立された法人
（4）法人格を有しないが、活動を実施するための体制が整っていると認められる団体

◆ 概要 ： 子どもの健全な育成を図ることを目的に、令和5年4月1日から令和6年3月31日までの間に行われる、次の活動に対する助成を行います。
※二次募集については、令和5年10月1日から令和6年3月31日までの間に行われる活動です。

（1）子どもを対象とする体験活動や読書活動
＜体験活動＞
主たる分野（1つのみ）へ申請してください。
①自然体験活動、②科学体験活動、③交流を目的とする活動、④社会奉仕体験活動、⑤職場体験活動、⑥総合・その他の体験活動
＜読書活動＞
・読み聞かせ会、読書会、お話会
・絵本を用いたワークショップなど子どもが自主的に読書活動に取り組む意欲を育む活動

（2）子どもを対象とする体験活動や読書活動を支援する活動
＜フォーラム等普及活動＞
体験活動や読書活動の振興方策を研究協議するフォーラム、体験活動や読書活動を普及啓発する講演会など。
※フォーラムとは、あるテーマをもとに基調講演や公開討論などのプログラムを実施する活動のことです。
＜指導者養成＞
体験活動や読書活動の指導者・ボランティアとして活動する方を養成する研修会、すでに指導者やボランティアとして活動している方のスキルアップを図る研修会など。
※申請書には指導者養成事業の全体像がわかるようなカリキュラム表を添付してください。また実績報告書には受講者名簿を必ず添付し、受講者が実際に指導者として活動した指導実績を把握・保管に努めてください。

◆ 総額 ： ---

◆ 1件あたり金額 ： （1）1活動あたりの助成金の限定額は、全国規模の活動は600万円、都道府県規模の活動は200万円、市区町村規模の活動は100万円です。
（2）1活動あたりの助成金の額は、2万円以上限度額までとします。

◆ 応募期間
　及び応募締切 ： ＜二次申請＞電子申請のみ:令和5年5月1日〜6月27日（17時締切）

◆ 助成決定時期 ： 申請された活動の審査結果については、二次募集は令和5年8月を目途に決定通知を送付します。不採択となった場合にも通知します。採択された活動については、子どもゆめ基金ホームページ上にて、団体名と活動名、交付決定額を公表します。

◆ 申請手続き ： （1）募集について
令和5年度助成活動の募集は、＜一次募集（今年度の募集は終了）＞と＜二次募集＞に分けて実施します。
＜二次募集について＞
・募集対象となる様式:別紙様式1-B（令和5年10月1日以降に開始する活動）

・募集対象となる条件:①活動規模:市区町村規模、②助成金申請額:50万円以下
（1件あたり）③活動数:分野を問わず3件まで（それぞれの活動ごとに申請してください。）

（2）申請方法について
申請は、電子申請システムで行うことができます。
電子申請システムのご利用には、IDが必要なため、初めて電子申請システムをご利用される
場合は、事前にIDの申請・発行手続きが必要となります。IDの発行は自動ではなく、職員
が手作業で行っているため、土日祝日は発行できかねます。また、ID申請の集中が予想さ
れる締切り間近はIDの発行に時間がかかりますので、余裕をもって申請してください。

＜申請書の提出先＞
独立行政法人国立青少年教育振興機構 子どもゆめ基金
〒151-0052 東京都渋谷区代々木神園町3-1

◆ 提出書類　　　　:　---

独立行政法人 国立青少年教育振興機構

https://yumekikin.niye.go.jp

子どもゆめ基金は、未来を担う夢を持った子どもの健全育成を推進するため、自然に触れ親しむ活動、科学実験などの科学体験活動、異年齢間の交流を促進する活動、絵本の読み聞かせ会などの読書活動といった地域の草の根団体が実施する体験活動や特色ある新たな取り組み、体験活動等の裾野を広げるような活動を中心に、様々な体験活動や読書活動等への支援を行っています。

〒151-0052 東京都渋谷区代々木神園町3-1
TEL: 0120-57-9081 / FAX: 03-6407-7720
yume@niye.go.jp

「こどもの未来応援基金」未来応援ネットワーク事業

◆対象分野 ： 子ども

◆対象団体 ： 法人 任意団体

【助成対象】以下2つの支援事業を対象としています。

〈事業A〉
社会福祉の振興に寄与する事業を行う、営利を目的としないア〜エの法人又は団体
（以下「法人等」という。）

〈事業B〉
社会福祉の振興に寄与する事業を行う、営利を目的としない法人等であって、過去に未来応援ネットワーク事業の支援を受けたことがなく、設立後5年以内の法人等、又は新規事業もしくは実施後間もない事業（事業開始から2年以内）を実施する法人等

ア 公益法人（公益社団法人又は公益財団法人）
イ NPO法人（特定非営利活動法人）
ウ 一般法人（一般社団法人又は一般財団法人）
エ その他ボランティア団体や町内会など、非営利かつ公益に資する活動を行う法人又は任意団体

ただし、上記の法人等であっても、次に該当する場合は除きます。
・反社会的勢力及び反社会的勢力と密接な関係にある法人等
・過去において法令等に違反する等の不正行為を行い、不正を行った年度の翌年度以降5年間を経過しない法人等

応募する法人等が自ら主催する事業であり、助成対象テーマのアからカまでに該当するこどもの貧困対策のための事業（金銭を直接給付する事業又は貸与する事業を除く。）を支援金の交付対象事業（以下「支援事業」という。）として募集いたします。
一団体につき、一事業の申請（※）としてください。なお、事業A及び事業Bの同時申請は不可とします。また、事業Aで採択された場合は、次回以降、事業Bへの申請は不可とします。

【助成対象経費】
謝金、旅費（国内旅費及び外国旅費）、借料損料（会場借料含）、家賃、備品購入費、消耗品費（燃料費、食材費及び会議費含）、印刷製本費、通信運搬費、賃金、委託費、保険料、雑役務費、光熱水費

◆概要 ： 【助成対象テーマ】
ア 様々な学びを支援する事業
イ 居場所の提供・相談支援を行う事業
ウ 衣食住など生活の支援を行う事業
エ 児童又はその保護者の就労を支援する事業
オ 児童養護施設等の退所者等や里親・特別養子縁組に関する支援事業
カ その他、貧困の連鎖の解消につながる事業

※ただし、国又は地方公共団体及び民間の助成機関から補助・助成（以下、「他の助成等」という。）を受ける事業と同一事業かつ同一費目については、支援金の交付対象外
とします。また、異なる費目のみを対象とした申請であっても、主たる費目について他の助成等を受ける場合には、支援金の交付対象外となる場合があります。

◆総額 ： 令和3年度実績 支援決定額 約1億4602万円（96件）
令和4年度実績 支援決定額 約2億237万円（133件）

◆1件あたり金額 ： 〈事業A〉 300万円 まで
〈事業B〉 定額30万円 または 定額100万円

※支援回数は事業Aと事業Bを合わせて原則3回までとします。
ただし、事業の目的を踏まえ、事業Aから事業Bへの移行は不可となります。

◆応募期間
及び応募締切 ： ○令和5年度分支援事業の募集期間は、令和4年8月9日〜9月20日まで。令和6年度分支援事業の募集の詳細は別途、ホームページ等でご案内します。

◆助成決定時期 ： ○令和5年度支援事業の選定結果→令和5年1月20日

◆申請手続き ： ○独立行政法人福祉医療機構NPOリソースセンターへ応募してください。
○その他申請手続きの詳細については、別途募集要領を独立行政法人福祉医療機構のホームページ等

に掲載し、お知らせします。

◆提出書類　　　　：　---

◆備考　　　　　　：　「こどもの未来応援基金」未来応援ネットワーク事業の審査は、こどもの未来応援国民運動推進事務局が設置する外部有識者による「こどもの未来応援基金事業審査委員会」において行われます。

こどもの未来応援国民運動推進事務局（こども家庭庁、文部科学省及び独立行政法人福祉医療機構）

https://www.wam.go.jp/hp/cat/kodomomiraikikin/

貧困の状況にあるこどもたちの抱える困難やニーズは様々であり、貧困の連鎖を解消するためには、制度等の枠を越えて、一人ひとりの困難に寄り添ったきめ細かな支援を弾力的に行うことが必要です。コロナ禍がこどもたちの環境にも大きく影響を受けていることにも留意する必要があります。

これらを踏まえると、貧困の状況にあるこどもたちの実態を把握しやすい草の根で支援活動を行うNPO法人等の存在が重要ですが、そうしたNPO法人等の多くは、財政的に厳しい運営状態にあり、行政や民間企業等との連携や支援を求められているものと認識しています。

この事業は、平成27年度に創設されており、民間資金からなる「こどもの未来応援基金」を通じて、草の根で支援活動を行うNPO法人等の運営基盤の強化・掘り起こしを行い、社会全体でこどもの貧困対策を進める環境を整備することを目的に、NPO法人等への支援金の交付を行うものです。

新規又は拡充事業について活動を支援し、団体の運営基盤の強化を図る事業として、上限300万円までの支援金を交付する〈事業A〉と、小規模での活動を行う団体に対する支援枠として、30万円または100万円を交付する〈事業B〉の2種類の支援事業があります。

〒105-8486 東京都港区虎ノ門4-3-13ヒューリック神谷町ビル9階 福祉医療機構 NPOリソースセンターNPO支援課
TEL: 03-3438-4756 / FAX: 03-3438-0218

小林製薬青い鳥財団 助成事業

◆ **対象分野** ： 障がい者 医療・疾病・難病

◆ **対象団体** ： 法人 任意団体

【応募資格】
1.支援活動の場合
日本国内において活動する次の法人等（個人は除きます。）
・公益法人（公益社団法人又は公益財団法人）
・NPO法人（特定非営利活動法人、特例認定特定非営利活動法人又は認定特定非営利活動法人）
・その他法人格の有無を問わず、非営利かつ公益に資する活動を行う団体

2.調査研究の場合
日本国内の大学・研究所・NPO法人その他社会市福祉関係施設等において、調査研究を行っている
個人又は複数の者

◆ **概要** ： 障がい・病気に悩む子どもたちとその家族が抱えている様々な医療・福祉上の支援活動及び調査研究

◆ **総額** ： 約2,500万円程度

◆ **1件あたり金額** ： 100万円〜500万円

◆ **応募期間**
及び応募締切 ： 毎年6月〜7月頃を応募期間としております（詳細な期日は、ホームページにてご確認ください）。

◆ **助成決定時期** ： 毎年10月中旬頃に採否を通知します。

◆ **申請手続き** ： ホームページから所定の申請用紙（A4サイズ）をダウンロードし、必要事項をご記入の上、必要書
類を添えて押印した正本1部のみ郵送にて応募して下さい。
日本語での記入を条件とします。
郵送いただいた書類等の返却は出来かねますので、予めご了承下さい。

◆ **提出書類** ： 定款・規約 団体の予算書・決算書 役員名簿 団体資料（パンフレット）
募集要項をご確認下さい。

公益財団法人 小林製薬青い鳥財団

https://www.kobayashi-foundation.or.jp

本財団は、障がいや病気を抱える子どもたちとそのご家族をサポートする、また、そういった方々の"あったらいいな"をカタチ
にする、ということを目的としております。
そこで、こういった分野で活動している人々を幅広く公募し、その活動を支援致します。これにより社会全体の「快」の増大に
貢献することを目指して活動してまいります。

〒106-0032 東京都港区六本木1-7-27 全特六本木ビルEast5F
TEL: 03-3505-5371 / FAX: 03-3505-5377
info@kobayashi-foundation.or.jp

コープみらい くらしと地域づくり助成

https://www.coopmirai-zaidan.or.jp/josei/collect/

◆ **対象分野** ： 環境 地域・まち・居場所づくり 災害・被災地 子ども 子育て・ひとり親支援 高齢者 障がい者

◆ **対象団体** ： 法人 任意団体

・公益を目的とした団体で、千葉県、埼玉県および東京都内に活動拠点がある団体（法人格の有無は問わない）
・代表者・所在地等、組織や事業の運営の重要事項が定まっていて会員数が5人以上の団体。

◆ **概要** ： くらしや文化の向上、社会発展、地域の活性化をめざす市民団体の活動・事業に対して助成します。

◆ **総額** ： 約700万円（2022年度募集時）

◆ **1件あたり金額** ： 上限額：20万円

◆ **応募期間**
 及び応募締切 ： 例年11月初旬締切 ※2023年度募集の応募期間及び締切は8月頃に公開予定

◆ **助成決定時期** ： 2月中旬

◆ **申請手続き** ： 応募される場合は所定の応募書類、添付書類全てを郵送にてお送りください（持ち込み不可）。
なお、選考過程で、必要に応じて聞き取りや団体訪問をおこないます。

※「募集要項・応募用紙」は下記のいずれかの方法にて入手できます。
・コープみらい社会活動財団ホームページからダウンロード
・コープみらい各都県本部の「社会貢献活動助成金」事務局へ送付依頼

◆ **提出書類** ： 定款・規約 団体の予算書・決算書 役員名簿 団体資料（パンフレット）
【※2022年度募集時の情報です】

(1)応募書類
①「コープみらい・くらしと地域づくり助成」応募用紙 ※所定書式、アンケートを含めて5枚にまとめてください。
② 申請事業の予算書（所定書式）

(2)添付書類
① 定款・会則など団体の組織や運営について定めたもの（書式は問いません）
② 会員名簿、役員名簿など（5人以上の氏名・役職・住所（市区町村まで）が入った名簿）
③ 団体の2021年度の収支決算書（1年間の会計収支決算が分かるもの）
※助成申請事業単独での収支決算書を作成している団体は、助成申請事業の2021年度の収支決算書も併せて提出してください。
※新規に立ち上げる団体は、2021年度収支決算書の提出が無くても差し支えありません。
④ 団体の2022年度の予算書
※助成申請事業単独での予算書を作成している団体は、助成申請事業の2022年度の予算書も併せて提出してください。
※新規に立ち上げる（立ち上げた）団体も2022年度予算の提出は必須となります。
⑤ 団体の活動内容、助成事業の実施状況のわかる書類（広報誌・会報・パンフレットなど）
※紙の資料で最新版のみをお送りください（CDなどはご遠慮ください）。

※お送りいただいた書類はお返しできませんので、送付前に必ずコピーをお取りください。

一般財団法人 コープみらい社会活動財団

http://www.coopmirai-zaidan.or.jp

コープみらい財団は、地域のコミュニティづくりに積極的に関わり、地域の活性化、地域・生活文化の向上、環境保全などに努め、安心して暮らせる社会づくりを目指しています。

コープみらいの事業エリアである東京都、千葉県、埼玉県内で、豊かな地域社会づくりのために活動している市民団体を応援するため、表彰と助成による支援を行っています。

〒164-0011 東京都中野区中央5-6-2
TEL: 03-3382-5665 / FAX: 03-5385-6035

NPO法人助成事業

◆ **対象分野**　：　 障がい者

◆ **対象団体**　：　 法人

　　　　　　　　障害者の福祉増進を目的として第2種社会福祉事業を行うNPO法人

◆ **概要**　　　：　障害者の福祉増進に必要な建物・車輌・機器等

◆ **総額**　　　：　100,000千円（予定）

◆ **1件あたり金額**　：　上限額：700万円

　　　　　　　　　　1法人あたり50万円～700万円とする

◆ **応募期間**　：　5月1日～6月30日
　及び応募締切

◆ **助成決定時期**　：　翌年1月末

◆ **申請手続き**　：　直接清水基金へ

◆ **提出書類**　：　 定款・規約 　 団体の予算書・決算書 　 団体資料（パンフレット）

社会福祉法人 清水基金

https://www.shimizu-kikin.or.jp/

法律によって定められた障害福祉サービスを行う社会福祉法人とNPO法人に対する助成事業を通じて、日本の障害福祉の向上を目的としています。

〒103-0027 東京都中央区日本橋3-12-2 朝日ビルヂング3階
TEL: 03-3273-3503 / FAX:
非公表

文化芸術活動特別助成事業

◆ **対象分野** : 障がい者

◆ **対象団体** : 法人

障害者の福祉増進を目的として第1種・第2種社会福祉事業を営む社会福祉法人及び第2種社会福祉事業を営むNPO法人

◆ **概要** : 障害者の文化芸術活動に必要な道具・楽器・機器、活動をまとめた出版物等

◆ **総額** : 1,500万円（予定）

◆ **1件あたり金額** : 上限額： 200万円

助成金額は1法人（または1グループ）あたり30万円〜200万円

◆ **応募期間**
   及び応募締切 : 5月1日〜6月30日

◆ **助成決定時期** : 翌年1月末

◆ **申請手続き** : 直接清水基金へ

◆ **提出書類** : 定款・規約 団体の予算書・決算書 団体資料（パンフレット）

社会福祉法人 清水基金

https://www.shimizu-kikin.or.jp/

法律によって定められた障害福祉サービスを行う社会福祉法人とNPO法人に対する助成事業を通じて、日本の障害福祉の向上を目的とする

〒103-0027 東京都中央区日本橋3-12-2 朝日ビルヂング3階
TEL: 03-3273-3503 / FAX:
非公表

社会福祉法人助成事業

◆ 対象分野 ： 障がい者

◆ 対象団体 ： 法人

障害者の福祉増進を目的として第1種・第2種社会福祉事業を営む社会福祉法人

◆ 概要 ： 障害者の福祉増進に必要な建物・車輌・機器等

◆ 総額 ： 360,000千円（予定）

◆ 1件あたり金額 ： 1法人あたり50万円〜1,000万円とする

◆ 応募期間
及び応募締切 ： 6月1日〜7月31日

◆ 助成決定時期 ： 翌年1月末

◆ 申請手続き ： 直接清水基金へ

◆ 提出書類 ： 定款・規約　団体の予算書・決算書　団体資料（パンフレット）

社会福祉法人 清水基金

https://www.shimizu-kikin.or.jp/

法律によって定められた障害福祉サービスを行う社会福祉法人とNPO法人に対する助成事業を通じて、日本の障害福祉の向上を目的としています。

〒103-0027 東京都中央区日本橋3-12-2 朝日ビルヂング3階
TEL: 03-3273-3503 / FAX:
非公表

海外研修助成事業

https://www.shimizu-kikin.or.jp/about_business/oversea/

◆ 対象分野 ： 障がい者

◆ 対象団体 ： 法人
障害福祉サービスを行う社会福祉法人とNPO法人

◆ 概要 ： 海外研修助成事業
障害福祉サービス従事者のための海外研修事業

◆ 総額 ： ---

◆ 1件あたり金額 ： 海外研修助成事業3ヶ月コース200万円、1ヶ月コース100万円

◆ 応募期間
　及び応募締切 ： 6月1日〜7月31日

◆ 助成決定時期 ： 翌年1月末（10月に内定）

◆ 申請手続き ： 清水基金ホームページより申込書類をダウンロード

◆ 提出書類 ： 団体資料（パンフレット）
指定申込書・法人代表者推薦状・履歴書・死後自己紹介文・研修テーマ 他（詳細はホームページ参照）

◆ 備考 ： 研修後、①「海外研修報告書」を提出、②「帰国報告会」での発表、③清水フェローシップソサエティ(同窓会)へ入会となります。

社会福祉法人 清水基金

https://www.shimizu-kikin.or.jp/

障害福祉サービスを行う社会福祉法人とNPO法人に対する助成事業を通じて、日本の障害福祉の向上を目的としています。

〒103-0027 東京都中央区日本橋3-12-2 朝日ビルヂング3階
TEL: 03-3273-3503 / FAX:
非公表

国内研修助成事業

https://www.shimizu-kikin.or.jp/about_business/domestic/

◆ **対象分野** ： 障がい者

◆ **対象団体** ： 法人

　　　　　　　　障害福祉サービスを行う社会福祉法人とNPO法人

◆ **概要** ： 障害福祉サービス従事者のための国内研修事業

◆ **総額** ： ---

◆ **1件あたり金額** ： 国内研修助成事業 受講料、交通費実費等研修実施にかかる費用は基本的に当基金負担

◆ **応募期間**
　及び応募締切 ： （目安）1回目 4月〜5月 2回目10月〜11月

◆ **助成決定時期** ： 開催時期により異なる（詳細はホームページ参照）

◆ **申請手続き** ： 清水基金ホームページより申込書類をダウンロード

◆ **提出書類** ： 団体資料（パンフレット）

　　　　　　　　指定申込書・履歴書・事前課題 他（詳細はホームページ参照）

◆ **備考** ： 2023年度は2回実施予定です。詳細決定次第ホームページに掲載します。

社会福祉法人 清水基金

https://www.shimizu-kikin.or.jp/

障害福祉サービスを行う社会福祉法人とNPO法人に対する助成事業を通じて、日本の障害福祉の向上を目的としています。

〒103-0027 東京都中央区日本橋3-12-2 朝日ビルヂング3階

TEL: 03-3273-3503 / FAX:

非公表

タケダ・ウェルビーイング・プログラム
～長期療養の子どもたちに“生きる力”を～

https://www.civilfund.org/fund26.html

◆ **対象分野** : 子ども

◆ **対象団体** : 日本国内で活動するNPOなど

◆ **概要** : 武田薬品工業株式会社からの特定寄附により、長期療養の子どもたちとその家族の心理的・文化的・社会的な生活の質を向上させ、生きる力につながるような以下の市民活動を支援します。本プログラムは、計画型の助成（非公募）として、当方より声をかけさせていただいたNPOと対話しながらプロジェクトを作り上げて助成します。
（1）入院中または在宅療養にある長期療養児やその家族を支援する活動
（2）病院から地域への移行を支援する活動
（3）在宅療養児の地域での生活を支援する活動
（4）予後の就労などの社会的自立を支援する活動
（5）病院内外で支援する人や組織のネットワークを育てる活動

その他、4つの助成プログラム（協力プログラム）を運営しています。

◆ **総額** : 852万円（2023年実績）

◆ **1件あたり金額** : 上限額： 200 万円

50～200万円程度

◆ **応募期間**
及び応募締切 : 適宜

◆ **助成決定時期** : 適宜

◆ **申請手続き** : 非公募による計画型の助成のため公表していません。

◆ **提出書類** : ‥‥

NPO法人 市民社会創造ファンド

http://www.civilfund.org

市民社会創造ファンドは、個人・企業・団体等からの多様な寄附や助成の受け皿となる専門的なコンサルテーション機能を備えた資金仲介組織（インターミディアリー）です。新しい市民社会の実現に寄与することを理念とし、NPOの資金源を豊かにし、民間非営利セクターの自立した発展と活発化を図ることを目的に、日本NPOセンターの実績の一部を継承・発展するかたちで設立されました。

当ファンドでは、資金提供者（企業・財団・個人等）とともに市民活動を応援する助成プログラムづくりや運営協力、調査業務、相談業務などを行っています。

〒103-0012 東京都中央区日本橋堀留町1-4-3 日本橋MIビル1階

TEL: 03-5623-5055 / FAX: 03-5623-5057

info@civilfund.org

社会福祉施設等の整備に対する助成事業

https://www.vecof.or.jp/aid/after-naiyou/

◆ 対象分野	:	障がい者
◆ 対象団体	:	法人
		社会福祉法人等
◆ 概要	:	社会福祉施設等（①保育所等、②障害者支援施設、③更生保護施設）の補修改善事業 （①保育所等、③更生保護施設については、2023年度の募集は終了しています。）
◆ 総額	:	60,370,000円（2022年度）
◆ 1件あたり金額	:	上限額：750万円 上限750万円（助成率は、原則として助成対象経費の3/4以内）※②障害者支援施設
◆ 応募期間 及び応募締切	:	第1回:3月 第2回:6月~11月 ただし、7/31の応募状況により同日をもって募集を終了する場合があります。
◆ 助成決定時期	:	助成金交付申請内容の調査及び審査委員会の審査を実施し、理事会で決定後、遅滞なく申請者に通知します。（決定時期:第1回5月、第2回9月又は2月）
◆ 申請手続き	:	本財団が指定する「助成事業実施計画申請書」の提出。申請書の用紙は、①保育所等以外は本財団に請求してください。
◆ 提出書類	:	定款・規約　団体の予算書・決算書　役員名簿　団体資料（パンフレット） 法人登記簿謄本等法人に関する書類、建物に関する書類、設計監理者が作成した工事計画に関する書類等

公益財団法人 車両競技公益資金記念財団

https://www.vecof.or.jp/

社会福祉の増進、医療の向上その他の公益の増進に資する事業及び研究に対し、時代の要請を踏まえ、時宜に適った助成を行い、心豊かな社会づくりに貢献することを目的とする。

〒113-0033 東京都文京区本郷3-22-5 住友不動産本郷ビル8階
TEL: 03-5844-3070 / FAX: 03-5844-3055
kouekijigyou@vecof.or.jp

災害復旧援護活動等に対する助成事業

https://www.vecof.or.jp/aid/saigai-naiyou/

◆ **対象分野** ： 災害・被災地

◆ **対象団体** ： 任意団体

①の事業は災害復旧援護に係るボランティア活動団体
②の事業は特に本財団が必要と認めた者

◆ **概要** ： ① 災害復旧援護に係るボランティア活動事業
② 本財団が特に必要と認める公益上有益な事業で緊急に助成すべき事業

◆ **総額** ： 15,000,000円（2022年度）

◆ **1件あたり金額** ： 上限額： 500万円

上限500万円 ※①の事業

◆ **応募期間**
及び応募締切 ： ---

◆ **助成決定時期** ： 助成金交付申請内容の調査及び審査委員会の審査を実施し、理事会で決定後、遅滞なく申請者に通知します。ただし、緊急を要する場合は助成金交付申請書等及び対面調査により審査し、交付決定することがあります。

◆ **申請手続き** ： 本財団が指定する「助成事業実施計画申請書」の提出。申請書の用紙は本財団に請求してください。

◆ **提出書類** ： 定款・規約　団体の予算書・決算書　役員名簿　団体資料（パンフレット）

公益財団法人 車両競技公益資金記念財団

https://www.vecof.or.jp/

社会福祉の増進、医療の向上その他の公益の増進に資する事業及び研究に対し、時代の要請を踏まえ、時宜に適った助成を行い、心豊かな社会づくりに貢献することを目的とする。

〒113-0033 東京都文京区本郷3-22-5 住友不動産本郷ビル8階
TEL: 03-5844-3070 / FAX: 03-5844-3055
kouekijigyou@vecof.or.jp

高齢者、障害者等の支援を目的とするボランティア活動に対する助成事業

https://www.vecof.or.jp/aid/voluntter-naiyou/

◆ 対象分野	:	高齢者　障がい者
◆ 対象団体	:	任意団体
		ボランティア活動団体
◆ 概要	:	高齢者、障害者等の支援のためのボランティア活動の受益者に直接必要な各種器材の整備事業
◆ 総額	:	12,786,500円（2022年度）
◆ 1件あたり金額	:	上限額： 90万円
		（助成率は9/10以内）
◆ 応募期間 及び応募締切	:	第1回:6月※交付決定状況を踏まえて2回目の募集を実施することがあります。（9月末〜10月中頃）
◆ 助成決定時期	:	助成金交付申請内容の調査及び審査委員会の審査を実施し、理事会で決定後、遅滞なく申請者に通知します。（決定時期:第1回9月）
◆ 申請手続き	:	本財団が指定する「助成事業実施計画申請書」の提出。申請書の用紙は都道府県共同募金会に請求してください。
◆ 提出書類	:	定款・規約　団体の予算書・決算書　役員名簿　団体資料（パンフレット）
		購入する器材の見積書(要見積合わせ)及び希望する購入器材の仕様がわかるカタログ等
◆ 備考	:	※各都道府県の共同募金会に受付をお願いしています。

公益財団法人 車両競技公益資金記念財団

https://www.vecof.or.jp/

社会福祉の増進、医療の向上その他の公益の増進に資する事業及び研究に対し、時代の要請を踏まえ、時宜に適った助成を行い、心豊かな社会づくりに貢献することを目的とする。

〒113-0033 東京都文京区本郷3-22-5 住友不動産本郷ビル8階
TEL: 03-5844-3070 / FAX: 03-5844-3055
kouekijigyou@vecof.or.jp

がん患者団体助成事業

https://shourikikouseikai.or.jp/works/kanja/

◆ 対象分野 ： 医療・疾病・難病 │ セルフヘルプグループ・自助グループ

◆ 対象団体 ： がん患者会、がん患者やその家族を支援するグループなど。法人格の有無は問いません。

◆ 概要 ： 相談窓口の開設や小冊子の発行、交流会・シンポジウムの開催、インターネットによる情報発信などの企画運営が対象となります。単年度の助成が基本ですが、長期計画が必要と認められる場合には3年を上限として継続助成することもあります。

　　　　　　　　　2024年4月〜12月末までに実施される事業を対象とします。（2024年度助成）
　　　　　　　　　※公的援助を基盤に行う事業や営利を目的とする事業、医療機関主体の事業は対象外とします。
　　　　　　　　　※団体の管理費や組織運営費（事務所賃料など）、内部講師への謝礼への助成は行いません。

◆ 総額 ： ※参考 2023年度実績680万円

◆ 1件あたり金額 ： 上限額： 50 万円

　　　　　　　　　1件（1団体）当たりの助成額は上限50万円です。

◆ 応募期間
**　 及び応募締切** ： 2023年5月応募開始、10月17日締め切り（必着）

◆ 助成決定時期 ： 専門委員会で選考を行い、結果を2024年2月までに書面で通知します。選考時にヒアリング（聞き取り調査）や追加書類の提出を求める場合があります。

◆ 申請手続き ： 申請書は、正力厚生会のホームページ（http://shourikikouseikai.or.jp/）からダウンロードできます。インターネットの接続環境にない場合は、はがきに団体名、代表者名、郵便番号、住所、電話番号、「助成申請書請求」と明記して、本財団事務局までお送りください。所定の申請書類をお送りします。
　　　　　　　　　申請書に必要事項を記入し、添付書類とともにメールまたは郵送で財団事務局までお送りください。

◆ 提出書類 ： 定款・規約 │ 役員名簿 │ 団体資料（パンフレット）
　　　　　　　　　正力厚生会所定の申請書

公益財団法人 正力厚生会

http://shourikikouseikai.or.jp/

がん患者会やがん患者を支援する団体などが主体となって取り組む優れた事業に助成します。

〒100-8055 東京都千代田区大手町1-7-1 読売新聞ビル29F
TEL: 03-3216-7122 / FAX: 03-3216-8676

公益財団法人　正力厚生会

2024年度　がん患者団体助成事業　募集のお知らせ

２０２３年５月

　公益財団法人正力厚生会（しょうりきこうせいかい）（理事長・辻哲夫）は、がん患者会やがん患者を支援する団体が主体となって取り組む優れた事業に対し、助成金を交付します。相談窓口の開設や小冊子発行、シンポジウムの開催、インターネットによる情報発信など、企画運営が対象です。単年度の助成が基本ですが、長期計画が必要と認められる場合、3年を上限に継続助成することもあります。

1、応募資格

　国内で活動するがん患者会、がん患者やその家族を支援するグループ（医療機関内の患者会等を含む）など。法人格の有無は問いません。

2、助成対象となる事業の期間と助成額

①対象は2024年4月〜12月末に実施される事業です。
　※公的援助を基盤に行う事業や営利目的の事業は対象外とします。
　※団体の管理費（事務所経費など）への助成は行いません。汎用事務機器のパソコン等も原則として助成対象外です。
　※団体のメンバーが講師を務める内部講師への謝礼は、助成対象外です。
②1件（1団体）あたりの助成額は上限50万円です。

3、申請に必要な提出書類

①本助成事業の申請書（当財団ホームページから入手できます）
②団体の役員名簿ならびに定款・会則またはそれに準ずるもの（形式不問）
③これまでの活動内容が具体的に分かる資料（直近の会報誌、機関誌、ホームページ中核部分のプリントアウト＝Ａ４判1〜2枚程度＝など）
④助成目的がホームページの構築や小冊子発行などで、まとまった支出が予定されている場合は、複数の業者からの見積書を添付してください

4、申請書の入手と応募方法

　正力厚生会のホームページ（https://shourikikouseikai.or.jp/）を開き、「がん患者団体助成」の下「助成申し込みはこちら」をクリックすると、ダウンロードボタンが現れます。インターネットが使えない方は、はがきに団体名、代表者名、郵便番号、住所、電話番号を添えて「助成申請書請求」と明記し、財団事務局までお送りください。折り返し申請書類をお送りします。
　申請書と添付書類は、2023年10月17日（火）必着でお送りください。

※裏面もご覧ください。

5、資料請求先、申請書など提出書類送付先

公益財団法人　正力厚生会事務局

〒100-8055　東京都千代田区大手町 1-7-1　読売新聞ビル 29 階

（電話）03・3216・7122　（ファクス）03・3216・8676

6、選考方法と発表

専門委員会で選考を行い、結果を 2024 年 2 月までに書面で通知します。選考時にヒアリング（聞き取り調査）や追加書類の提出を求める場合があります。

なお、採否に関するお問い合わせには応じられません。また、申請書類・添付書類は返却いたしません。

※申請書類にある個人情報は、助成事業以外には一切使用いたしません。

7、報告義務、了承事項など

①助成を受けた団体には事後、事業報告書と収支報告書（いずれも定型書式があります）を提出していただきます。進捗状況について本財団がヒアリングを行う場合があります。

②提出された報告書類を本財団で冊子にまとめるなどして、他の患者団体に広く活用させていただく場合があります。

③助成決定後、団体の活動などが読売新聞の取材を受けて掲載され、その記事を財団ホームページに転載、公開する場合があります。

8、助成の取り消しなど

次の事項に該当した場合には助成を取り消し、助成金の返還を求めます。

①虚偽の申し出や報告を行った場合

②助成対象となる事業活動が中止となった場合

③活動の趣旨に変更があった場合

④活動内容に公益性が認められないと財団が判断した場合

⑤その他、本財団の助成目的に適さないと認められた場合

9、専門委員名簿

竜崇正（元千葉県がんセンター長）＝委員長▽秋山美紀（慶應義塾大学環境情報学部教授）▽内富庸介（国立がん研究センターがん対策研究所研究統括）▽岸本葉子（エッセイスト）▽鈴木信行（患医ねっと代表）▽埴岡健一（国際医療福祉大学大学院教授）▽本間雅江（読売新聞東京本社医療部長）

【一般助成】障害児・者に対する自立支援活動への助成

https://swf.or.jp/

◆ 対象分野 ： 障がい者

◆ 対象団体 ： 法人 任意団体

・営利を目的としない次の法人格を取得している団体
（公益財団法人・公益社団法人、一般財団法人・一般社団法人（非営利型に限る）、社会福祉法人、特定非営利活動法人、認定特定非営利活動法人ほか）
・法人格のない任意団体は、当財団の理念に沿う公益活動において3年以上の継続的な実績と、これを証明する資料があり、且つ今後2年以内に法人化する予定がある営利を目的としない団体であれば対象
・難病患者会については、法人格の有無や活動年数などは不問
・対象エリア
＜上期＞【西日本エリア】【首都圏】
＜近畿地方＞三重県、滋賀県、京都府、大阪府、兵庫県、奈良県、和歌山県
＜中国・四国地方＞鳥取県、島根県、岡山県、広島県、山口県、徳島県、香川県、愛媛県、高知県
＜九州地方＞福岡県、佐賀県、長崎県、熊本県、大分県、宮崎県、鹿児島県、沖縄県
＜首都圏＞埼玉県、千葉県、東京都、神奈川県

＜下期＞【東日本エリア】
＜北海道・東北地方＞北海道、青森県、岩手県、宮城県、秋田県、山形県、福島県
＜関東地方＞茨城県、栃木県、群馬県、埼玉県、千葉県、東京都、神奈川県
＜中部地方＞新潟県、富山県、石川県、福井県、山梨県、長野県、岐阜県、静岡県、愛知県

◆ 概要 ： ①【車両購入】（福祉車両・一般車両）利用者送迎または移動、運搬に使われる車両の購入に対する助成（申請は1団体1台）
・福祉車両・一般車両ともに車両本体価格のみ助成対象（中古車含む）
・税金や手続き代行費、保険、付属品（ETC、カーナビ等）は対象外

②【物品購入】施設で使用、設置する器具・備品等の物品の購入に対する助成
（例:農場の物置、スヌーズレン、医療的ケア器具、卓上印刷機、ノートパソコン等々）
・パソコンについては、付属品を含め1台につき上限10万円の実費

③【施設工事】施設の新設、増改築、補修等の工事に関する助成
（例:浴室の移乗リフト設置、階段の手すり交換、玄関のスロープ設置、作業所内のバリアフリー工事等々）
・総額500万円以上の大規模工事は対象外
・助成決定前に実施（発注）している場合は対象外

④【その他】上記①～③以外で障害児・者の福祉向上に資する助成
（例:Webやガイドブックの作成、アプリや新ソフトの導入等）
・セミナーやイベント等の開催で定例化・シリーズ企画などは対象外

◆ 総額 ： 半期予算5,000万円
年2回（上期/下期）公募（下限金額はいずれも10万円）

◆ 1件あたり金額 ： 【福祉車両】300万円 ※車椅子等の昇降装置を装備した、車両本体の消費税が非課税の車両
【一般車両】200万円
【物品購入】200万円
【施設工事】300万円
【その他】 200万円

◆ 応募期間及び応募締切 ： 上期:令和5年7月1日 ～ 令和5年8月12日（消印） 下期:令和6年1月5日 ～ 令和6年2月17日（消印）

◆ 助成決定時期 ： 選考結果については、全ての申請団体の代表者様宛に通知。上期:令和5年11月頃 下期:令和6年5月頃

◆ 申請手続き ： 「助成金申請書」「車両リスト」「物品リスト」「提出書類チェックリスト」は当財団ホームページよりダウンロードして、以下の◆提出書類を事務局宛、ご郵送ください。
※ダウンロードは受付期間中のみ
※提出漏れなど、書類の不備があると審査の対象外となります。
※全書類1部（コピーでも可）をご送付ください。

また可能な限り片面印刷でクリップ留めとしてください。（ホチキスの使用は不可）
※購入単価1万円以上の場合、要見積書、単価10万以上は2社以上の見積書を添付してください。
※ご送付いただいた書類などの返却はできません。

◆ 提出書類　　　：　定款・規約　団体の予算書・決算書　役員名簿　団体資料（パンフレット）

提出書類チェックシート、助成金申請書、車両リスト、物品購入リスト
費用の根拠となるもの（見積書、カタログ等）
当年度の事業計画書・活動予算書
所轄庁提出済みの直近3年間の事業報告書・活動計算書・貸借対照表・財産目録
※詳細は当財団ホームページをご覧ください。

◆ 備考　　　：　助成決定後について
・助成金贈呈式（助成決定先とのリモート懇談会）への出席をお願いします。
・団体名や申請事業名等を当財団ホームページに、また、福祉関係誌に掲載をします。
・申請事業終了後1ヶ月以内に「完了報告書」と「収支報告書」等を提出していただきます。

公益財団法人 洲崎福祉財団

https://www.swf.or.jp/

『社会に参加し貢献する意思を持ち、その為に努力する全ての障害者には健常者と同様に、その実現を通じて自己の人生の充実と人間的尊厳を獲得する権利がある。そして、この権利を具現化するのは、共同体としての社会全体の責務である。』これが洲崎福祉財団の理念です。

〒103-0022 東京都中央区日本橋室町三丁目2番1号 日本橋室町三井タワー15階
TEL: 03-6870-2019 / FAX: 03-6870-2119
info@swf.or.jp

【継続助成】中長期的視点において、より多くの障害児・者の QOL向上や社会課題の解決に寄与する事業への助成

https://swf.or.jp/support2/

◆**対象分野** ： 障がい者

◆**対象団体** ： 法人

・営利を目的としない、次の法人格を取得している団体
（公益財団法人・公益社団法人・一般財団法人・一般社団法人（非営利型に限る）、社会福祉法人、特定非営利活動法人、認定特定非営利活動法人ほか）
・活動年数や年間収益、利用者数などの団体規模は不問
・団体の主たる事務所の住所が東日本エリア（愛知県・岐阜県・福井県以東）に所在。
令和5年度より首都圏限定から東日本エリアに対象を拡大（次年度は西日本エリア。隔年募集。）
【東日本エリア】
＜北海道・東北地方＞北海道、青森県、岩手県、宮城県、秋田県、山形県、福島県
＜関東地方＞茨城県、栃木県、群馬県、埼玉県、千葉県、東京都、神奈川県
＜中部地方＞新潟県、富山県、石川県、福井県、山梨県、長野県、岐阜県、静岡県、愛知県

◆**概要** ： （1）既存福祉サービスの強化
（例）
・地域における待機利用者を解消する事業
・支援者の確保・スキル向上や障害者福祉サービスの周知を図るなどの活動
（2）新規福祉サービスの創造
（例）
・これまでにない発想（画期的）、チャレンジング（挑戦的）、スタートアップ（革新的）な事業
・地域間や障害間の格差・谷間を解消する活動

※効果/実績が表れるまで1年以上を要し、また助成終了後も継続的発展が期待される事業
但し、物品購入や改修工事などを主とする事業は不可
※助成の期間は、令和6年6月から最長で令和9年5月まで（最長3年間）
※申請年数は、3年間もしくは2年間を選択（1年間は不可）

◆**総額** ： 年度総額1億円（10件程度）

◆**1件あたり金額** ： 1件当たりの年間上限金額は以下の通りです。（各年の下限金額は200万円）
1年目:2,000万円
2年目:1,000万円
3年目:1,000万円
※最長3年最大4,000万円

◆**応募期間 及び応募締切** ： 令和5年11月1日～令和5年12月23日（消印）

◆**助成決定時期** ： 選考結果については、令和6年5月に申請団体全ての代表者様宛に通知いたします。

◆**申請手続き** ： 「助成金申請書」「提出書類チェックシート」を当財団ホームページよりダウンロードして、以下の
◆提出書類と共に事務局宛、ご郵送ください。
※全書類1部（コピーでも可）をご送付ください。
※書類はホチキスで留めたり、穴を開けて綴らないでください。
※見積書は2社以上、ご送付ください。
※ご送付いただいた書類などの返却はできません。

◆**提出書類** ： 定款・規約　団体の予算書・決算書　役員名簿　団体資料（パンフレット）

提出書類チェックシート、助成金申請書、組織相関図、費用の根拠となるもの
当年度の事業計画書・活動予算書、
所轄庁提出済の直近3年間の事業報告書・活動計算書・貸借対照表・財産目録
※詳細は当財団ホームページをご覧ください。

◆**備考** ： 助成決定後について
・団体名や申請事業名等をホームページに掲載させていただきます。

・助成事業終了後（年度ごと）1ヶ月以内に「完了報告書」と「収支報告書」「助成金使途内訳書」等を提出していただきます。
・事業成果については全国への波及効果を期待します。
情報誌やWEBなどで積極的に公表してください。
・助成金贈呈式（助成決定先とのリモート懇談会）や報告会への出席をお願いする場合があります。

公益財団法人 洲崎福祉財団

https://www.swf.or.jp/

『社会に参加し貢献する意思を持ち、その為に努力する全ての障害者には健常者と同様に、その実現を通じて自己の人生の充実と人間的尊厳を獲得する権利がある。そして、この権利を具現化するのは、共同体としての社会全体の責務である。』これが洲崎福祉財団の理念です。

〒103-0022 東京都中央区日本橋室町三丁目2番1号 日本橋室町三井タワー15階
TEL: 03-6870-2019 / FAX: 03-6870-2119
info@swf.or.jp

スミセイコミュニティスポーツ推進助成プログラム

◆ 対象分野 ： 地域・まち・居場所づくり　子ども　子育て・ひとり親支援　高齢者　障がい者

◆ 対象団体 ： 法人　任意団体

以下の要件を満たすものとします。
●日本国内に活動拠点のある民間の非営利団体（法人格の種類や有無を問わない）で、団体としての活動実績があること。
＊団体のホームページ、SNS等で活動の様子が公開されていること。
＊アドバンスコースでは原則として応募時点で2年以上の活動実績があること。
●団体の目的や活動が政治・宗教などに偏っておらず、反社会的勢力とは一切関わっていないこと。
＊助成対象となる団体は、スポーツ分野を専門とする団体に限りません。なお、個人は対象になりません。

◆ 概要 ： 助成の対象となるプロジェクトの枠組みは、次の2種類です。
【一般】地域の中で一人ひとりの健やかな暮らしの実現 につながるコミュニティスポーツ
【特定】心身の障がいや長期療養などにより社会参加が困難な状況にある人と共に楽しめるコミュニティスポーツ
＊助成対象プロジェクトには、実践に必要な調査・研究、およびプロジェクトの評価やその普及・発展のための「実践研究」も含みます。但し、実践を伴わない研究は含みません。
＊応募は、1団体につき1プロジェクトとします。1団体で2プロジェクト以上応募された場合は、いずれも受付いたしません。

◆ 総額 ： 2,100万円程度（予定）

◆ 1件あたり金額 ： 上限額： 300 万円

チャレンジコースは助成金額50万円以下（2024年4月～2025年3月までの1年間分）16件程度
アドバンスコースは助成金額300万円以下（2024年4月～2026年3月までの2年間合計）4件程度

◆ 応募期間
　 及び応募締切 ： 2023年8月下旬～2023年9月下旬（予定）＊8月初旬に応募要項を当財団のホームページにアップします。

◆ 助成決定時期 ： 2024年2月末予定

◆ 申請手続き ： 当財団のホームページから応募用紙をダウンロードし、必要事項を記入した「応募用紙」と「定款または規約（会則）」を準備ください。当財団のホームページの「応募受付」ボタンから「応募受付ページ」にアクセスし、応募するコースの「受付フォーム」にお入りください。「受付フォーム」にて、応募にあたっての基本情報を入力いただき、作成した「応募用紙」と「定款または規約（会則）」をアップロードして、内容を確認の上、送信ください。
＊受付フォーム以外による、「メール・郵送・持参・FAX」での応募は受け付けません。

◆ 提出書類 ： 定款・規約

公益財団法人 住友生命健康財団

https://skzaidan.or.jp

住友生命健康財団では、2010年に財団設立25周年を記念し、「スミセイコミュニティスポーツ推進助成プログラム」を開始しました。
私たちは、コミュニティスポーツを「地域において様々な人々が、楽しみながら参加・交流し、スポーツを通じて一人ひとりの健やかな暮らしの実現をめざす取り組み」と捉えています。
本プログラムでは、スポーツを楽しむ文化が地域に根づき、社会の新しい価値を創り出すような取り組みを応援します。

〒160-0003 東京都新宿区四谷本塩町4番41号 住友生命四谷ビル6F
TEL: 03-5925-8660 / FAX: 03-3352-2021
sports@am.sumitomolife.co.jp

子育てと仕事の両立支援に対する助成活動

◆ **対象分野** ： 子ども 子育て・ひとり親支援

◆ **対象団体** ： 保育施設、放課後児童クラブ

◆ **概要** ： 保育施設、放課後児童クラブに対し、施設の受け皿拡大、質の向上に対する助成として、備品購入費、建築・設備工事費を助成。

◆ **総額** ： 2500万円

◆ **1件あたり金額** ： 上限額： 20万円

◆ **応募期間**
及び応募締切 ： 2023年5月18日〜2023年6月30日

◆ **助成決定時期** ： 2023年11月上旬

◆ **申請手続き** ： 生命保険協会公式HPより応募（webからの応募）

◆ **提出書類** ： 団体の予算書・決算書 団体資料（パンフレット）
施設平面図

一般社団法人 生命保険協会

https://www.seiho.or.jp

本活動は子育てと仕事の両立に向け、保育所または放課後児童クラブの受け皿拡大・質の向上、利用者の多様なニーズに対応した事業を推進する上で必要な環境整備、に対し資金助成活動を行っている。

〒100-0005 東京都千代田区丸の内3丁目4番1号
TEL: 03-3286-2643 / FAX: 03-3286-2730

環境市民活動助成 1）NPO基盤強化助成

◆ 対象分野　　　：　環境

◆ 対象団体　　　：　法人

「環境の保全を図る活動」が活動分野として認証され、かつ法人として3年以上の活動実績がある
NPO法人

◆ 概要　　　　　：　持続可能な活動を実現する自主事業の構築・確立をめざすNPO法人に対し、事業資金・常勤専従職員
の人件費・事務所家賃を原則3年間支援します。
▼地域に必要とされており、地域経済の活性化を図る活動。
▼確立した自主事業をモデル化し、ノウハウ提供や指導、拡大をめざす活動。
▼活動助成とは趣旨が異なります。多年度に渡り継続する活動助成ではありません。
▼活動終了後は、助成報告会で当該年度の事業報告と次年度の事業計画をプレゼンテーションしてい
ただきます。審査の結果、次年度の助成の可否を決定します。

◆ 総額　　　　　：　11,386,400円（2023年度NPO基盤強化助成 決定総額・前年度からの継続分除く）
※2023年6月30日時点

◆ 1件あたり金額　：　上限額：400万円

上限400万円/年×原則3年間、最大で総額1200万円の継続助成

◆ 応募期間　　　：　2023年度助成は2022年10月11日〜10月31日
及び応募締切

◆ 助成決定時期　：　2023年度助成は2023年4月中旬

◆ 申請手続き　　：　Web申請システムより申請（メールアドレスがない場合は、申請書の郵送をFAXにて依頼してくださ
い。）

◆ 提出書類　　　：　定款・規約　団体の予算書・決算書　役員名簿　団体資料（パンフレット）
見積書

◆ 備考　　　　　：　詳細は当財団ホームページにてご確認ください。

一般財団法人 セブン-イレブン記念財団

https://www.7midori.org

セブン-イレブン加盟店とセブン-イレブン本部が一体となって環境をテーマに社会貢献活動を行うことを目的に、1993年に前身と
なる「セブン-イレブンみどりの基金」が設立されました。
2010年に一般財団法人セブン-イレブン記念財団へと移行し、その事業を継承しています。
全国のセブン-イレブン店頭に寄せられたお客様からの募金とセブン-イレブン本部からの寄付金をもとに、地域に根差した環境市
民団体の活動に対し「環境市民活動助成」を通じて積極的な支援を行っています。

〒102-8455 東京都千代田区二番町8番地8
TEL: 03-6238-3872 / FAX: 03-3261-2513

環境市民活動助成 2) 活動助成

◆ 対象分野 ： 環境

◆ 対象団体 ： 法人 任意団体
NPO法人、一般社団法人、任意団体

◆ 概要 ： 自然環境保護や生物多様性の保全、気候変動対策、脱炭素化をめざす取り組みなど、市民が主体となって行う環境活動を1年間支援します。

◆ 総額 ： 70,126,067円（2023年度活動助成 決定総額）
※2023年6月30日時点

◆ 1件あたり金額 ： 上限額： 100万円
上限100万円

◆ 応募期間
及び応募締切 ： 2023年度助成は2022年10月11日〜10月31日

◆ 助成決定時期 ： 2023年度助成は2023年4月中旬

◆ 申請手続き ： Web申請システムより申請（メールアドレスがない場合は、申請書の郵送をFAXにて依頼してください。）

◆ 提出書類 ： 定款・規約 団体の予算書・決算書 役員名簿 団体資料（パンフレット）
見積書

◆ 備考 ： 詳細は当財団ホームページにてご確認ください。

一般財団法人 セブン-イレブン記念財団

https://www.7midori.org

セブン-イレブン加盟店とセブン-イレブン本部が一体となって環境をテーマに社会貢献活動を行うことを目的に、1993年に前身となる「セブン-イレブンみどりの基金」が設立されました。
2010年に一般財団法人セブン-イレブン記念財団へと移行し、その事業を継承しています。
全国のセブン-イレブン店頭に寄せられたお客様からの募金とセブン-イレブン本部からの寄付金をもとに、地域に根差した環境市民団体の活動に対し「環境市民活動助成」を通じて積極的な支援を行っています。

〒102-8455 東京都千代田区二番町8番地8
TEL: 03-6238-3872 / FAX: 03-3261-2513

環境市民活動助成 3) 地域美化助成

◆ **対象分野** ： 環境

◆ **対象団体** ： 法人 任意団体
NPO法人、一般社団法人、任意団体

◆ **概要** ： ごみのない、緑と花咲く街並みをつくる活動を1年間支援します。
公共性の高い場所で年間を通じて行われる清掃活動や、低木の苗木(成木時に2m以下の品種)、草花の
種・苗・球根を植え、育てる活動。
※自然の生態系の保護を優先すべき地域や、学校・庁舎などの敷地における活動は対象外です。

◆ **総額** ： 34,337,814円（2023年度地域美化助成 決定総額）
※2023年6月30日時点

◆ **1件あたり金額** ： 上限額： 50万円
1団体あたり最大50万円

◆ **応募期間**
及び応募締切 ： 2023年度助成は2022年9月15日〜10月5日

◆ **助成決定時期** ： 2023年度助成は2023年3月中旬

◆ **申請手続き** ： Web申請システムより申請（メールアドレスがない場合は、申請書の郵送をFAXにて依頼してください。）

◆ **提出書類** ： 定款・規約 団体の予算書・決算書 役員名簿 団体資料（パンフレット）
見積書

◆ **備考** ： 詳細は当財団ホームページにてご確認ください。

一般財団法人 セブン-イレブン記念財団

https://www.7midori.org

セブン-イレブン加盟店とセブン-イレブン本部が一体となって環境をテーマに社会貢献活動を行うことを目的に、1993年に前身となる「セブン-イレブンみどりの基金」が設立されました。
2010年に一般財団法人セブン-イレブン記念財団へと移行し、その事業を継承しています。
全国のセブン-イレブン店頭に寄せられたお客様からの募金とセブン-イレブン本部からの寄付金をもとに、地域に根差した環境市民団体の活動に対し「環境市民活動助成」を通じて積極的な支援を行っています。

〒102-8455 東京都千代田区二番町8番地8
TEL: 03-6238-3872 / FAX: 03-3261-2513

こども食堂運営継続 応援プロジェクト

◆ **対象分野** ： 子ども

◆ **対象団体** ： 法人 任意団体

活動所在地が東日本（北海道関東甲信越）であること
（北海道・青森・岩手・秋田・山形・宮城・福島・新潟・栃木・茨城・埼玉・千葉・東京・神奈川・山梨・群馬・長野・静岡）
以下の要件をすべて満たしている「こども食堂」の運営資金を対象とします。
（1）自主学習の支援、子ども同士の遊び、子育て支援、食育体験など、子どもの健やかな成長のため、食事提供のある居場所づくり活動に取り組んでいること（コロナ禍対応のフードパントリーや弁当の配食活動を含む）
（2）孤食や生活困窮など様々な家庭環境の子どもを含む地域の子どもたちが気軽に参加できること
（3）子どもの様子を見守り、必要に応じて専門の支援機関につなげる取組があること
（4）2023年1月1日時点で1度でも活動を実施していること
（5）多世代型の活動の場合は、概ね参加者の半数程度が子どもであること
（6）月1回以上定期的に活動を実施していること

◆ **概要** ： 本プロジェクトは毎日新聞東京社会事業団からの寄付助成を受け実施する助成事業です。こども食堂を運営する団体に対し、安定的な活動に要する経費の一部助成を目的としています。

助成対象経費について
こども食堂の運営に要する経費のうち、下記に定めるものを対象とします。
食材購入費・感染症対策費用など備品購入費、弁当容器代等消耗品費、運営に係る経費全般
※但し会場借料、人件費（謝金含む）は除く

◆ **総額** ： 3,840,000円（2022年度実績）

◆ **1件あたり金額** ： 上限額： 8万円

◆ **応募期間及び応募締切** ： 1月

◆ **助成決定時期** ： 2月

◆ **申請手続き** ： 原則オンラインでの申請受付とします。所定の助成申請フォームに必要事項を記入のうえ、他必要書類を添付し、提出とします。オンラインでの申請が難しい団体は郵送でも受け付けます。

◆ **提出書類** ： 団体資料（パンフレット）

誓約書、推薦書

一般社団法人 全国食支援活動協力会

http://www.mow.jp

食を通じた助け合い活動を促進し、社会課題解決に取り組んでいます。省庁、自治体、企業、さまざまな中間支援団体など多様な機関との連携により、持続可能な居場所づくりのための仕組みづくりを進めています。食を切り口にして広がった住民参加型の活動が定着できるよう、民間財団・企業等からの寄付を用いて各種助成事業を行い、活動環境の整備や新しい取り組みの創出を支援しています。

〒158-0098 東京都世田谷区上用賀6-19-21
TEL: 03-5426-2547 / FAX: 03-5426-2548
infomow@mow.jp

環境保全プロジェクト助成

◆ **対象分野** : 環境

◆ **対象団体** : 法人　任意団体

次の2つの条件を満たす団体を対象とする。
①2023年12月末時点で公益法人、NPO法人または任意団体としての環境保全活動実績が2年以上あること
②助成対象となったプロジェクトの実施状況および収支状況について適正に報告できること
（助成実施後、活動報告書等を作成いただきます）

◆ **概要** : ※以下の情報は2023年3月現在の予定であり、2023年度の募集情報は変更となる可能性があります。詳細財団はホームペーをご確認ください。

次の3つの条件を満たすプロジェクトが対象となります。
①活動の内容が原則として、国内において「自然保護」「環境教育・普及啓発」「リサイクル」など広く環境に関する分野で、実践的活動や普及啓発活動を行うもの
②2023年度中に開始予定のもの（すでに開始されているプロジェクトも対象）
③継続性、発展性を持つプロジェクトであり、その成果が公益のために貢献するもの

◆ **総額** : 200万円

◆ **1件あたり金額** : 上限額： 20万円

プロジェクトに関わる費用であれば原則として使途に制限なし

◆ **応募期間及び応募締切** : 2023年度は9月頃募集（10月末締め切り）を予定

◆ **助成決定時期** : 2023年12月末までに助成の可否を連絡予定

◆ **申請手続き** : 募集開始と同時に財団ホームページに応募要項を掲載しますのでご確認ください。（9月上旬予定）同じく申請書のフォームもホームページからダウンロードいただけます。記載の同封書類とあわせて、郵送でご応募ください。

https://www.sompo-ef.org/project/project.html

◆ **提出書類** : 定款・規約　団体の予算書・決算書　役員名簿　団体資料（パンフレット）
プロジェクトに関する資料（写真等）

公益財団法人 SOMPO環境財団

https://www.sompo-ef.org

損害保険ジャパン株式会社（現SOMPOホールディングス株式会社）がCSR活動の一環として、地球環境保全に資することを目的に1999年に設立した公益財団法人。「木を植える人を育てる」を理念として、環境分野における人材の育成、環境保全活動や若手研究者の支援を行っている。

〒160-8338 東京都新宿区西新宿1-26-1
TEL: 03-3349-4614 / FAX: 03-3348-8140
office@sompo-ef.org

社会福祉事業 （1） 「NPO基盤強化資金助成(公募)」

https://www.sompo-wf.org/

◆ **対象分野** ： 地域・まち・居場所づくり 子ども 子育て・ひとり親支援 高齢者 障がい者

◆ **対象団体** ： 法人 任意団体
①5人以上で活動する営利を目的としない法人格の無い団体
②社会福祉分野で活動する特定非営利活動法人・社会福祉法人
③認定NPO法人の取得を計画している特定非営利活動法人

◆ **概要** ： NPO基盤強化資金助成
①住民参加型福祉活動資金助成
②組織および事業活動の強化資金助成
③認定NPO法人取得資金助成

◆ **総額** ： NPO基盤強化資金助成:1,750万円
【内訳】
①住民参加型福祉活動資金助成:450万円
②組織および事業活動の強化資金助成:1,000万円
③認定NPO法人取得資金助成:300万円

◆ **1件あたり金額** ： ①住民参加型福祉活動資金助成:30万円（上限）
②組織および事業活動の強化資金助成:70万円（上限）
③認定NPO法人取得資金助成:30万円

◆ **応募期間**
及び応募締切 ： NPO基盤強化資金助成:①2023年6月1日〜7月14日 ②・③2023年9月〜10月

◆ **助成決定時期** ： ①:9月 （1） ②③:11月 （予定）

◆ **申請手続き** ： 財団のホームページからインターネットで申請

◆ **提出書類** ： 定款・規約 団体の予算書・決算書 団体資料（パンフレット）
推薦者コメント必須

◆ **備考** ： 助成金の募集などの情報は、財団のホームページをご覧ください。

公益財団法人 SOMPO福祉財団

https://www.sompo-wf.org/

当財団は福祉及び文化の向上に資することを目的とし、社会福祉分野（主に障害者・高齢者福祉の増進に貢献すること）で活動する団体への助成を行っています。

〒160-8338 東京都新宿区西新宿1-26-1 損保ジャパン本社ビル
TEL: 03-3349-9570 / FAX: 03-5322-5257
専用お問い合わせフォームよりお願いいたします。https://www.sompo-wf.org/contact.html

社会福祉事業　(2)　「自動車購入費助成(公募)」

https://www.sompo-wf.org/

◆ 対象分野　　　　：　障がい者

◆ 対象団体　　　　：　法人

　　　　　　　　　　　主として障害者の福祉活動を行うNPO法人

◆ 概要　　　　　　：　自動車購入費助成
　　　　　　　　　　　自動車を購入する費用の一部を助成

◆ 総額　　　　　　：　自動車購入費助成:1,500万円

◆ 1件あたり金額　 ：　上限額：150万円

　　　　　　　　　　　自動車購入費助成:150万円（上限）

◆ 応募期間　　　　：　自動車購入費助成:2022年6月1日～7月7日
　　 及び応募締切

◆ 助成決定時期　　：　9月

◆ 申請手続き　　　：　財団のホームページからインターネットで申請

◆ 提出書類　　　　：　定款・規約　　団体の予算書・決算書　　団体資料（パンフレット）

◆ 備考　　　　　　：　助成金の募集などの情報は、財団のホームページをご覧ください。

公益財団法人 SOMPO福祉財団

https://www.sompo-wf.org/

当財団は福祉及び文化の向上に資することを目的とし、社会福祉分野（主に障害者・高齢者福祉の増進に貢献すること）で活動する団体への助成を行っています。

〒160-8338 東京都新宿区西新宿1-26-1 損保ジャパン本社ビル

TEL: 03-3349-9570 / FAX: 03-5322-5257

専用お問い合わせフォームよりお願いいたします。https://www.sompo-wf.org/contact.html

社会福祉事業 （3） 「海外助成(公募)」

https://www.sompo-wf.org/

◆ 対象分野	:	国際協力
◆ 対象団体	:	法人
		募集対象国に本部を置き、社会福祉分野で活動している非営利団体
		※募集対象国に所在する日本企業の現地駐在員からの推薦が必要
◆ 概要	:	海外助成
		対象国に本部を置く社会福祉系非営利団体に助成
◆ 総額	:	海外助成:400万円
◆ 1件あたり金額	:	上限額： 100 万円
		海外助成:100万円（上限）
◆ 応募期間 及び応募締切	:	海外助成:2022年9月〜10月
◆ 助成決定時期	:	11月（予定）
◆ 申請手続き	:	財団ホームページからメールで申請
◆ 提出書類	:	団体の予算書・決算書 団体資料（パンフレット）
◆ 備考	:	助成金の募集などの情報は、財団のホームページをご覧ください。

公益財団法人 SOMPO福祉財団

https://www.sompo-wf.org/

当財団は福祉及び文化の向上に資することを目的とし、社会福祉分野（主に障害者・高齢者福祉の増進に貢献すること）で活動する団体への助成を行っています。

〒160-8338 東京都新宿区西新宿1-26-1 損保ジャパン本社ビル

TEL: 03-3349-9570 / FAX: 03-5322-5257

専用お問い合わせフォームよりお願いいたします。https://www.sompo-wf.org/contact.html

I.事業助成
＜特定非営利活動法人（NPO）等が行う事業への助成＞

http://www.taiyolife-zaidan.or.jp/promotion_recruitment/index.html

◆ **対象分野** ： 地域・まち・居場所づくり　高齢者　障がい者

◆ **対象団体** ： 法人　任意団体

　　　　　　　　地域福祉活動を目的とする特定非営利活動法人（NPO）およびボランティアグループ等
　　　　　　　　（在宅高齢者等への地域公益事業・生活支援事業を行う社会福祉法人を含みます。）

◆ **概要** ： 特定非営利活動法人（NPO）等が在宅高齢者、在宅障がい者等およびその家族のための福祉・文化活動を行うために必要な費用または機器、機材、備品等を整備するための費用に対し助成する。
　　　　　　（社会福祉法人等が行う在宅高齢者等への地域公益事業・生活支援事業（例、生活物品入手支援・配送等）を含みます。また、在宅高齢者、在宅障がい者等の福祉・文化活動に関連して、日頃、行政や医療の狭間で見落とされがちな各種事業についても、必要に応じて助成します。）

　　　　　（1）対象となる事業または費用
　　　　　A. 在宅高齢者または在宅障がい者等の自助・自立の意欲を引き出し、または鼓舞する等その生活の支援・向上に資する事業・費用
　　　　　B. 在宅高齢者または在宅障がい者等と地域の人々が交流し支え合う、地域共生の仕組みづくり事業・費用（例.認知症カフェ、地域サロン、生活物品入手支援・配送等）
　　　　　C. 在宅高齢者または在宅障がい者等の福祉に関する活動をするために必要な機器、機材、備品等を整備する事業・費用

　　　　　（2）助成金額
　　　　　1件 10万円〜50万円 合計 1,700万円

　　　　　（3）事業実施期間
　　　　　2024年3月末日までに完了するもの

◆ **総額** ： 1,700万円

◆ **1件あたり金額** ： 上限額： 50万円

◆ **応募期間及び応募締切** ： 6月末 郵送による必着とします。

◆ **助成決定時期** ： 2023年9月中旬

◆ **申請手続き** ： （1）ホームページからダウンロードする場合
　　　　　　　　　　本財団のHP（http://www.taiyolife-zaidan.or.jp/）からダウンロードしてください。

　　　　　　　　　　（2）郵送をご希望の場合
　　　　　　　　　　応募申込者の団体名、郵便番号、住所、氏名を記載して下記「14」へ2023年6月16日迄にFAXまたは郵便でご請求ください。
　　　　　　　　　　請求受付後「応募申込書等一式書類」を応募者あてに郵送いたします。

◆ **提出書類** ： 定款・規約　団体の予算書・決算書　役員名簿　団体資料（パンフレット）

　　　　　　　　機器等の購入の場合は必ず見積書または価格表、および購入物のパンフレットを提出してください。

◆ **備考** ： なお、過去3年間（2020年度〜2022年度）の既受贈団体は、本年度の事業助成の対象外とします。

公益財団法人 太陽生命厚生財団
http://www.taiyolife-zaidan.or.jp/

〒143-0016 東京都大田区大森北1-17-4 太陽生命大森ビル
TEL: 03-6674-1217 / FAX: 03-6674-1217
kosei-zaidan@taiyo-seimei.co.jp

II.調査研究助成
＜高齢者保健・医療、生活習慣病または高齢者福祉に関する調査研究への助成＞

http://www.taiyolife-zaidan.or.jp/promotion_recrutment/index.html

◆ **対象分野** ： 高齢者

◆ **対象団体** ： 法人 任意団体

非営利の民間団体等及び個人

◆ **概要** ： 社会福祉法人または民間機関等が実施する高齢者保健・医療、生活習慣病に関する研究または高齢者福祉に関する調査または研究に必要な費用に対し助成する。

　（1）助成金額
1件 30万円〜50万円 合計 300万円
（注）応募者が所属する組織の間接経費、一般管理費（所謂オーバーヘッド）は、助成の対象になりません。

　（2）調査研究期間
2024年12月末日までに完了するもの

◆ **総額** ： 300万円

◆ **1件あたり金額** ： 上限額：50万円

◆ **応募期間**
及び応募締切 ： 6月末 郵送による必着とします。

◆ **助成決定時期** ： 2023年9月中旬

◆ **申請手続き** ： （1）ホームページからダウンロードする場合
本財団のHP（http://www.taiyolife-zaidan.or.jp/）からダウンロードしてください。

　（2）郵送をご希望の場合
応募申込者の団体名、郵便番号、住所、氏名を記載して当財団事務局へ2023年6月16日迄にFAXまたは郵便でご請求ください。
請求受付後「応募申込書等一式書類」を応募者あてに郵送いたします。

◆ **提出書類** ： 定款・規約 団体の予算書・決算書 役員名簿 団体資料（パンフレット）

機器等の購入がある場合は必ず見積書または価格表、および購入物のパンフレットを提出してください。

公益財団法人 太陽生命厚生財団

http://www.taiyolife-zaidan.or.jp/

〒143-0016 東京都大田区大森北1-17-4 太陽生命大森ビル

TEL: 03-6674-1217 / FAX: 03-6674-1217

kosei-zaidan@taiyo-seimei.co.jp

「シニアボランティア活動助成」

◆ **対象分野** ： 子ども 高齢者 障がい者

◆ **対象団体** ： 法人 任意団体

シニア（年齢満60歳以上）が80％以上のグループ。
また、過去3年以内（2020年〜2022年）に当財団の助成を受けたグループは除く。

◆ **概要** ： 下記の（1）〜（3）のいずれかの活動を助成対象とします。
①高齢者福祉に関するボランティア活動
②障がい者福祉に関するボランティア活動
③こども（高校生まで）の健全な心を育てる交流ボランティア活動

※助成の対象にならないもの
グループの事務所家賃、事務用パソコンの購入費用、ボランティアメンバーの飲食費および日当謝礼
等直接ボランティア活動に要しない費用

◆ **総額** ： 合計原則1,000万円

◆ **1件あたり金額** ： 原則10万円以内 内容が特に優れている場合は20万円限度で助成

◆ **応募期間**
及び応募締切 ： 4月1日〜5月25日 当日消印有効

◆ **助成決定時期** ： 8月中旬までに、応募者へ文書により通知します。

◆ **申請手続き** ： 当財団のホームページより、申請書をプリントしてください。
必要事項を記入のうえ、郵送にて当財団まで申請してください。

◆ **提出書類** ： グループ名簿

公益財団法人 大同生命厚生事業団

https://www.daido-life-welfare.or.jp

人間優先の理念に基づき、生活環境の悪化等によりもたらされる健康被害の減少と防止を図る諸事業の助成等により、国民の健康の保持と増進に寄与することを目的とする。

〒550-0002 大阪府大阪市西区江戸堀1-2-1
TEL: 06-6447-7101 / FAX: 06-6447-7102
info@daido-life-welfare.or.jp

「ビジネスパーソンボランティア活動助成」

◆ 対象分野　　　　：　子ども　高齢者　障がい者

◆ 対象団体　　　　：　法人　任意団体

　　　　　　　　　　　ビジネスパーソン（会社員、団体職員、
　　　　　　　　　　　公務員、経営者、個人事業主）が80%以上のグループ。
　　　　　　　　　　　また過去3年以内（2020年〜2022年）に当財団の助成を受けたグループは除く。

◆ 概要　　　　　　：　下記の（1）〜（3）のいずれかの活動を助成対象とします。
　　　　　　　　　　　①高齢者福祉に関するボランティア活動
　　　　　　　　　　　②障がい者福祉に関するボランティア活動
　　　　　　　　　　　③こども（高校生まで）の健全な心を育てる交流ボランティア活動

　　　　　　　　　　　※助成の対象にならないもの
　　　　　　　　　　　グループの事務所家賃、事務用パソコンの購入費用、ボランティアメンバーの飲食費および日当謝礼
　　　　　　　　　　　等直接ボランティア活動に要しない費用

◆ 総額　　　　　　：　合計原則1,000万円

◆ 1件あたり金額　：　原則10万円以内 内容が特に優れている場合は20万円限度で助成

◆ 応募期間
　及び応募締切　　：　4月1日〜5月25日 当日消印有効

◆ 助成決定時期　　：　8月中旬までに、応募者へ文書により通知します。

◆ 申請手続き　　　：　当財団のホームページより、申請書をプリントしてください。
　　　　　　　　　　　必要事項を記入のうえ、郵送にて当財団まで申請してください。

◆ 提出書類　　　　：　グループ名簿

公益財団法人 大同生命厚生事業団

https://www.daido-life-welfare.or.jp

人間優先の理念に基づき、生活環境の悪化等によりもたらされる健康被害の減少と防止を図る諸事業の助成等により、国民の健康の保持と増進に寄与することを目的とする。

〒550-0002 大阪府大阪市西区江戸堀1-2-1
TEL: 06-6447-7101 / FAX: 06-6447-7102
info@daido-life-welfare.or.jp

ボランティア活動助成

◆ **対象分野**　　　：　環境　地域・まち・居場所づくり　災害・被災地　子ども　子育て・ひとり親支援　高齢者　障がい者

◆ **対象団体**　　　：　法人　任意団体

　　　　　　　　　　ボランティア活動を行っているメンバーが5名以上で、かつ営利を目的としない団体
　　　　　　　　　　（任意団体、NPO法人、財団法人、社団法人、大学のボランティアサークル等）。

　　　　　　　　　　その他応募資格の詳細については、当財団のホームページをご確認ください。

◆ **概要**　　　　　：　①高齢者、障がい児者、子どもへの支援活動及びその他、社会的意義の高いボランティア活動
　　　　　　　　　　②地震、豪雨等による大規模自然災害の被災者支援活動

　　　　　　　　　　その他助成対象内容の詳細については、当財団のホームページをご確認ください。

◆ **総額**　　　　　：　総額 5,100万円

◆ **1件あたり金額**：　上限額： 30万円

　　　　　　　　　　上限金額30万円

◆ **応募期間**　　　：　8月1日〜9月15日 ※当日消印有効
　　及び応募締切

◆ **助成決定時期**　：　12月中旬

◆ **申請手続き**　　：　所定の「申請書」に都道府県、市区町村の社会福祉協議会（地区社協は除く）、行政（県庁等の各担
　　　　　　　　　　当部署）、または都道府県の共同募金会の「窓口担当者」の方から、活動状況等に関するコメントを
　　　　　　　　　　いただき、当財団事務局宛にご郵送ください。
　　　　　　　　　　申請書は、当財団のホームページよりダウンロードできます。

◆ **提出書類**　　　：　- - -

◆ **備考**　　　　　：　詳細については、当財団のホームページをご確認ください。

公益財団法人 大和証券財団

https://www.daiwa-grp.jp/dsz/

当財団は、福祉、医療に関するボランティア団体の活動支援やボランティア精神の普及啓発活動等を行い、福祉の向上に資することと、及び、生活習慣病をはじめとした中高年、高齢者の病気の予防と治療に関する研究の助成事業を通じて、国民が健やかで充実した豊かな長寿社会を築くことに寄与することを目的とします。

〒104-0031 東京都中央区京橋1-2-1 大和八重洲ビル
TEL: 03-5555-4640 / FAX: 03-5202-2014
zaidan@daiwa.co.jp

タカラ・ハーモニストファンド

◆ 対象分野 ： 環境

◆ 対象団体 ： 法人 任意団体
(1) 具体的に着手の段階にある活動・研究。
(2) 営利を目的としない活動・研究。
(3) ①個人の場合…助成金の使途が、助成の目的に沿って適確であり、当該事業に係わる施設の利用や助成金の使途等の面で本人あるいは親族など特別な関係のある者に特別の利益を与えない者。
②任意の団体の場合…助成金の使途が助成の目的に沿って適確であり、代表者または管理者の定めのある団体で、役員その他機関の構成、選任方法、その他事業の運営に重要な事項が、特定の者、あるいは特別の関係者等の意志に従わずに、運営されている団体。
また、特定の者等に利益を与えていない団体。

◆ 概要 ： (1) 日本国内の森林・草原・木竹等の緑を保護、育成するための活動または研究。
(2) 日本国内の海・湖沼・河川等の水辺の良好な自然環境を整備するための活動または研究。
(3) 日本国内の緑と水に恵まれた良好な自然環境の保全及び創出に資するための活動または研究。

◆ 総額 ： 500万円程度

◆ 1件あたり金額 ： 50万円程度

◆ 応募期間 ： 毎年2月上旬～3月末
　及び応募締切

◆ 助成決定時期 ： 毎年5月下旬（贈呈は6月中旬）

◆ 申請手続き ： 所定の申請書を宝ホールディングスのホームページよりダウンロード、または事務局へ請求し、必要事項を記入・捺印のうえ事務局宛に書留でお送りください。合わせてメールでも申請書をお送りいただきます。

◆ 提出書類 ： ---

◆ 備考 ： 要項は変更になる場合があります。

公益信託 タカラ・ハーモニストファンド

https://www.takarashuzo.co.jp/environment/

以下の（1）～（3）の内容に関する実践的な活動及び研究に対して、助成を行います。
(1) 日本国内の森林・草原・木竹等の緑を保護、育成するための活動または研究。
(2) 日本国内の海・湖沼・河川等の水辺の良好な自然環境を整備するための活動または研究。
(3) 日本国内の緑と水に恵まれた良好な自然環境の保全及び創出に資するための活動または研究。

〒600-8008 京都府京都市下京区四条通烏丸東入長鉾町20 みずほ信託銀行株式会社 京都支店内
TEL: 075-211-5525 / FAX: 075-212-4915
kouekishintaku.kyotoshiten@mizuhotb.co.jp

障がい者支援団体への助成

◆ **対象分野** ： 障がい者

◆ **対象団体** ： 法人　任意団体

障がい者支援を行う社会福祉法人、公益法人、NPO法人等の非営利の民間団体で3年以上の継続した活動実績がある団体

◆ **概要** ： 障がい者の社会参加を促す活動（展覧会、音楽会、スポーツ大会などの体験活動）並びに障がい者の理解を深める活動費用の一部及び福祉活動に直接必要な環境整備のための施設整備・備品等の調達資金の一部を助成いたします。

なお、活動を実施する施設が一都十県（茨城県、栃木県、群馬県、埼玉県、千葉県、東京都、神奈川県、新潟県、山梨県、長野県、静岡県）にある団体を対象といたします。

◆ **総額** ： 600万円（予定）

◆ **1件あたり金額** ： 上限額：30万円

◆ **応募期間**
 及び応募締切 ： 8月〜9月

◆ **助成決定時期** ： 11月

◆ **申請手続き** ： 申込は、当財団所定の申請用紙に必要事項を記入し、郵送による方法で受付けます。

なお、申請書類は、当財団のホームページからダウンロードできるほか、郵送での請求も可能です。

◆ **提出書類** ： 定款・規約　団体の予算書・決算書　役員名簿　団体資料（パンフレット）

公益財団法人 タチバナ財団

〒103-0007 東京都中央区日本橋浜町2丁目56番1号
TEL: 03-3667-7070 / FAX: 03-3667-7576
zaidan@t-group.co.jp

施設整備等助成事業

◆ 対象分野 : 子ども｜子育て・ひとり親支援｜高齢者｜障がい者

◆ 対象団体 : 法人
・社会福祉法人
・社会福祉事業を行っている公益財団法人、公益社団法人等
・社会福祉事業を行っている特定非営利活動（NPO）法人
（所在地の社会福祉協議会の推薦を受ける必要があります）

◆ 概要 : 施設整備等助成事業（昭和44年より実施、直近年度の助成内容はホームページに掲載）
①備品等（福祉車両、送迎用車両、特殊浴槽等）の購入
②施設の設置、増改築及び各種修繕工事等

◆ 総額 : 544,040千円（2023年度）

◆ 1件あたり金額 : 総事業費の4分の3以内

**◆ 応募期間
及び応募締切** : 申請の受付期間は、申請窓口毎に異なりますので、申請する施設の所在する各都道府県の 馬主協会又は各県共同募金会にお問い合わせ下さい（例年概ね4月〜6月頃）。

◆ 助成決定時期 : 助成決定時期は、申請窓口毎に異なります。申請の後、各馬主協会・各県共同募金会及び 当財団が審査を行い、申請者に対して助成金の交付額等を通知します（概ね7月〜9月 頃）。

◆ 申請手続き : 中央競馬を開催する競馬場所在の都道府県にある施設の場合は当該馬主協会、又その他の県の施設は各県共同募金会が申請窓口となりますので、各窓口に相談のうえ、申請書類等を提出して下さい。
（申請書類は、当財団のホームページよりダウンロードして下さい。）

◆ 提出書類 : 定款・規約｜団体の予算書・決算書｜役員名簿｜団体資料（パンフレット）
見積書、設計図、備品等のカタログ、NPO法人の場合:各市区町村社会福祉協議会の推薦状が必要です。

◆ 備考 : 詳細につきましては、当財団のホームページをご覧いただくか、電話でお問い合わせ下さい。

公益財団法人 中央競馬馬主社会福祉財団

https://www.jra-umanushi-hukushi.or.jp/

中央競馬の馬主の間で、自分たちの手で、かつ目に見える形で社会福祉に貢献したいという機運があり、これに併せて競馬に対する社会の認識を高めることを目的として、競馬賞金の一部を自主的に拠出することにより、昭和44年10月に設立されました。
中央競馬の馬主その他の関係者の協力を得て、社会福祉事業その他の公益事業に対する助成を行い、もってわが国の社会福祉の向上と発展に寄与することを目的としています。

〒105-0001 東京都港区虎ノ門1丁目2番10号 虎ノ門桜田通ビル2階
TEL: 03-6550-8966 / FAX: 03-6550-8967

海外研修事業

◆ **対象分野**   ： 地域・まち・居場所づくり ｜ 子ども ｜ 子育て・ひとり親支援 ｜ 高齢者 ｜ 障がい者

◆ **対象団体**   ： ・年齢25歳以上55歳以下
　　　　　　　　　　・経験年数5年以上の者
　　　　　　　　　　・研修する具体的テーマを有し、将来にわたり社会福祉業務に対する知見を深め、福祉業務を続ける意欲のある者
　　　　　　　　　　・日常英会話能力を有する者

◆ **概要**   ： 海外研修事業（昭和45年より実施、近年の研修内容はホームページに掲載）
　　　　　　　　　　外国の施設における実習を通じて専門的な知識・技能を習得し、我が国の社会福祉施設サービスの向上に資することを志向する民間社会福祉施設等の直接処遇職員に対する研修事業（期間は、本人の希望する3週間から2ヶ月以内（合同研修含む）

◆ **総額**   ： 約9,000千円（2023年度）

◆ **1件あたり金額** ： 財団が承認した期間に応じて、航空運賃、滞在費、現地交通費を支給

◆ **応募期間**
　及び応募締切 ： 例年5月1日〜7月31日

◆ **助成決定時期** ： 例年9月中旬

◆ **申請手続き**   ： 応募書類を直接当財団に送付してください。
　　　　　　　　　　（応募書類は、当財団のホームページよりダウンロードして下さい。）

◆ **提出書類**   ： 詳細は当財団ホームページをご覧ください。

◆ **備考**   ： 詳細につきましては、当財団のホームページをご覧いただくか、電話でお問い合わせ下さい。

公益財団法人 中央競馬馬主社会福祉財団

https://www.jra-umanushi-hukushi.or.jp/

中央競馬の馬主の間で、自分たちの手で、かつ目に見える形で社会福祉に貢献したいという機運があり、これに併せて競馬に対する社会の認識を高めることを目的として、競馬賞金の一部を自主的に拠出することにより、昭和44年10月に設立されました。
中央競馬の馬主その他の関係者の協力を得て、社会福祉事業その他の公益事業に対する助成を行い、もってわが国の社会福祉の向上と発展に寄与することを目的としています。

〒105-0001 東京都港区虎ノ門1丁目2番10号 虎ノ門桜田通ビル2階
TEL: 03-6550-8966 / FAX: 03-6550-8967

中央ろうきん助成制度
"カナエルチカラ"〜生きるたのしみ、働くよろこび〜

https://chuo.rokin.com/aboutus/csr/subsidy/

◆ **対象分野** ： 国際協力 環境 人権・平和 地域・まち・居場所づくり 災害・被災地 スポーツ 音楽・アート・芸能 子ども 子育て・ひとり親支援 不登校・ひきこもり 高齢者 LGBT・セクシュアルマイノリティ 障がい者 医療・疾病・難病 外国人・多文化共生 貧困・路上生活 いじめ・暴力・被害 マイノリティ・さまざまな人への支援 セルフヘルプグループ・自助グループ 相談・カウンセリング ボランティア・NPO支援

◆ **対象団体** ： 法人

助成対象内容に取り組む市民活動団体で、以下のすべての要件を満たす団体。
　（1）主たる事務所の所在地および主な活動の場が、関東エリア1都7県（茨城県、栃木県、群馬県、埼玉県、千葉県、東京都、神奈川県、山梨県）の団体であること。
※上記エリア内で、広域的に活動を行なっている団体も歓迎します。
　（2）民間の非営利団体で法人格を有すること（NPO法人、一般社団法人など）。
　（3）応募時点で団体設立後1事業年度経過していること。
　（4）新しい事業を立ち上げるための基礎的な力を有していること。
　（5）団体の目的や活動内容が特定の政治・宗教に偏っておらず、反社会的な勢力とは一切関わっていないこと。

◆ **概要** ： ○新たな事業の立ち上げを応援します。
○「生きるたのしみ」という面では、広く"ひと・まち・くらし"づくりに役立つ発想豊かな事業・活動を想定しています。
○「働くよろこび」という面では、働く/働きたい人が直面する"疾病治療・介護・子育て等と仕事の両立""働くことに困難を抱える若者や女性・高齢者の自立就労支援"など、多様な働く場・機会の創出に焦点を当てた事業・活動を想定しています。

◎特に、公的な補助や支援の対象とならない/なりにくい、自主的かつ先駆的な事業・活動を応援します。

◆ **総額** ： 参考:2022年度選考実施分 1,488万円
　（助成1年目:688万円、助成2年目:400万円、助成3年目:400万円）

◆ **1件あたり金額** ： 助成1年目:上限 50万円
助成2年目:上限 50万円
助成3年目:上限100万円

◆ **応募期間 及び応募締切** ： 2023年10月上旬〜下旬（予定）

◆ **助成決定時期** ： 2024年3月下旬（予定）

◆ **申請手続き** ： 応募用紙および提出資料を、E-Mailにてご提出ください。
応募用紙は、応募期間内に中央ろうきんホームページよりダウンロードいただけます。

◆ **提出書類** ： 定款・規約 団体の予算書・決算書
団体の事業報告書

中央労働金庫

https://chuo.rokin.com/

ろうきんは、働く人の夢と共感を創造する協同組織の福祉金融機関です。

ろうきんは、会員が行う経済・福祉・環境および文化にかかわる活動を促進し、人々が喜びをもって共生できる社会の実現に寄与することを目的とします。

ろうきんは、働く人の団体、広く市民の参加による団体を会員とし、そのネットワークによって成り立っています。

会員は、平等の立場でろうきんの運営に参画し、運動と事業の発展に努めます。

ろうきんは、誠実・公正および公開を旨とし、健全経営に徹して会員の信頼に応えます。

〒101-0062 東京都千代田区神田駿河台2-5
TEL: 03-3293-2048 / FAX: 03-3293-2007
npo@chuo-rokin.or.jp

「くるくる基金助成」（冠基金）　「つなぐいのち基金」

◆ **対象分野** : 子ども

◆ **対象団体** : 法人 任意団体
（１）日本国内を活動の場とする、下記のいずれにも該当する団体であること
1.社会福祉法人、NPO法人、任意団体等（NGO）やボランティア団体等）
2.活動開始後1年以上の活動実績を有する団体(申請時点)
3.法人の場合は、基準日:令和5年4月30日時点で登記が完了していること。
（２）次のいずれかの活動を行う団体であること
1.子どもたちが地域社会などと関わりながら、より人間らしく健全に成長できるための直接支援活動
2.単発的レクリエーションではなく、社会的ハンディを抱えた子どもたちの中長期的生育環境改善活動
3.助成によりどのような点が充実、発展するのか、成果(課題明確化含む)が明確である活動
4.新たな子どもの支援についての調査・研究、啓発活動など

◆ **概要** : 児童福祉を目的とした、社会的ハンディを抱える子どもたちを対象とした支援事業、支援活動、支援のプロジェクト等。社会的なニーズ・関心事や「新しい社会的養育ビジョン」を鑑み、以下の3つのポイントの関連の事業については、選考時の重点項目として評価を加算する設定。
「里親制度等家庭的養護の推進」「子どもの居場所・地域コミュニティによる困難家庭の子どもサポート事業の継続のための支援」「多世代の交流・相互支援、および新たな支援の担い手の育成に関する事業」

with、afterコロナの子どもたちの子どもの居場所の支援助成です。
「くるくる基金（冠基金）」は緊急コロナ対策ではなく、中長期の視点での地域の子どもたちの成長、健全な育成のための素敵なアイデアを募集する助成となります（除菌グッズなどのコロナ対策は使途の対象外となります）。

◆ **総額** : 募集時にご案内いたします。
参考:2021年実績2,495,310円

◆ **1件あたり金額** : 募集時にご案内いたします。
参考:2021年募集時50万円

◆ **応募期間**
及び応募締切 : 例年5月～6月を募集時期としております。

◆ **助成決定時期** : 例年7月。助成金の交付は8月を予定しています。

◆ **申請手続き** : フォーム等への入力方式。

◆ **提出書類** : 定款・規約 団体の予算書・決算書 役員名簿 団体資料（パンフレット）
申請事業に関する補足資料

◆ **備考** : 下記の申請用紙ですが、募集時期にご案内いたしますので、申し訳ありませんが書面の添付は控えさせていただきます。

公益財団法人 つなぐいのち基金

https://tsunagu-inochi.org/

(理念)あなたの思いを次世代へ、つなぐこと、そして伝えること

(目的)

本事業は、児童の社会的養護施設や養護施設に人居する児童、難病児、一人親・里親・貧困家庭の児童など、社会的ハンディキャップを抱える子どもたちを支援する団体や事業プロジェクト（以下、「児童支援団体」とする）に助成を行うことにより、児童の心身の健全な育成に貢献することを目的としてこの目的に合致した、優れた活動及び、これを推進する団体機関を支援するための助成先募集を行います。

〒104-0031 東京都中央区京橋2-14-1兼松ビルディング3F 助成選定委員会 事務局

TEL: 03-6758-3980 / FAX: 050-3153-0279

info@tsunagu-inochi.org

助成事業

学生を対象とする次世代リーダーの育成活動に対する助成事業

◆ 対象分野 ： 環境 ／ 地域・まち・居場所づくり ／ 災害・被災地 ／ 子ども ／ 子育て・ひとり親支援 ／ 高齢者 ／ 障がい者

◆ 対象団体 ： 法人 ／ 任意団体

募集対象地域である下記の都府県に、団体の事務所（拠点）がある大学公認団体または大学内ボランティアセンター、NPOなどの営利を目的としない団体（法人格の有無は問いません）
2023年度募集内容（募集対象地域は、今後、変更する可能性があります）
【関東地区】東京都、千葉県、埼玉県、神奈川県、茨城県、栃木県、群馬県
【関西地区】大阪府、京都府、兵庫県、滋賀県、奈良県、和歌山県
【東北地区】青森県、岩手県、秋田県、山形県、宮城県、福島県（2023年度募集エリアとして新設しました）

◆ 概要 ： （2023年度募集より）
・次世代リーダーの育成・リーダーシップ育成に資する活動であること
さまざまな領域で次世代のリーダーシップを発揮できる人材を育成する活動を対象とします。
社会課題や環境問題、教育、科学技術、国際交流、地域活性化、災害支援、文化・芸術など幅広いテーマでリーダー育成に関わる様々な活動を対象とします。
・学生（高校生・大学生・大学院生）が活動の主体となっていること
大学生を中心に学生の人材育成を目的とした活動（ワークショップ、コンテスト、セミナー等）の他、活動への参加・経験を通じて人材育成に寄与する活動を含みます。
・活動する地域が原則として日本国内であること
原則として活動する地域は日本国内であることを条件としています。
但し、活動の一環として、海外での活動を含むものは可としています。

◆ 総額 ： 2022年度助成総額は、1,200万円程度。

◆ 1件あたり金額 ： 100万円（上限）（2023年度募集現在）

◆ 応募期間
及び応募締切 ： 例年10月中旬開始〜11月末締切

◆ 助成決定時期 ： 翌年3月

◆ 申請手続き ： 当財団ウェブサイト（https://www.dentsu-ikueikai.or.jp）の応募フォームより受付。
申込書は応募フォームよりダウンロードできます。申込書とともに直近の決算報告書（会計報告書）・活動報告書（事業報告書）をアップロードしてお申し込みください。

◆ 提出書類 ： 定款・規約 ／ 団体の予算書・決算書 ／ 団体資料（パンフレット）
直近の活動内容が分かる資料・会則（お持ちの団体はご提出ください）

公益財団法人 電通育英会

https://www.dentsu-ikueikai.or.jp/

電通育英会は奨学金の支援に留まらず、大きく変革する社会に対応して新たな価値を創造する人材の育成を、さらに一歩進めるための事業として、大学生を中心とした学生を対象とした人材育成に取組む大学学内組織やNPO法人等のキャリア形成支援、インターンシップ、ボランティア活動などに対する助成事業を行っています。地域社会や学術研究、民間団体、行政・自治体、国際機関などの様々な組織で活躍する次世代の人材育成、特にリーダーの育成・リーダーシップ育成につながる活動を支援しています。

〒104-0061 東京都中央区銀座7-4-17 電通銀座ビル4F
TEL: 03-3575-1386 / FAX: 03-3575-1577

- 102 -

配偶者暴力防止等民間活動助成事業

◆ 対象分野 ： いじめ・暴力・被害

◆ 対象団体 ： 法人 任意団体

原則として、都内に主な事務所があり、都内を拠点として事業を実施している民間団体・グループ。
ただし、事業の内容によっては、都内に在住又は在勤の個人も対象となります。

◆ 概要 ： 1.自主活動・施設の安全対策等への助成
（1）単独団体で行う事業（単独事業）
ア.シェルター、ステップハウス、相談室等のDV被害者支援施設の安全対策、設備等の充実に関する
事業に係る経費
イ.DVの問題の解決に寄与する実践的活動、普及啓発活動等の事業に係る経費
単独事業については、2事業まで申請することが可能です。
（2）複数団体で連携して行う事業（複数事業）
被害者への同行支援事業等、連携によりDV被害者のニーズに応じたきめ細やかな支援が可能になる
事業に係る経費

2.アドバイザーの派遣
DV被害者支援等を行っている民間団体等に対し、専門的な経験や知識を有するアドバイザーを派遣
し、相談員のカウンセリング技術や被害者支援に係る知識の向上等人材の育成を支援します。

◆ 総額 ： ～～

◆ 1件あたり金額 ： ＜単独事業＞ 助成事業に係る経費の2分の1以内、100万円限度（DV被害者への同行支援事業につい
ては、150万円限度）

＜複数事業＞ 次の（1）及び（2）の申請、又は（1）のみの申請を受け付けます。
（1）コーディネーター人件費等連携に係る経費の2分の1以内、100万円限度
（2）事業実施に係る経費の2分の1以内、100万円限度（DV被害者への同行支援事業については、
150万円限度）
※アドバイザーの派遣については、謝金を東京都が負担します。

◆ 応募期間
　　及び応募締切 ： 4月末日 必着

◆ 助成決定時期 ： 7月上中旬を予定。※審査の状況により、前後する可能性があります。

◆ 申請手続き ： 募集案内及び申請書等を、東京ウィメンズプラザのホームページに掲載しております。

◆ 提出書類 ： 定款・規約 団体の予算書・決算書 役員名簿
印鑑登録証明書原本、企画書等

◆ 備考 ： 詳細はホームページでもお知らせしております。
Http://www1.tokyo-womens-plaza.metro.tokyo.jp/aid/tabid/72/Default.aspx

---

東京ウィメンズプラザ

http://www1.tokyo-womens-plaza.metro.tokyo.jp/

東京ウィメンズプラザでは、配偶者暴力（DV）の防止等に関する民間の自主的な活動を支援するため、事業費の一部を助成する
ほか、専門の知識や経験を持つアドバイザーを派遣し、人材育成を支援します。

〒150-0001 東京都渋谷区神宮前5-53-67
TEL: 03-5467-1980 / FAX: 03-5467-1977
S1121208@section.metro.tokyo.jp

広域的市民ネットワーク活動等事業助成

◆ **対象分野** ： 地域・まち・居場所づくり

◆ **対象団体** ： 任意団体

・本拠地が原則として多摩地域にあり、多摩地域で活動している団体（西多摩地域振興事業活動にあっては、団体の本拠地が原則として西多摩林間地域内にあり、当該地域で活動している団体）であること
・過去の活動実績（原則1年以上）が明らかであり、今後、発展していくことが期待できる団体であること
・活動目的や内容が明確であり、10名以上の多摩地域の住民で構成されていて、代表者や会計責任者が特定されている団体であること
・政治活動、宗教活動及び営利活動を目的とする団体でないこと

◆ **概要** ： 広く多摩地域の市民を対象として市民団体が主体的、創造的に取り組む普及啓発事業、実践活動事業、調査活動事業及びこれらに類する事業であって、広域的市民ネットワーク活動の発展や、西多摩林間地域の振興につながることが期待できるものに助成を行う。

◆ **総額** ： 未定

◆ **1件あたり金額** ： 上限額：120万円

1団体につき1年度あたり120万円以内を助成する。
①助成対象事業費が100万円まで……50％
②助成対象事業費が100万円を超える分は……10％
①②を合算し、1万円未満を切り捨てた額を助成額とする。

◆ **応募期間**
及び応募締切 ： 2024年度助成分：2023年10月中旬から2023年11月末まで

◆ **助成決定時期** ： 2024年3月末（予定）

◆ **申請手続き** ： 当調査会のホームページをご覧ください。

◆ **提出書類** ： 定款・規約　団体の予算書・決算書　役員名簿　団体資料（パンフレット）
団体の活動実績に関する書類

◆ **備考** ： 詳細については手引きをご覧ください。

公益財団法人 東京市町村自治調査会

https://www.tama-100.or.jp/

21世紀の多摩地域を先導するまちづくり運動として多摩新時代の創造を目指した「TAMAらいふ21」の成果を継承・発展させることにより、多摩地域の市民の交流活動（広域的市民ネットワーク活動）を推進し、多摩地域全体の地域活性化を図る。
※広域的市民ネットワークとは
多摩地域において、市町村別に本拠地を異にする2以上の市民団体が連携して行う場合、又は特定の市町村に偏らない2以上の市町村の住民によって構成される市民団体が行う活動であって、その活動対象地域が2以上の市町村にわたるものをいう。

〒183-0052 東京都府中市新町2-77-1 東京自治会館4階
TEL: 042-382-7781 / FAX: 042-384-6057

広域的市民ネットワーク活動支援

◆ 対象分野	:	地域・まち・居場所づくり
◆ 対象団体	:	任意団体

・新たに広域的な市民ネットワークを形成しようとしている又は拡大強化を志向している団体であること
・多摩地域の広域的課題をテーマとしている団体であること
・本拠地が多摩地域内にあり、多摩地域を活動区域とする団体であること
・政治活動、宗教活動及び営利活動を目的とする団体でないこと

◆ 概要 : 広く多摩地域の市民を対象として市民団体が主体的、創造的に取り組む普及啓発事業、実践活動事業、調査活動事業及びこれらに類する事業であって、広域的市民ネットワーク活動の発展が期待できるものに助成を行う。

◆ 総額 : 240万円程度

◆ 1件あたり金額 : 上限額：30万円

1団体につき1年度あたり30万円以内を助成する。
助成対象事業費の60％で1万円未満を切り捨てた額を助成額とする。

◆ 応募期間
及び応募締切 : 随時 ※事業実施日の2カ月ほど前までに申請してください。※助成を申請する場合は、事前相談が必要です。

◆ 助成決定時期 : 随時

◆ 申請手続き : 当調査会のホームページをご覧ください。

◆ 提出書類 : 定款・規約　団体の予算書・決算書　役員名簿　団体資料（パンフレット）
団体の活動実績に関する書類

◆ 備考 : 詳細については手引きをご覧下さい。

公益財団法人 東京市町村自治調査会

https://www.tama-100.or.jp/

21世紀の多摩地域を先導するまちづくり運動として多摩新時代の創造を目指した「TAMAらいふ21」の成果を継承・発展させることにより、多摩地域の市民の交流活動（広域的市民ネットワーク活動）を推進し、多摩地域全体の地域活性化を図る。
※広域的市民ネットワークとは
多摩地域において、市町村別に本拠地を異にする2以上の市民団体が連携して行う場合、又は特定の市町村に偏らない2以上の市町村の住民によって構成される市民団体が行う活動であって、その活動対象地域が2以上の市町村にわたるものをいう。

〒183-0052 東京都府中市新町2-77-1 東京自治会館4階
TEL: 042-382-7781 / FAX: 042-384-6057

共同募金事業

◆ **対象分野** ： 災害・被災地　子ども　高齢者　障がい者

◆ **対象団体** ： 法人
＊第一種・第二種の社会福祉事業及び更生保護事業
＊その他、社会福祉を目的とする事業（国及び地方公共団体を除く）
＊前項に準ずる施設、団体で、各地区配分推せん委員会及び配分委員会並びに理事会が特に必要と認めるもの。

◆ **概要** ： 社会福祉を目的とする事業、並びに防災・災害対策事業

◆ **総額** ： 8億円（予定）

◆ **1件あたり金額** ： ①地域配分:上限額10万〜30万円
（但し、地区配分推せん委員会設置地区はその配分基準による）
②全都配分:上限額30万〜（業種・事業により異なる）

◆ **応募期間**
及び応募締切 ： ①地域配分:締切8月31日（但し、地区配分推せん委員会で受付される地区はその提出期限による）②全都配分:第1次相談受付締切＝5月26日/第2次相談受付締切＝12月15日

◆ **助成決定時期** ： ①地域配分:配分決定 3月②全都配分:配分決定 第1次＝9月/第2次＝3月

◆ **申請手続き** ： ①地域配分:ホームページより申請書をダウンロードする。
②全都配分:直接共同募金会に相談。（ホームページより事前相談シートをダウンロードし、メールで提出）

◆ **提出書類** ： 定款・規約　団体の予算書・決算書　役員名簿　団体資料（パンフレット）
申請事業の内容を示すもの
（※申請ご希望の場合は、初めにホームページのご確認をお願いします。）

◆ **備考** ： 配分金補助率
①地域配分:原則的に当該総事業費の75%以内
（地区配分推せん委員会設置地区はその配分基準による。但し、75%を超えない。）
②全都配分:当該総事業費の75%以内（業種・事業により異なる）

社会福祉法人 東京都共同募金会

http://www.tokyo-akaihane.or.jp/

地域福祉の推進を図るため、寄附金を区域内の社会福祉を目的とする事業を経営する者に配分することを目的とする。

〒169-0072 東京都新宿区大久保3-10-1 東京都大久保分庁舎201
TEL: 03-5292-3183 / FAX: 03-5292-3189
haibun@tokyo-akaihane.or.jp

子供が輝く東京・応援事業

https://www.fukushizaidan.jp/313kosodate/

◆ 対象分野 : 子ども

◆ 対象団体 : 法人

都内に本社又は事務所を有する法人（定款、登記簿謄本により、法人格を持つことが確認できることなど、一定の要件あり）。
複数の法人や団体で構成される共同体による応募（共同提案）も可能とし、その場合、主たる法人（代表法人）が一定の要件を満たす必要がある。

◆ 概要 : <助成事業>
（2022年度の場合）
新たに実施する事業を対象とした【定額助成（新たな取組へのチャレンジ）】と、既存事業のレベルアップにつながる事業を対象とした【実績連動型助成（既存の取組のレベルアップ）】の2種類の助成を実施。

<対象事業>
ア 地域の資源等を活用した結婚支援
イ 妊娠、出産、育児期における親や子供に対する支援
ウ 多世代交流や地域との連携等による子育て支援
エ 病気や障害等を抱える子供への支援
オ 社会的養護に係る取組
カ 学齢期の子供に対する各種支援
キ 若者が社会的に自立した生活を営むための支援

◆ 総額 : 200,153,000円（2023年度助成予算額）

◆ 1件あたり金額 : （2022年度の場合）
ア【定額助成（新たな取組へのチャレンジ）】（助成期間:最大3か年度）
1,000万円または助成対象と認められた経費のうち、いずれか低い額（最大1,000万円助成）

イ【実績連動型助成（既存の取組のレベルアップ）】（助成期間:最大2か年度）
2,000万円または助成対象と認められた経費のうち、いずれか低い額に助成率（成果に応じて定率1/4に、達成状況1/4〜1/2を加えた率）を乗じた額（最大1,500万円助成）

◆ 応募期間 及び応募締切 : （2022年度の場合）ア【定額助成（新たな取組へのチャレンジ）】2022年6月27日〜7月21日 イ【実績連動型助成（既存の取組のレベルアップ）】2022年10月17日〜11月28日

◆ 助成決定時期 : （2022年度の場合）ア【定額助成（新たな取組へのチャレンジ）】2022年10月中旬 イ【実績連動型助成（既存の取組のレベルアップ）】2023年3月上旬

◆ 申請手続き : ・申請書類（財団ホームページよりダウンロード）を作成し、書留など配達記録が残る方法で送付。
・書類審査及び総合審査（プレゼンテーションによる審査）を経て、助成対象事業者を決定。

◆ 提出書類 : 定款・規約 役員名簿 団体資料（パンフレット）

応募書類（公募要項様式1、2、3）、団体の決算書・事業報告書、登記事項証明書等の写し、プレゼンテーション資料

◆ 備考 : 今後の公募説明会開催時期などにつきましては、決まり次第財団ホームページに掲載いたします。

公益財団法人 東京都福祉保健財団

https://www.fukushizaidan.jp/313kosodate/

公益財団法人東京都福祉保健財団（以下「財団」という。）では、社会全体で子育てを支えるため、都からの出えんと都民等からの寄附による「子供が輝く東京・応援基金」を活用し、NPOや企業等による結婚、子育て、学び、就労までのライフステージに応じた取組に助成を行います。また、その取組の効果を広く普及していきます。

〒163-0718 東京都新宿区西新宿2丁目7番1号 小田急第一生命ビル16階
TEL: 03-3344-8535 / FAX:
kosodateouen@fukushizaidan.jp

ボランティア・市民活動支援総合基金
ゆめ応援ファンド助成

◆ **対象分野** : 国際協力 環境 人権・平和 地域・まち・居場所づくり 災害・被災地 スポーツ 音楽・アート・芸能
  子ども 子育て・ひとり親支援 不登校・ひきこもり 高齢者 LGBT・セクシュアルマイノリティ 障がい者
  医療・疾病・難病 外国人・多文化共生 貧困・路上生活 いじめ・暴力・被害
  マイノリティ・さまざまな人への支援 セルフヘルプグループ・自助グループ 相談・カウンセリング
  ボランティア・NPO支援 その他

◆ **対象団体** : 法人 任意団体
  ・ボランティア・市民活動団体
  ・ボランティア・市民活動を推進している民間非営利団体（中間支援組織含む）
  ※法人格の有無は問いません。
  ※一般社団法人については、剰余金の分配を行わないことが定款に明記されている「非営利型
  一般社団法人」のみを対象としています。

◆ **概要** : 下記の①〜⑥のいずれかの事業で、助成該当年度に実施するものを助成の対象とします。
  ただし、⑤についてのみ3年間までの継続的な事業について助成（＝継続助成）の申請ができます。
  ①学習会・研修会の開催 ②調査・研究の実施
  ③器具・器材の開発・購入 ④活動にかかわる市民への啓発の実施
  ⑤ボランティア・市民活動団体による先駆的・モデル的活動 ⑥その他

  ＜助成対象にならないもの＞
  ・申請する事業について、他の機関から助成を受けている場合
  ・すでに終了した事業や購入した器具・器材（財源不足分の補てん）
  ・グループ・団体の日常的な経費（消耗品費、事務用パソコン購入費、家賃、駐車場料金、
  電話・ファックス使用料、材料費、スタッフ人件費、会員への謝金、交通費など）
  ・グループ・団体の定例化した事業・活動
  ・自助活動と判断されるもの（周年記念の集いや記念誌作成など）
  ・高額の器具・器材で、一部助成しても、購入の見込みが立たないもの
  ・継続的な事業で、一度助成しても次回からの見通しが立ちにくいもの
  ・グループ・団体の主たる活動範囲が東京都外のもの
  ・政治・宗教を主たる活動とする団体の活動

  ※本基金の趣旨に基づき、開発的（新しい）・発展的（広がる・深まる）内容や効果が期待でき
  ると評価された申請を優先的に助成対象とします。

◆ **総額** : 4,603,000円（2023年度交付分）

◆ **1件あたり金額** : ・1件につき、原則として50万円以内。
  ・ボランティアグループによる先駆的・モデル的活動の継続助成については、1年につき、
  50万円を限度とします。

◆ **応募期間**
   及び応募締切 : 2023年12月〜2024年1月（2024年度交付分）※当日消印有効 ※現時点での予定です。

◆ **助成決定時期** : ゆめ応援ファンド配分委員会にて厳正な審査の上、『ボラ市民ウェブ』上で公表し、あわせて3月中
  旬頃に結果を直接グループ・団体あてに通知します。助成が決定した場合には、4月中旬頃に助成金
  を交付する予定です。

◆ **申請手続き** : ホームページに掲載する「ゆめ応援ファンド助成申請書」に必要事項を記入の上、郵送で、東京ボラ
  ンティア・市民活動センターまで申請して下さい。
  応募は1グループ・団体につき1件のみ有効です。

◆ **提出書類** : 団体の予算書・決算書 団体資料（パンフレット）
  ・器具・器材の購入や印刷等を業者に発注する場合は、見積書と購入物のパンフレットを添付して下
  さい。会場として貸会議室等を利用する費用についても、金額がわかる資料を添付して下さい。

・見積書は、実際に購入・依頼する業者に、実質価格（割引後の金額）で作成してもらって下さい。
・法人格を有する団体は、定款の添付が必須です。

東京ボランティア・市民活動センター

https://www.tvac.or.jp/

東京都内におけるボランティア・市民活動の開発・発展を通じて市民社会の創造をめざすために、地域住民や民間団体のボランティア・市民活動に対し必要な資金の助成を行います。

〒162-0823 東京都新宿区神楽河岸1-1 セントラルプラザ10階
TEL: 03-3235-1171 / FAX: 03-3235-0050
office@tvac.or.jp

調査研究活動助成

◆ **対象分野** : 環境

◆ **対象団体** : 法人 任意団体

調査研究活動のために助成を必要とする(公財)都市緑化機構の出捐企業、賛助会員、共同研究会員並びに学生、研究者及び実務者

◆ **概要** : 緑の価値の定量化や付加価値に関する調査研究
緑地の保全、緑化の推進に関する市民活動に関する調査研究
緑地の計画論に関する調査研究
海外の日本庭園の保全再生に関する調査研究
自然環境を活かした社会資本(グリーンインフラ)に関する調査研究
特殊空間(屋上、屋内、壁面)における緑化技術に関する調査研究
ヒートアイランド・地球温暖化の対策に資する緑化技術に関する調査研究
都市の防災機能の向上に関する調査研究
生物多様性の向上に資する緑化技術に関する調査研究
都市緑化の普及啓発（催事、情報発信、民有地緑化支援等）に関する調査研究
緑に関わる環境教育、人材育成に関する調査研究
その他都市緑化の向上に資する先駆的な調査研究

◆ **総額** : 助成件数は予算の範囲内(2022年度実績5件)。

◆ **1件あたり金額** : 上限額： 10 万円

助成金額は一件あたり10万円

◆ **応募期間**
及び応募締切 : 2023年4月26日（水）〜6月16日（金）消印有効・e-mailは到着有効

◆ **助成決定時期** : 選考結果は、書面にて通知(6月下旬予定)。

◆ **申請手続き** : 応募書類を当機構ホームページからダウンロードし、必要事項をご記入の上、都市緑化機構担当者宛に郵送、またはe-mailして下さい。https://urbangreen.or.jp

◆ **提出書類** : ---

◆ **備考** : 助成を受けた者は、当該調査研究等の成果を報告書にまとめ、所定期日(調査期間が1年の場合は令和6年4月末)までに提出してください(4,000字程度:当機構の機関誌2P分)。
報告書は、都市緑化フォーラムもしくは、機関誌『都市緑化技術』のいずれかで発表予定です。

公益財団法人 都市緑化機構 （調査研究活動助成）

https://urbangreen.or.jp/

本事業は、緑による都市環境の改善に資する調査研究活動に携わる者が企画及び実施する調査研究活動を支援するため、必要な費用の一部を助成し、これを通じて調査研究、技術開発の奨励及び活発化、並びに幅広い人材の育成を図り、もって緑豊かな安全・快適な都市づくり並びに豊かな次世代社会の創造の推進に寄与することを目的としております。

〒101-0051 東京都千代田区神田神保町3-2-4 田村ビル2F
TEL: 03-5216-7191 / FAX: 03-5216-7195
midori.info@urbangreen.or.jp

TOTO水環境基金

◆ **対象分野** ： 環境

◆ **対象団体** ： 法人 任意団体
 (1) 営利を目的としない市民活動団体（法人格の有無や種類を問わない）
 (2) 目的や内容が、特定の宗教や政治などに偏っていない団体
 (3) 暴力団、暴力団員、暴力団関係者他、反社会的勢力等と交際、関係がない団体

◆ **概要** ： 内容については、TOTOホームページをご参照下さい。

◆ **総額** ： 未定

◆ **1件あたり金額** ： 未定

◆ **応募期間
 及び応募締切** ： 2023年夏頃（TOTOホームページご参照下さい）

◆ **助成決定時期** ： 2024年2月頃

◆ **申請手続き** ： (1) 応募方法
 応募書類(所定の書式)に必要事項をご記入の上、郵便または宅配便にてお送りください。
 (2) 応募書類の入手方法
 ・TOTOのウェブサイトからダウンロード
 (https://jp.toto.com/company/csr/environment/mizukikin/)

◆ **提出書類** ： 活動場所の位置図・現状写真、前年度収支決算・事業報告、今年度収支予算・事業計画

◆ **備考** ： ＜ご参考＞過去の助成金額（第1回～18回）
 合計:44,389万円（305団体）
 国内:26,578万円（240団体）
 海外:17,811万円（65団体）

TOTO株式会社

https://jp.toto.com/

この基金は、水とくらしの関係を見直し、再生することをめざした創造的な取り組みを助成します。これにより、地域で暮らす人たちがともに水とくらしの多様な関係を学び、これからの水とくらしの望ましい関係を考え、それぞれの地域の特徴を活かした、新しい仕組みや事業を創りだす契機となることを期待します。

〒802-8601 福岡県北九州市小倉北区中島2-1-1
TEL: 093-951-2052 / FAX:

安全事業助成

https://www.syaanken.or.jp/

◆ 対象分野 : 地域・まち・居場所づくり　子ども　不登校・ひきこもり　その他

◆ 対象団体 : 法人　任意団体

①公益社団法人及び公益財団法人
②一般社団法人及び一般財団法人
③特定非営利活動法人
④営利法人を除き、①、②、③以外の法人格を有する団体
⑤法人格を有しないが、助成対象事業を実施するための体制を有すると当財団が認める団体
※②〜⑤については、募集要項に定める助成対象事業のいずれかに該当する事業を過去3年以内に実施した実績を有する団体とします。

詳細な助成要件は、ホームページ上の募集要項をご参照ください。

◆ 概要 : ①広域安全事業
国内において複数の都道府県にわたって行われるもの及び国際間で行われるもの

②県域安全事業
1つの都道府県の域内において、複数の市町村にわたって行われるもの

◆ 総額 : ①広域安全事業 1,234万円
②県域安全事業 215万5千円 （2023年度実績）

◆ 1件あたり金額 : ①広域安全事業:1件につき上限200万円
②県域安全事業:1件につき上限80万円 （2024年度）

◆ 応募期間 : 2023年9月1日（金）〜10月13日（金）必着
　及び応募締切

◆ 助成決定時期 : 2024年3月中旬

◆ 申請手続き : 助成金の詳細は下記URLをご覧ください。
http://www.syaanken.or.jp/

◆ 提出書類 : 定款・規約　団体の予算書・決算書　役員名簿　団体資料（パンフレット）

2024年度の応募についての詳細はホームページをご覧ください。

◆ 備考 : ＜応募の制限＞
・1つの団体による応募は1件とします。
・広域安全事業と県域安全事業の両方に応募することはできません。

＜助成対象外事業＞
・事業の全部又は大部分を他の団体等に請け負わせて実施する事業
・全国規模の団体が、当財団の助成金を傘下団体への助成資金に充当する事業
・他の団体等から委託、補助、助成等の資金を受ける事業（他の団体等からの資金と当財団の助成金の充当範囲が明確に区分できる事業を除く。）
・交通安全対策に関する事業
・学会等のシンポジウム事業
・営利を目的とした事業

公益財団法人 日工組社会安全研究財団

http://www.syaanken.or.jp/

人々が犯罪と関わりなく安全かつ安心して生活できる社会の実現を目指し、犯罪の予防活動を中心に、少年非行防止、被害者支援等の活動を助成により支援します。

〒101-0047 東京都千代田区内神田1-7-8 大手町佐野ビル6階
TEL: / FAX:
anzen23@syaanken.or.jp

年賀寄付金による社会貢献事業助成

◆ **対象分野** ： 環境　災害・被災地　スポーツ　子ども　医療・疾病・難病　外国人・多文化共生

◆ **対象団体** ： 法人

社会福祉法人、更生保護法人、一般社団法人、一般財団法人、公益社団法人、公益財団法人、又は特定非営利活動法人（NPO法人）であり、直近の決算時において法人登記後1年以上が経過しており、かつ、過去1年間を期間とする年度決算書が確定していること。

◆ **概要** ： 対象の事業分野は「お年玉付郵便葉書等に関する法律」により10の分野に定められています。
団体は定款又は寄附行為に基づいて行うこれらの事業につき配分申請ができます。
　（1）社会福祉の増進を目的とする事業
　（2）風水害、震災等非常災害による被災者の救助又はこれらの災害の予防を行う事業
　（3）がん、結核、小児まひその他特殊な疾病の学術的研究、治療又は予防を行う事業
　（4）原子爆弾の被爆者に対する治療その他の援助を行う事業
　（5）交通事故の発生若しくは水難に際しての人命の応急的な救助又は交通事故の発生若しくは水難の防止を行う事業
　（6）文化財の保護を行う事業
　（7）青少年の健全な育成のための社会教育を行う事業
　（8）健康の保持増進を図るためにするスポーツの振興のための事業
　（9）開発途上にある海外の地域からの留学生又は研修生の援護を行う事業
　（10）地球環境の保全(本邦と本邦以外の地域にまたがって広範かつ大規模に生ずる環境の変化に係る環境の保全をいう。)を図るために行う事業

申請は以下の事業に対して行うことができます。
1.活動（一般プログラムあるいはチャレンジプログラム）2.施設改修 3.機器購入 4.車両購入
なお、活動には一般プログラム及び事業の継続性に着目したチャレンジプログラムの2つの分野があります。上記1〜4のうち、「活動」のチャレンジプログラムのみ4年までの連続年配分受給が可能です。ただし、実績を出し、毎年申請を行い、審査を受けて配分決定となることが必要です。

◆ **総額** ： 2億4,017万円（2023年度）

◆ **1件あたり金額** ： 活動・一般プログラム:申請額500万円まで
活動・チャレンジプログラム:申請額50万円まで
施設改修、機器購入、車両購入:申請額500万円まで

◆ **応募期間
及び応募締切** ： 2023年度:2022年9月12日から11月4日まで（当日消印有効）※2024年度分（2023年募集予定）については、応募期間・応募締切が変更となる場合がありますので、弊社ホームページでご確認ください。

◆ **助成決定時期** ： 2024年度:2024年3月下旬

◆ **申請手続き** ： 応募期間中、年賀寄付金ホームページ（https://www.post.japanpost.jp/kifu/）の申請入力フォームへ必要事項を入力の上、必要書類を郵送にて提出してください。

◆ **提出書類** ： 定款・規約　団体の予算書・決算書　団体資料（パンフレット）

実施事業を所管する大臣または都道府県知事等の意見書

日本郵便株式会社

https://www.post.japanpost.jp/kifu/

日本郵便株式会社では国民の福祉の増進を図ることを目的として1949年（昭和24年）12月に初めて「寄付金付お年玉付郵便葉書」を、そして1991年（平成3年）からは「寄付金付お年玉付郵便切手」を発行してまいりました。この事業は「お年玉付郵便葉書等に関する法律」に基づいて行われています。

ご購入いただいた方々から寄せられた寄付金は、これまでの累計で約521億円に達します。日本郵便株式会社は、お預かりした寄付金を法律に定められている10の分野の事業を行う団体に助成しています。この助成は、社会の発展に大きく貢献することを目的としており、寄付者の方々のご意思の的確な反映のため、総務大臣の認可を受けて日本郵便株式会社が責任をもって遂行しています。

〒100-8792 東京都千代田区大手町2-3-1 大手町プレイスウエストタワー

TEL: 03-3477-0567 / FAX:

nenga-kifu.ii@jp-post.jp

2023年度
新設のおもちゃ図書館に、おもちゃセット助成事業

◆ **対象分野** ： その他

◆ **対象団体** ： 法人　任意団体
特になし

◆ **概要** ： ・年度内に開設を準備している「おもちゃ図書館」
・当財団の助成を受けたことがない設立2年以内の「おもちゃ図書館」

◆ **総額** ： 総額300万円

◆ **1件あたり金額** ： 上限額： 30万円
・開設費10万円・おもちゃセット20万円相当

◆ **応募期間**
及び応募締切 ： 2023年4月1日〜5月20日まで

◆ **助成決定時期** ： 7月下旬、文書で通知します。

◆ **申請手続き** ： 当財団のホームページより申請一式ダウンロードできます。
申込は、郵送のみ受け付けます。

◆ **提出書類** ： 団体資料（パンフレット）

一般財団法人 日本おもちゃ図書館財団
http://www.toylib.or.jp

本財団は、障害児がおもちゃによる遊びを通して、広がりある交流を可能とし、社会の一員としてひらかれていくことに資すること、これに関連する福祉事業を実施することを目的とする。

〒108-0014 東京都港区芝5-31-15 センチュリー三田ビル7階
TEL: 03-6435-2842 / FAX: 03-6435-2843
info@toylib.or.jp

一般財団法人 日本おもちゃ図書館財団

2023 年度 新設のおもちゃ図書館におもちゃセット助成事業要綱

1. 財団の目的及び事業

　　当財団は、障害のある子ども達が健やかに成長することを願い「おもちゃ図書館」のボランティア活動を支援するために、株式会社バンダイの創業者である山科直治氏故人が私財を基金として拠出し、1984 年に設立されました。

　　ボランティアが運営する全国の「おもちゃ図書館」や、老人福祉施設・老人ホーム等に開設する「おもちゃ図書館」におもちゃの助成を行っています。

2. 初めておもちゃ図書館を開設するにあたって

　　「おもちゃ図書館」は障害のある子もない子も共に遊び、交流し育ち会う場となっています。一人ひとりの違いを認め合い、共に生きる地域づくりを目指しています。

　　ぜひ仲間に加わっていただき、子ども達が気に入ったおもちゃを選んで、遊ぶ場・機会を提供していただけたらと思います。

3. 事業の主体

一般財団法人 日本おもちゃ図書館財団

4. 事業の後援

社会福祉法人 全国社会福祉協議会

5. 助成の対象となる「おもちゃ図書館」

・無料で利用され、近隣の方にも開放されること。

・おもちゃの貸出を行うこと。（又は、貸出ができるように努力すること）

・年度内に開設を準備している「おもちゃ図書館」。

・当財団の助成を受けたことがない設立 2 年以内の既存の「おもちゃ図書館」。

・各地域の社会福祉協議会の推薦を得ること。

・おもちゃ図書館名を使用して活動すること。

※「おもちゃ図書館〇〇」又は「〇〇トイライブラリー」など、おもちゃ図書館と分かりやすい

　名前をつけてください。

6. 助成の申請内容

「おもちゃ図書館」に、①と②を助成します。

① 新設用のおもちゃセットを提供（20 万円相当品）

② 開設の際に必要な物品等の購入費用として 10 万円以内を助成

　（例：追加のおもちゃ、カーペット、おもちゃ箱、陳列棚、開設のチラシ等）

７．申込書と締切り

申込書は財団のホームページからダウンロード、印刷が可能です。

・指定の申込書・別紙：[1] [2] [3] に必要事項を記入の上、2023 年 5 月 20 日（着）
郵送にて提出して下さい。（メール・FAX 不可）

・市区町村の社会福祉協議会から推薦（申込書・別紙：[2]）を得て下さい。

８．選考・審査の方法と決定通知

・締切り後に申込書を当財団の「審査委員会」で審査の上、7 月中旬（予定）の「理事会」で
審議を経て、助成先の図書館を決定致します。

・合否決定通知は 7 月下旬（予定）に該当の図書館に文書で通知致します。

９．完了報告

・助成を受けたおもちゃ図書館は、事業終了後に助成事業の実施状況、助成金の使用状況などに
ついて報告書を提出して頂きます。

・助成金で購入したおもちゃ・備品等のリストとその金額、領収書を報告書に添付して下さい。
（領収書は、おもちゃ図書館名でお受け取りください）

・助成金の領収書は、助成決定通知の日付以降の領収書のみ有効となります。

１０．その他

・おもちゃの転売行為やオークションサイト等での出品・販売を禁止いたします。

・本申請の審査をする際に、更に必要な書類の提出や 訪問調査を行う場合もあります。

・追加で問合わせを行うことがありますので、申込書や報告書のコピーを必ず保存して
おいて下さい。

・おもちゃセットの写真と詳細はホームページを確認して下さい。

・おもちゃセットの内容は変更になる場合があります。

１１．申込先及び、連絡窓口

一般財団法人　日本おもちゃ図書館財団

〒108-0014　東京都港区芝 5-31-15　センチュリー三田ビル 7 階

TEL ： 03-6435-2842　FAX ： 03-6435-2843

ホームページ　URL http://www.toylib.or.jp

以上

別紙：[1]　　一般財団法人　日本おもちゃ図書館財団　　　　　　　申請日 ： 2023 年　　　 月　　　　 日

2023 年度　新設のおもちゃ図書館におもちゃセット助成事業　申込書

申 請 団 体	おもちゃ図書館名 団体名 代表者　　　　　　　　　　　　　　　　　　㊞ 〒	おもちゃの図書館全国連絡会 会員番号：

連 絡 者	氏名　　　　　　　　　　電話	※日中、連絡のとれる方を記入

書類送付先	名称 〒

おもちゃセット 送付先	名称　　　　　　　　　　　　　　　　　　　　　　　※日時指定は出来ません 〒 　　　　　　　　　　　　　　　　　　　　　　電話

おもちゃ図書館 活動概要予定 〇印又は（　）内に 数等を記入 全ての項目を 埋めること	開設予定日	西暦　　　　 年　　　　 月　　　　 日
	活動場所	・地域センター・福祉会館 ・公民館・社会福祉施設・その他（　　　　　　　　　　　） 住所：
	設置主体	名称（　　　　　　　　　　　　　　　） ボランティアグループ・親の会・社協・社会福祉施設・幼稚園・保育園、その他（　　　）
	活動主体	名称（　　　　　　　　　　　　　　　） ボランティアグループ・親の会・社協・社会福祉施設・幼稚園・保育園、その他（　　　）
	運営状況	ボランティアの全体数　（　　　　人）　内、1 回の平均数　（　　　　人） おもちゃ図書館の専従職員が　　いる（　　　　人）・　いない ◆ 1 ヵ月の開館回数　（ 約　　　回 ）◆ 1 回の開館時間　（ 約　　　時間 ） ◆ おもちゃの保有数　（ 約　　　　個 ）◆ おもちゃの貸出し　有・無
	利用状況	開館 1 回平均利用者数（　　　　人）　内、障害児者の利用者数（　　　　人）

添付資料	おもちゃ図書館や活動施設のパンフレット等があれば一緒にお送り下さい

申込期限 ： 2023 年 5 月 20 日必着

別紙：[2]　2023 年度　新設のおもちゃ図書館におもちゃセット助成事業　申込書

開設への思い	
推薦社協 市区町村の 社会福祉協議会	〒 名称 代表者　　　　　　　　　　　　　　　　　　　㊞
	推薦理由

助成金の収支計画（10 万円以内）

収 入 計 画	金 額（円）	支 出 計 画	金 額（円）
自己資金		（ア）おもちゃ購入費	
市区町村 補助金		（イ）おもちゃ材料購入費	
社会福祉協議会 助成金		（ウ）備品購入費（収納等）	
共同募金 配分金 寄付金等		（エ）その他（印刷物等）	
その他の資金（　　　　　）			
合　　計（A）		合　　計（B）	
助成金申請額　※千円単位で助成（端数切捨て		(B) － (A) ＝	円

おもちゃ・備品等の購入計画　（別紙2、助成金の収支計画の詳細）

（ア）おもちゃセット以外に追加購入のおもちゃ費用
（イ）手作りおもちゃの材料等の購入に要する費用
（ウ）カーペット、おもちゃ格納箱、格納戸棚、陳列棚等、備品の購入に要する費用
（エ）その他運営の為に要する費用　（対象外：研修費・指導費・交通費・会費・保険料等）
※1個単位の金額が1万円以上の商品は写真も添付して下さい

記号	品　名	メーカー名	個数	金　額（円）

（ア）	（イ）	（ウ）	（エ）

（ア）＋（イ）＋（ウ）＋（エ）　＝　合　計（B）	円

（イ）手作りおもちゃを作成する場合は詳細を記入

※この購入計画の代わりに購入見積書を提出されても結構です / 書ききれない場合は別紙にお書き下さい

笹川科学研究助成「実践研究部門」

https://www.jss.or.jp/ikusei/sasakawa/

◆ 対象分野 ： 環境 地域・まち・居場所づくり 災害・被災地 子ども 子育て・ひとり親支援 高齢者 障がい者

◆ 対象団体 ： 教育・学習・自立支援等を行う様々な組織・団体において、専門的立場にある者（教員、学芸員、図書館司書、カウンセラー、指導員等）あるいは問題解決に取り組んでいる当事者等の個人を対象とします。

◆ 概要 ： 博物館や学校、NPOなどに所属している者が、その活動において直面している社会的諸問題を解決するために調査・研究・開発を行い、問題を解決すべき場でその成果を実践し、その結果を検証報告としてまとめ、広く社会に公開することのプロセスを総称して実践研究とし、助成対象としております。

◆ 総額 ： 725万円（2022年度）

◆ 1件あたり金額 ： 50万円（上限）

◆ 応募期間
　及び応募締切 ： 9月15日から10月15日（予定）

◆ 助成決定時期 ： 翌年の3月

◆ 申請手続き ： 申請書は日本科学協会のwebサイトで行います。詳しくは「申請マニュアル」を確認してください。

◆ 提出書類 ： 定款・規約 団体の予算書・決算書 団体資料（パンフレット）

◆ 備考 ： ※NPO団体等については、2年以上の活動実績があることを条件とします。
　　　　　　　※実践の場の代表者の推薦を必要とします。
　　　　　　　※団体の活動ではなく、研究者個人への助成である点にご留意下さい。詳細については、日本科学協会のwebサイトをご覧下さい。

公益財団法人 日本科学協会

https://www.jss.or.jp

急速な社会構造の変化に伴って生じる、指導者が実践の場で直面する様々な諸問題について、解決のための実践を伴う研究を奨励し、その分野の活性化と発展に寄与することを目的とします。

〒107-0052 東京都港区赤坂1-2-2 日本財団ビル5F
TEL: 03-6229-5360 / FAX: 03-6229-5369
josei@jss.or.jp

JICS NGO支援事業

◆ 対象分野 ： 国際協力 人権・平和

◆ 対象団体 ： 法人 任意団体

開発途上国または日本国内において3年以上の国際協力活動実績を有し、主たる事務所を日本におく事業規模6000万円未満の日本のNGO・NPO（応募時の法人格有無は不問/小規模団体支援分野では事業規模1000万円未満）

◆ 概要 ： 次の事業の実施にかかる費用への支援を行います。
・開発途上国で実施する所定分野での事業、またその事業を実施するために必要な基盤整備等事業
・日本国内で実施する団体組織運営の安定と強化に必要な活動・事業
・開発途上国・難民・平和構築問題に対する啓発活動事業
・ネットワーク型NGO・NPOの実施する事業

◆ 総額 ： 1,000万円

◆ 1件あたり金額 ： 一般枠支援の場合 160万円（予定）
小規模団体・スポーツ振興枠支援の場合 100万円（予定）

◆ 応募期間
及び応募締切 ： 募集要項掲載開始:6月頃応募受付時間:7月上旬〜8月上中旬頃

◆ 助成決定時期 ： 11月下旬に通知（2月支援金振り込み、以降3月から支援事業開始）

◆ 申請手続き ： 当財団のホームページより所定の申請書をダウンロード
必要事項を記入してメール申請、あわせて他の必要書類とともに郵送

◆ 提出書類 ： 定款・規約 団体の予算書・決算書 役員名簿 団体資料（パンフレット）
見積書等価格根拠書類、法人格有する場合は登記簿

◆ 備考 ： 助成内容の詳細は当財団ホームページの募集要項で確認してください。

一般財団法人 日本国際協力システム

https://www.jics.or.jp/

民間団体による国際協力活動の一層の発展に寄与することを目的とし、海外または日本国内において、開発途上国援助に繋がる活動を行う日本の中小規模のNGO・NPO団体に対して支援金助成を行い、その活動及び組織の基盤強化をサポートする。

〒104-0053 東京都中央区晴海2-5-24 晴海センタービル5階
TEL: 03-6630-7869 / FAX: 03-3534-6811
shienngo@jics.or.jp

CO・OP共済 地域ささえあい助成

https://coopkyosai.coop/csr/socialwelfare/

◆ 対象分野　　　　：　環境　地域・まち・居場所づくり　災害・被災地　子ども　子育て・ひとり親支援　高齢者　障がい者

◆ 対象団体　　　　：　法人　任意団体

本助成制度では、人と人、組織と組織のつながりのなかで、時にはささえ、時にはささえられながら誰もが安心してくらせる地域社会に向けて、「生協」と「生協以外の団体」が協働で取り組む活動を支援します。「生協以外の団体」とは、生協以外の非営利法人、市民団体、任意団体、企業等をいいます。法人格の有無は問いません。

◆ 概要　　　　　　：　本助成制度は日本国内において、地域共生社会の実現に向け、生協と生協以外の多様な団体が協働して取り組む、以下のいずれかの実践的な活動を支援します。
① 社会課題や地域課題の解決に向けた、地域における活動
② くらしに身近な課題やまだ広く知られていない課題の解決に向けた、地域における活動
③ 人と人や組織と組織をつなげ、取り組みを発展させていくための活動
地域のなかで課題を共有し共感しながら人と人とのつながりを広げていくことや、単発の取り組みではない将来にわたる継続、発展の可能性を重視します。
※本助成制度はテーマを限定していないため「対象となる分野」にはすべてチェックを入れていますが、審査委員会において本助成制度の目的や対象となる活動に当てはまらないと判断された場合は助成対象外となります

◆ 総額　　　　　　：　協働はじめる助成・協働ひろめる助成をあわせて2500万円程度、協働たかめる助成で2000万円程度

◆ 1件あたり金額　：　上限額：500万円

協働区分に応じて50万円、100万円または500万円。協働区分とは「生協」と「生協以外の団体」の協働の状況で「協働はじめる助成（上限50万円）」、「協働ひろめる助成（上限100万円）」、「協働たかめる助成（上限500万円）」を選択いただきます。詳しくは、CO・OP共済オフィシャルホームページ（以下URL参照）から応募要項をご確認ください。

◆ 応募期間
　　及び応募締切　：　10月中旬〜11月中旬

◆ 助成決定時期　　：　3月下旬

◆ 申請手続き　　　：　ホームページからダウンロード、メールで応募いただけます（郵送不可）。

◆ 提出書類　　　　：　定款・規約　団体の予算書・決算書　役員名簿
本助成制度専用の応募用紙

◆ 備考　　　　　　：　2024年度助成より新たな協働区分「協働たかめる助成」の募集を開始。詳しくはURL参照。

日本コープ共済生活協同組合連合会

https://coopkyosai.coop/csr/socialwelfare/

CO・OP共済は「自分の掛金が誰かの役に立つ」という組合員どうしの助け合いの制度です。コープ共済連はCO・OP共済を通じて豊かな社会づくりをめざしています。その活動の一環として、生協と地域のNPOやその他の団体が協働して地域のくらしを向上させる活動を支援することを目的に、本助成制度を実施しています。

〒151-0051 東京都渋谷区千駄ヶ谷4-1-13
TEL: 03-6836-1324 / FAX: 03-6836-1325
contribution@coopkyosai.coop

社会福祉助成事業

https://www.nisshasai.jp/fukusijyoseijigyo/index.html

◆ **対象分野**　　　：　地域・まち・居場所づくり　子ども　子育て・ひとり親支援　高齢者　障がい者

◆ **対象団体**　　　：　法人　任意団体
　　　　　　　　　　　・社会福祉法人、福祉施設、福祉団体など
　　　　　　　　　　　・法人格のない任意団体やグループは申請書下段に市区町村社会福祉協議会の推薦を得て、申請書を提出下さい。
　　　　　　　　　　　・個人や営利団体（株式会社等）への助成は対象外となります。

◆ **概要**　　　　　：　研修事業と研究事業
　　　　　　　　　　　（詳細はホームページをご覧ください）

◆ **総額**　　　　　：　2,000万円程度

◆ **1件あたり金額**　：　上限額： 50万円

　　　　　　　　　　　一団体あたり①50万円以内、かつ②助成対象経費の80%以内
　　　　　　　　　　　①又は②のどちらか低い方となります。

◆ **応募期間**　　　：　11月1日〜12月15日が例年の応募期間となります。
　及び応募締切

◆ **助成決定時期**　：　応募期間の翌年3月末頃

◆ **申請手続き**　　：　ホームページよりダウンロードして下さい

◆ **提出書類**　　　：　定款・規約　団体の予算書・決算書　役員名簿　団体資料（パンフレット）
　　　　　　　　　　　必要な場合は決定後にご連絡させていただきます。

◆ **備考**　　　　　：　応募要項及び申請用紙は（紙ベース）は作成しておりません。ホームページをご覧ください。

公益財団法人 日本社会福祉弘済会

https://www.nisshasai.jp/

本会は、少子高齢化が進展し、多様化する福祉需要のなかで社会福祉の向上を目指した"研修事業"や"研究事業"に助成することにより、豊かな福祉社会の実現に寄与することを目的といたします。

〒136-0071 東京都江東区亀戸1-32-8
TEL: 03-5858-8125 / FAX: 03-5858-8126

スポーツ振興くじ助成金

スポーツくじ
WINNER 100% BIG

◆ **対象分野** ： スポーツ

◆ **対象団体** ： 法人

次に掲げる非営利のスポーツ団体が交付申請を行うことが出来ます。
ただし、助成対象事業ごとに助成対象者が異なりますので、各事業の要件等を十分ご確認ください。
（1）定款、規約その他当該団体の目的・組織・業務などを定めた規則において「主たる目的が運動・スポーツの振興及び普及であること」、「主たる事業が運動・スポーツの振興及び普及に関する活動であること」を規定している団体が助成対象となります。
（2）総合型地域スポーツクラブ創設支援事業、自立支援事業及びマネジャー設置支援事業を除き、法人格を持たない団体は助成対象となりません。

◆ **概要** ： （1）総合型地域スポーツクラブ活動助成（創設支援事業/自立支援事業/活動基盤強化事業/マネジャー設置支援事業/マネジャー設置事業）
:地域における運動・スポーツ活動の拠点であり地域住民の交流の場となる総合型地域スポーツクラブの創設及び育成の促進を図ることを目的として、クラブの創設及び活動事業に対して助成を行っています。
（2）スポーツ団体スポーツ活動助成（スポーツ教室、スポーツ大会等の開催/スポーツ指導者の養成・活用/スポーツ情報の提供/新規会員獲得事業/マイクロバスの設置）
:生涯にわたる豊かなスポーツライフのための環境づくりを目的として、スポーツ団体がスポーツ振興のために行う事業に対して助成を行っています。

※非営利のスポーツ団体が助成対象者となるメニューのみ抜粋

◆ **総額** ： 【2022年度実績】
（1）総合型地域スポーツクラブ活動助成（創設支援事業/自立支援事業/活動基盤強化事業/マネジャー設置支援事業/マネジャー設置事業）
… 153,048千円
（2）スポーツ団体スポーツ活動助成（スポーツ教室、スポーツ大会等の開催/スポーツ指導者の養成・活用/スポーツ情報の提供/新規会員獲得事業/マイクロバスの設置）
… 1,475,458千円（ただし、各スポーツの競技団体等に対する助成額も含む）

◆ **1件あたり金額** ： 【2023年度事業】※年度によって変更となる可能性があります。
（1）総合型地域スポーツクラブ活動助成
・創設支援事業 … 1,080千円
・自立支援事業・活動基盤強化事業 … 2,160千円
・マネジャー設置支援事業・マネジャー設置事業 … 1,944千円

（2）スポーツ団体スポーツ活動助成
・「スポーツ教室、スポーツ大会等の開催」「スポーツ指導者の養成・活用」「スポーツ情報の提供」の合計額で、
:公益社団法人及び公益財団法人 … 12,000千円
:その他の非営利法人であるスポーツ団体 … 3,600千円
・新規会員獲得事業 … 720千円
・マイクロバスの設置 … 4,000千円

◆ **応募期間**
　及び応募締切 ： 事業年度の前年度の11月中旬〜1月中旬 ※年度によって募集期間及び締切日が異なりますので、よくご確認ください。

◆ **助成決定時期** ： 4月中旬

◆ **申請手続き** ： 【申請書類】
JSCのホームページからダウンロードをして作成してください。
※JSCで定める書類のほかに、団体で用意する書類（指定の様式がないもの）があります。
※申請事業ごとに提出書類が異なりますので、よくご確認ください。

【申請方法】
申請書類は電子データをメール添付で提出、又は紙媒体を郵送で提出していただきます。
※過去の交付決定等の助成実績により申請方法が異なるので、よくご確認ください。

◆ **提出書類** ： 申請事業によって異なります。

◆備考　　　　　：　詳細につきましては、JSCホームページ及びホームページに掲載している「募集の手引」等関係規程を
　　　　　　　　　　　ご確認ください。

独立行政法人 日本スポーツ振興センター（JSC）

https://www.jpnsport.go.jp/sinko/

国のスポーツ振興施策の一環として、我が国のスポーツの競技水準の向上、地域におけるスポーツ環境の整備など、スポーツの普及・振興を図るため、スポーツ振興事業に対する助成を行っています。

スポーツ振興くじ助成金においては、スポーツくじの販売により得られる収益により、誰もが身近にスポーツに親しめる環境づくりから、世界の第一線で活躍する選手の発掘・育成まで、地方公共団体及びスポーツ団体が行うスポーツの振興を目的とする事業に対して助成を行っています。

〒160-0013 東京都新宿区霞ヶ丘町4-1
TEL: 03-5410-9180 / FAX: 03-5411-3477
kuji-josei@jpnsport.go.jp

児童・少年の健全育成助成＜物品助成＞

http://www.nihonseimei-zaidan.or.jp/

◆ **対象分野** ： 子ども

◆ **対象団体** ： 法人 任意団体
地域活動の一環として児童・少年の健全育成に向けた活動を定期的かつ日常的に継続して取り組んでいる民間の団体のうち、財団所定の要件を満たすもの（法人格の有無は問わない）

◆ **概要** ： 子どもの健全育成に向け活動する地域の団体へ必要な物品を助成

◆ **総額** ： 2022年度実績 264件 1億2840万円
累計実績 14174件 88億6500万円

◆ **1件あたり金額** ： 上限額： 60万円
1団体あたり30〜60万円（物品購入資金）
※詳細は財団ホームページを参照

◆ **応募期間**
及び応募締切 ： 10月〜11月（都道府県によって別途定められるため、各担当課に確認のこと）

◆ **助成決定時期** ： 3月の当財団理事会にて最終決定後、4月に決定団体に通知

◆ **申請手続き** ： 財団ホームページ掲載の募集要項参照

◆ **提出書類** ： ---

公益財団法人 日本生命財団（ニッセイ財団）

http://www.nihonseimei-zaidan.or.jp/

日本生命財団は、日本生命保険相互会社が創業90周年を迎えるに当たり、同社創業以来の共存共栄、相互扶助の精神に基づき、「人間性・文化性あふれる真に豊かな社会の建設に資すること」を目的として、1979年7月に設立された助成型財団でございます。
以来、この目的を達成するため様々な検討を重ね、主に児童・高齢・環境の三分野を中心として助成事業を進めております。

〒541-0042 大阪府大阪市中央区今橋3-1-7 日本生命今橋ビル4階
TEL: 06-6204-4014 / FAX: 06-6204-0120

児童・少年の健全育成助成＜実践的研究助成＞

http://www.nihonseimei-zaidan.or.jp/jidou2/index.html

◆ 対象分野　　　　　：　子ども

◆ 対象団体　　　　　：　財団ホームページを参照

◆ 概要　　　　　　　：　子どもの健全育成に資する研究に取り組む研究者等への研究助成

◆ 総額　　　　　　　：　2022年度実績 14件 1921万円
　　　　　　　　　　　　累計実績 43件 5700万円

◆ 1件あたり金額　　：　2年助成は最大400万円、1年助成は最大100万円
　　　　　　　　　　　　※詳細は財団ホームページを参照

◆ 応募期間　　　　　：　12～3月
　　及び応募締切

◆ 助成決定時期　　　：　6月の当財団理事会にて最終決定後、申請者に通知

◆ 申請手続き　　　　：　財団ホームページ掲載の募集要項参照

◆ 提出書類　　　　　：　…

公益財団法人 日本生命財団（ニッセイ財団）

http://www.nihonseimei-zaidan.or.jp/

日本生命財団は、日本生命保険相互会社が創業90周年を迎えるに当たり、同社創業以来の共存共栄、相互扶助の精神に基づき、「人間性・文化性あふれる真に豊かな社会の建設に資すること」を目的として、1979年7月に設立された助成型財団でございます。

以来、この目的を達成するため様々な検討を重ね、主に児童・高齢・環境の三分野を中心として助成事業を進めております。

〒541-0042 大阪府大阪市中央区今橋3-1-7 日本生命今橋ビル4階
TEL: 06-6204-4011 / FAX: 06-6204-0120
jidou-kenkyu@nihonseimei-zaidan.or.jp

生き生きシニア活動顕彰

◆ **対象分野** ： 環境　地域・まち・居場所づくり　子ども　高齢者　障がい者

◆ **対象団体** ： 法人　任意団体

高齢者が主体となり、長きにわたり継続して地域貢献活動に取り組んでいる民間団体のうち、財団所定の要件を満たすもの（法人格の有無は問わない）

◆ **概要** ： 高齢者が主体となる地域貢献活動を顕彰

◆ **総額** ： 2022年度実績 204件 1020万円
累計実績 3030件 1億5100万円

◆ **1件あたり金額** ： 上限額：5万円

1団体あたり5万円（顕彰金）
※詳細は財団ホームページを参照

◆ **応募期間**
　及び応募締切 ： 10月～11月（都道府県によって別途定められるため、各担当課に確認のこと）

◆ **助成決定時期** ： 3月の当財団理事会にて最終決定後、決定団体に通知

◆ **申請手続き** ： 財団ホームページ掲載の募集要項参照

◆ **提出書類** ： ---

公益財団法人 日本生命財団（ニッセイ財団）

http://www.nihonseimei-zaidan.or.jp/

日本生命財団は、日本生命保険相互会社が創業90周年を迎えるに当たり、同社創業以来の共存共栄、相互扶助の精神に基づき、「人間性・文化性あふれる真に豊かな社会の建設に資すること」を目的として、1979年7月に設立された助成型財団でございます。

以来、この目的を達成するため様々な検討を重ね、主に児童・高齢・環境の三分野を中心として助成事業を進めております。

〒541-0042 大阪府大阪市中央区今橋3-1-7 日本生命今橋ビル4階
TEL: 06-6204-4014 / FAX: 06-6204-0120

高齢社会助成
＜地域福祉チャレンジ活動助成、実践的研究助成＞

http://www.nihonseimei-zaidan.or.jp/kourei/02.html

◆ **対象分野** ： 地域・まち・居場所づくり　高齢者

◆ **対象団体** ： 法人　任意団体
〇地域福祉チャレンジ活動助成・・・次の2つの要件を満たしている団体(法人格の有無は問わない)
①助成テーマにチャレンジする意欲がある団体 ②他の団体・機関、住民組織等と協働で活動する団体
〇実践的研究助成・・・・・・・・・実践的研究をしている研究者 または 実践家
※詳細は財団ホームページを参照

◆ **概要** ： 高齢社会の課題解決に資する活動及び研究への助成

〇地域福祉チャレンジ活動助成の5つのテーマ
1.福祉施設や福祉・介護・保健・リハビリテーション専門職と地域住民の協働によるインフォーマルなサービスづくりへ向けてのチャレンジ活動
2.認知症(若年性認知症を含む)の人、家族と地域住民がともに行う安心、安全に暮らせる地域づくりへ向けてのチャレンジ活動(本財団恒久分野)
3.人生の看取りまでを含む生活支援※につながる実践へ向けてのチャレンジ活動
※日常生活支援、身元保証、死後対応等
4.高齢単身者、家族介護者を含めた複合的な生活課題に対する(家族への)支援につながる実践へ向けてのチャレンジ活動
5.高齢者、障がい者、子ども等全世代交流型の活動・就労の機会提供、社会参加づくりへ向けてのチャレンジ活動

〇実践的研究助成対象の4つの分野(実践的課題研究助成(2年助成)・若手実践的課題研究助成(1年助成))
1.いつまでも地域で高齢者が安心した生活が送れるまちづくり(地域包括ケアシステム)の推進
2.人生100年時代の「高齢者の生きがい・自己実現・就労支援」
3.認知症の人が地域で安心した生活ができるまちづくり(本財団恒久分野)
4.孤独・孤立の解消に向けて人々のつながりを深めるまちづくり

◆ **総額** ： 2022年度実績 15件 2500万円
累計実績 609件 16億9200万円

◆ **1件あたり金額** ： 上限額： 400万円

2年助成は最大400万円、1年助成は最大100万円
※詳細は財団ホームページを参照

◆ **応募期間**
及び応募締切 ： 地域福祉チャレンジ活動助成は3〜5月下旬、実践的研究助成は3〜6月中旬

◆ **助成決定時期** ： 9月の当財団理事会にて最終決定後、申請者に通知

◆ **申請手続き** ： 財団ホームページ掲載の募集要項参照

◆ **提出書類** ： 地域福祉チャレンジ活動助成、実践的研究助成それぞれについては財団ホームページ参照

◆ **備考** ： 地域福祉チャレンジ活動助成、実践的研究助成の活動・研究成果の社会還元の場として、毎年11月下旬〜12月上旬にシンポジウム、ワークショップを開催(参加費無料)

公益財団法人 日本生命財団（ニッセイ財団）

http://www.nihonseimei-zaidan.or.jp/kourei/index.html

日本生命財団は、日本生命保険相互会社が創業90周年を迎えるに当たり、同社創業以来の共存共栄、相互扶助の精神に基づき、「人間性・文化性あふれる真に豊かな社会の建設に資すること」を目的として、1979年7月に設立された助成型財団でございます。

以来、この目的を達成するため様々な検討を重ね、主に児童・高齢・環境の三分野を中心として助成事業を進めております。

〒541-0042 大阪府大阪市中央区今橋3-1-7 日本生命今橋ビル4階
TEL: 06-6204-4013 / FAX: 06-6204-0120
kourei-fukusi@nihonseimei-zaidan.or.jp

環境問題研究助成（学際的総合研究、若手・奨励研究）

http://www.nihonseimei-zaidan.or.jp/kankyo

◆ **対象分野** ： 環境

◆ **対象団体** ： 財団ホームページを参照願います。

◆ **概要** ： 環境問題研究に取り組む研究者等への研究助成

◆ **総額** ： 2022年度実績 26件 4000万円
累計実績 1304件 29億7200万円

◆ **1件あたり金額** ： 2年助成(学際的総合研究)は最大1500万円、1年助成(若手・奨励研究)は最大150万円
※詳細は財団ホームページを参照願います。

◆ **応募期間**
及び応募締切 ： 2～4月上旬

◆ **助成決定時期** ： 9月の当財団理事会にて最終決定後、申請者に通知

◆ **申請手続き** ： 財団ホームページ掲載の募集要項参照願います。

◆ **提出書類** ： ～～

公益財団法人 日本生命財団（ニッセイ財団）

http://www.nihonseimei-zaidan.or.jp/kankyo/index.html

日本生命財団は、日本生命保険相互会社が創業90周年を迎えるに当たり、同社創業以来の共存共栄、相互扶助の精神に基づき、「人間性・文化性あふれる真に豊かな社会の建設に資すること」を目的として、1979年7月に設立された助成型財団でございます。

以来、この目的を達成するため様々な検討を重ね、主に児童・高齢・環境の三分野を中心として助成事業を進めております。

〒541-0042 大阪府大阪市中央区今橋 3-1-7 日本生命今橋ビル4階
TEL: 06-6204-4014 / FAX: 06-6204-0120
k.yoshikawa@nihonseimei-zaidan.or.jp

ナショナル・トラスト活動助成

http://www.ntrust.or.jp/gaiyo/joseikin.html

◆ **対象分野** ： 環境

◆ **対象団体** ： 法人　任意団体

「土地所有状況調査助成」
自然環境の保全等を目的として、1年以内に、地権者との交渉の開始やトラスト地の取得を目指しているトラスト団体・トラスト団体を立ち上げ予定の個人。（申請の時点では、団体の法人格の有無を問いません。）

「実践活動助成」
①法人格を有していること。（NPO法人、一般財団法人、公益財団法人など）
②非営利の活動団体で、地域の自然環境の保全を目的としていること。
③特定の政党や宗教への偏りをもたない団体であること。
④助成対象事業を行うための組織体制が整っていること。

◆ **概要** ： 昨今の環境問題に対する意識の高まりとともに、自然を守るための様々な法制度が整備されていますが、その一方で、それらの法制度の地域指定から外れた土地においては、日々、希少な野生生物や優れた自然環境が開発などの脅威にさらされています。これ以上、日本の豊かな自然を失わせないためには、希少な野生生物のすみかとなっている土地を確保し、将来にわたって確実に守っていくことがたいへん重要です。

そこで、資金を提供する（公財）自然保護助成基金と（公社）日本ナショナル・トラスト協会が協力し、自然保護に資する土地の取得を中心としたナショナル・トラスト活動を支援する助成を創設するに至りました。危機に直面している自然を守るために土地の購入費を助成する制度は、民間の助成としては他に例がありません。

「土地所有状況調査助成」は、トラスト地の確保に向けた準備段階における、土地所有状況調査にかかる費用を助成します。（不動産登記事項証明書や公図の取得にかかる費用等）

「実践活動助成」は、自然保護のために土地を購入する費用（あるいは借地にかかる費用）と、トラスト団体の立ち上げにかかる費用を助成します。また、本助成を活用して購入した（あるいは借りた）トラスト地における維持管理費用、看板・柵・歩道等の整備費用、PR用パンフレット等の作成費用も対象となります。

◆ **総額** ： 500万円

◆ **1件あたり金額** ： 上限額： 800万円

「土地所有状況調査助成」は上限30万円。「実践活動助成」は上限500万円（2023年度）、助成を受けられる期間は最大5年間、800万円を上限とします。

◆ **応募期間**
　 及び応募締切 ： 2023年8月18日（金）消印有効

◆ **助成決定時期** ： 2023年11月頃

◆ **申請手続き** ： （公社）日本ナショナル・トラスト協会のホームページから申請書類の様式をダウンロードし、その他の書類と一緒に郵便でお送りください。

◆ **提出書類** ： 定款・規約　団体の予算書・決算書　役員名簿　団体資料（パンフレット）
土地の位置図、土地の現況を示す写真等（詳しくは募集要項をご覧ください。）

◆ **備考** ： この助成は、（公財）自然保護助成基金と（公社）日本ナショナル・トラスト協会が共催し、日本ナショナル・トラスト協会が事務局を担当しています。

公益社団法人 日本ナショナル・トラスト協会

http://www.ntrust.or.jp/

1960年代に鎌倉で日本初のナショナル・トラストが始まって以来、各地でトラスト活動が芽吹き、広がっていきました。しかし、日本のトラスト活動は全国組織を持たないため、各地のトラスト団体がそれぞれ独自の活動を展開し、発展をしていきました。その後、勢いを増す開発に対応するネットワークや中央組織が強く望まれるようになり、日本全体でトラスト活動を推進する全国組織として、任意団体を経て1992年に当協会が設立されました。この国の豊かな自然を将来世代に引き継いでいくため、市民や企業などみんなの思いを集め、土地を取得して自然を守るトラスト活動を全国で推進していきます。

〒171-0021 東京都豊島区西池袋2-30-20 音羽ビル

TEL: 03-5979-8031 / FAX: 03-5979-8032

office@ntrust.or.jp

第1回「未来の介護基金」

https://np-foundation.or.jp/list/miraikaigo.html

◆ 対象分野 ： 高齢者

◆ 対象団体 ： 法人 任意団体
・社団法人・財団法人（一般及び公益）、社会福祉法人、特定非営利活動法人など非営利活動・公益事業を行う団体（法人格のない任意団体も含みます）
※営利を目的とした組織（株式会社等）は含みません。
・日本国内に事務所がある団体
・活動実績2年以上の団体

◆ 概要 ： ・既存の介護保険制度の枠組みに捉われることなく、高齢者が生き生きと暮らすための理想の介護・自立支援を模索し実現する活動のうち以下のいずれかを満たすもの
・既存事業・サービスの拡大・改善または効率化
・既存事業の知見を活かした新規事業・サービス
※本公募では日本国内で実施する事業が対象です。
※支援・サービス対象は社会からの支援を必要とする高齢者を想定しておりますが、必ずしも要介護認定を受けている必要はありません。
【助成対象事業例】
・介護や支援を必要とする高齢者が支援を受けるだけでなく、社会参加できる人材として活躍するための支援
・介護や支援を必要とする高齢者の希望や夢などを叶えるなど利用者へ寄り添った支援を行う取り組み
・介護や支援を必要とする高齢者の自立を促す取り組み（実効的な予防支援や要介護度を下げる取り組みなど）
・支援を必要とする高齢者の孤立解消、スキル獲得など
・その他あるべき介護や新しい介護を作り出すための活動
・上記を実現するための中間支援
※上記の事業はあくまで一例です。応募しようとするテーマが助成対象となるかどうかご不明な場合は、事務局までお問い合わせください。

◆ 総額 ： 1,000万円（予定）

◆ 1件あたり金額 ： 上限額：300万円
1団体あたり50万円以上

◆ 応募期間 及び応募締切 ： 3月〜4月

◆ 助成決定時期 ： 6月中旬

◆ 申請手続き ： 応募に当たっては、所定の応募システム（Graain）をご利用ください。
※郵送やメール添付での応募は受付対象外となります

◆ 提出書類 ： 団体の予算書・決算書 団体資料（パンフレット）
所定の応募用紙

◆ 備考 ： 助成対象団体、対象事業、応募時期等は変更する可能性がございますので、ご応募をお考えの際は、必ず最新情報を財団ホームページにてご確認ください。

公益財団法人 日本フィランソロピック財団

https://np-foundation.or.jp/

日本フィランソロピック財団は、社会貢献事業への資金提供を目的として、寄附を募り、それを基金として管理運営し、助成や奨学金、顕彰などを行う事業を行っています。寄附者おひとりおひとりの「おもい」を「意義ある寄附」として大きく育み、未来への投資としてより豊かな社会の創造を目指しています。

〒100-0011 東京都千代田区内幸町1丁目3-1 幸ビルディング9階
TEL: 050-5433-8008 / FAX:

第2回「子どもまんぷく基金」

https://np-foundation.or.jp/list/manpuku.html

◆ 対象分野 ： 子ども

◆ 対象団体 ： 法人 任意団体
- 社団法人・財団法人（一般及び公益）、社会福祉法人、特定非営利活動法人など非営利活動・公益事業を行う団体（法人格のない任意団体も含みます）
※営利を目的とした組織（株式会社等）は含みません。
- 日本国内に事務所がある団体
- 活動実績2年以上の団体

◆ 概要 ： 養育環境の理由で十分な食事が取れない子どもたちへの食事支援事業や、子どもたちを養護している施設や団体への食事支援事業
【助成対象事業例】
- ひとり親家庭や生活困窮家庭など支援が必要な場所へ食材などを提供したり、食材の宅配をしている事業
- ひとり親家庭や生活困窮家庭などで育つ支援が必要な子どもに食事を提供している事業
- 子どもたちを養護している施設や団体へ食事や食材提供をしている事業
※ 上記の事業はあくまで一例です。応募しようとする事業が助成対象となるかどうかご不明な場合は、事務局までお問い合わせください。
※ 本公募では日本国内で実施する事業が対象です。
※ 本公募では「子ども」の年齢層を乳幼児から18歳未満を想定しています。
※ 地域の交流やコミュニティ形成が主目的の事業は対象となりません。
※ 応募時点で自治体や財団等の補助金や助成金等を活用中・採択済の事業は応募できません。ただし、申請中・申請予定の事業は応募できます。
※ 本公募では「子どもたちを養護している施設」に乳児院、ファミリー・ホーム、児童擁護施設、児童心理治療施設、児童自立支援施設、母子生活支援施設、自立援助ホーム等を含みます。自治体等からの助成金を受けている施設自体からの申請は対象外ですが、それら施設への食事支援は申請できます。

◆ 総額 ： 1,000万円（予定）

◆ 1件あたり金額 ： 上限額：300万円

◆ 応募期間 ： 2月~3月
　及び応募締切

◆ 助成決定時期 ： 6月

◆ 申請手続き ： 応募に当たっては、所定の応募システム（Graain）をご利用ください。
※郵送やメール添付での応募は受付対象外となります

◆ 提出書類 ： 団体の予算書・決算書 団体資料（パンフレット）
所定の応募用紙

◆ 備考 ： 助成対象団体、対象事業、応募時期等は変更する可能性がございますので、ご応募お考えの際は、必ず最新情報を財団ホームページにてご確認ください。

公益財団法人 日本フィランソロピック財団

https://np-foundation.or.jp/

日本フィランソロピック財団は、社会貢献事業への資金提供を目的として、寄附を募り、それを基金として管理運営し、助成や奨学金、顕彰などを行う事業を行っています。寄付者おひとりおひとりの「おもい」を「意義ある寄附」として大きく育み、未来への投資としてより豊かな社会の創造を目指しています。

〒100-0011 東京都千代田区内幸町1丁目3-1 幸ビルディング9階
TEL: 050-5433-8008 / FAX:

田辺三菱製薬「手のひらパートナープログラム」

◆ 対象分野 ： 医療・疾病・難病

◆ 対象団体 ： 法人　任意団体

難病患者団体および難病患者支援団体
・日本国内に主たる拠点を有する団体であること。法人格の有無は問いません。
・2023年4月1日現在で、1年以上の活動実績を有する（前年度の決算報告が提出できる）こと。
・ここでいう難病とは「難病の患者に対する医療等に関する法律第5条第1項」（2021年11月）において「指定難病」と告示された338疾患を指します。

◆ 概要 ： 難病患者さんの療養・就学・就労等、生活の質（QOL）向上のための活動
1.療養環境の向上をめざす活動
2.就学/就労等、社会参加を支援する活動
3.「難病」に対する、一般の人たちの理解や支援を促進する活動
4.その他、「田辺三菱製薬 手のひらパートナープログラム選考委員会」が認めた活動
※団体の年間事業全般に対しての支援は行いません。取り組む課題や企画を絞ってご申請ください。

◆ 総額 ： 1,000万円

◆ 1件あたり金額 ： 上限額： 100 万円

100万円（上限）

◆ 応募期間
及び応募締切 ： 10月1日〜11月15日 消印有効 ※2022年度実績

◆ 助成決定時期 ： 2月下旬 ※2022年度実績

◆ 申請手続き ： 所定の申請書と必要書類を事務局あてご郵送ください。
募集要項と申請書用紙は、ウェブサイトから一括ダウンロード。

◆ 提出書類 ： 定款・規約　団体の予算書・決算書　役員名簿　団体資料（パンフレット）

◆ 備考 ： 2024年度募集要項は9月中旬ごろに発表となります。

公益社団法人 日本フィランソロピー協会

https://www.philanthropy.or.jp

「健全な民主主義社会」の実現
企業の従業員をはじめステークホルダーである一人ひとり個人が、「より良い社会創造のために自ら考え、助けあいながら、課題解決に向けて行動する」ことを推進する。

〒100-0004 東京都千代田区大手町2-2-1 新大手町ビル244
TEL: 03-5205-7580 / FAX: 03-5205-7585
jpa-info@philanthropy.or.jp

住まいとコミュニティづくり活動助成事業

http://www.hc-zaidan.or.jp/josei.html

◆ **対象分野** ： 地域・まち・居場所づくり

◆ **対象団体** ： 法人　任意団体

営利を目的としない民間団体（特定非営利活動法人、法人化されていない任意の団体など）。

◆ **概要** ： ＜助成の対象となる活動＞

今日の人口減少社会、少子高齢化社会等を背景にした住まいとコミュニティに関する課題に取り組む市民の自発的な地域づくり・住まいづくり活動

○社会のニーズに対応した地域活動
○地域環境の保全と向上
○地域コミュニティの創造・活性化
○安心・安全に暮らせる地域の実現
○その他、豊かな住環境の実現に繋がる活動

（1）コミュニティ活動助成
地域づくりやコミュニティを基軸にした広範な市民活動に対する助成

（2）住まい活動助成
住まいや住宅地、団地、マンションなどを活動対象にして多様な住まいまちづくりに取り組む活動に対する助成

◆ **総額** ： 2,000万円程度

◆ **1件あたり金額** ： 120万円以内

◆ **応募期間**
及び応募締切 ： 11月中旬から1月中旬まで（予定）

◆ **助成決定時期** ： 2月下旬から3月上旬に開催予定の選考委員会にて決定し、理事会で承認を得る。最終的な契約を取り交わす前（3月末まで）に面談を行う。

◆ **申請手続き** ： 応募要項・申込書は、ホームページからダウンロードすることができます。

◆ **提出書類** ： 定款・規約　団体の予算書・決算書　団体資料（パンフレット）

ビジュアル資料（応募する活動の内容や活動の対象地域の地図などをわかりやすく図や絵、写真などでビジュアルに表現したもの。）

◆ **備考** ： 助成の方法:助成を受ける団体は、当財団と協定を取り交し、これに基づいて活動を実施することとし、助成金は原則年2回（10月、3月）に分けて支払います。
報告書の提出:活動は所定の様式に沿った報告書としてまとめ、中間報告と完了報告を提出していただきます。
交流会及び成果報告会への参加:助成年度に開催する地域交流会や研究交流会で活動状況を報告していただくとともに、助成年度の翌年に開催される「助成事業成果報告会」で活動成果の発表を行っていただきます。
助成年度:助成は原則として1年間とします。なお、継続して助成することがありますが、この場合も年度ごとにあらためて申し込み、選考を受ける必要があります。

一般財団法人 ハウジングアンドコミュニティ財団

http://www.hc-zaidan.or.jp/

ハウジングアンドコミュニティ財団（以下「本財団」）は、豊かな住環境の創造に貢献することを目的に、平成4（1992）年に財団法人として設立され、平成23（2011）年に一般財団法人へと移行しました。

本財団では、世代を超えた良質な住環境をつくり、活力ある地域社会を構築するためには、市民の自発的な地域づくり・住まいづくりが不可欠と考え、このような活動を支援することを社会的使命として参りました。

1993年から開始した「住まいとコミュニティづくり活動助成」のこれまでの助成対象団体数は483団体にのぼります。

〒105-0014 東京都港区芝2-31-19 バンザイビル7F

TEL: 03-6453-9213 / FAX: 03-6453-9214

社会貢献活動支援のための助成

◆ **対象分野** ： 災害・被災地　子ども　貧困・路上生活　マイノリティ・さまざまな人への支援

◆ **対象団体** ： 法人　任意団体

助成の対象とする団体は、以下の団体に限ります。
・民間の非営利組織であること（法人格の有無や種類を問いません）
・日本国内に事務所・連絡先があること
・政治、宗教活動を目的とせず、また反社会的勢力とは一切関わりがないこと
・金融機関に申請団体名義の口座があること
※ 個人が単独で運営・実施する事業は対象となりません。

◆ **概要** ： 一般助成
以下の趣旨で実施する事業に対して助成します。
1.パチンコ・パチロス依存問題の予防と解決に取組む事業・研究への支援
2.子どもの健全育成と、SDGsの目標のうち「貧困をなくそう」「すべての人に健康と福祉を」「質の高い教育をみんなに」の実現に資する活動への支援
（親子を含む）への支援
3.日本国内各地の災害被災者の支援や被災地復興のための支援

特別助成
1.パチンコ・パチスロ依存問題の予防と解決に取り組む研究機関への、研究成果周知に対する支援

◆ **総額** ： 2023年度は総額3,114万円

◆ **1件あたり金額** ： 150万円（限度額1件）

◆ **応募期間** ： 2023年度の申請期間は2022年11月7日（月）〜2022年12月9日（金）
及び応募締切

◆ **助成決定時期** ： 2023年3月に通知

◆ **申請手続き** ： 申請書はHPよりダウンロードしてください。

◆ **提出書類** ： 定款・規約　団体の予算書・決算書　役員名簿　団体資料（パンフレット）

◆ **備考** ： 毎年募集内容が変わるので、HPの募集要領をご覧ください。

一般社団法人 パチンコ・パチスロ社会貢献機構

http://www.posc.or.jp

一般社団法人パチンコ・パチスロ社会貢献機構は、社会貢献事業が社会を支える極めて重要な活動であるとの観点に立ち、遊技産業並びに公的機関及び民間団体と連携しながら、文化及び芸術の振興、平和で住みよい社会づくり並びに、パチンコ・パチスロ依存問題の予防と解決に取り組む民間団体及び研究機関に対する支援などの社会貢献活動を推進することを目的としています。

〒162-0844 東京都新宿区市谷八幡町16 市ヶ谷見附ハイム103
TEL: 03-5227-1047 / FAX: 03-5227-1049

1「未来につなぐふるさと基金」

◆ **対象分野** ： 環境

◆ **対象団体** ： 法人　任意団体
NPO法人、一般法人、公益法人、任意団体などの市民活動団体

◆ **概要** ： 生物多様性の保全・啓発を目的とした市民参加型プログラム

◆ **総額** ： 250万円

◆ **1件あたり金額** ： 「未来につなぐふるさと基金」50万円

◆ **応募期間
及び応募締切** ： 毎年11月頃

◆ **助成決定時期** ： 毎年2月頃

◆ **申請手続き** ： 弊財団HPをご参照ください。

◆ **提出書類** ： 定款・規約　団体の予算書・決算書　役員名簿　団体資料（パンフレット）
基金によって異なるので、各基金の応募要項をご参照ください。

公益財団法人 パブリックリソース財団

http://www.public.or.jp/

パブリックリソース財団の使命は、「意志ある寄付」で社会を変えることです。

人々が持つ利他的な志を尊重し最大限に生かすため、人々の持つ資源を寄付という形で新たな未来を創造する社会的活動につなげ、社会を変える資源の流れをつくることによって、人々の志を実現し、一人ひとりの生命と尊厳が守られる持続可能な社会の実現に寄与します。

そのために、助成先のNPOや社会的企業が成果を上げることを重視し、資金だけではない、組織基盤強化につながるような支援も併せて行います。また、助成による活動がどのような社会の変化をもたらしているのかを評価することで、寄付者にとっての「手ごたえのある寄付」を目指しています。

〒104-0043 東京都中央区湊2-16-25 ライオンズマンション鉄砲洲第3 202号
TEL: 03-5540-6256 / FAX: 03-5540-1030
center@public.or.jp

2「ふくしま未来基金」

◆ **対象分野** ： 地域・まち・居場所づくり

◆ **対象団体** ： 法人　任意団体

福島内に所在する、または活動する団体。法人格の有無や種類は問わないが、活動を長期的に継続する意欲のある団体

◆ **概要** ： 福島が将来にわたり誰もが活き活きと生きていける地域となることに貢献するNPOや社会企業を支援

◆ **総額** ： 800万円

◆ **1件あたり金額** ： 上限額： 100 万円

「ふくしま未来基金」100万円

◆ **応募期間**
及び応募締切 ： 2022年5月下旬〜6月中旬（予定）

◆ **助成決定時期** ： 2022年7月下旬（予定）

◆ **申請手続き** ： 弊財団HPをご参照ください。

◆ **提出書類** ： 定款・規約　団体の予算書・決算書　役員名簿　団体資料（パンフレット）

基金によって異なるので、各基金の応募要項をご参照ください。

公益財団法人 パブリックリソース財団

http://www.public.or.jp/

パブリックリソース財団の使命は、「意志ある寄付」で社会を変えることです。

人々が持つ利他的な志を尊重し最大限に生かすため、人々の持つ資源を寄付という形で新たな未来を創造する社会的活動につなげ、社会を変える資源の流れをつくることによって、人々の志を実現し、一人ひとりの生命と尊厳が守られる持続可能な社会の実現に寄与します。

そのために、助成先のNPOや社会的企業が成果を上げることを重視し、資金だけではない、組織基盤強化につながるような支援も併せて行います。また、助成による活動がどのような社会の変化をもたらしているのかを評価することで、寄付者にとっての「手ごたえのある寄付」を目指しています。

〒104-0043 東京都中央区湊2-16-25 ライオンズマンション鉄砲洲第3 202号

TEL: 03-5540-6256 / FAX: 03-5540-1030

center@public.or.jp

3 「働く力応援基金」

◆ 対象分野 ： 障がい者

◆ 対象団体 ： 法人
次のいずれかに該当する事業を行う団体
①就労移行支援事業
②就労定着支援事業
③就労継続支援A型
④就労継続支援B型
⑤その他行政からの委託や補助を受けて行う就労支援事業
⑥上記のいずれにも該当しない独自の就労支援事業

◆ 概要 ： 様々な理由で働くことに困難を抱える方々を、働きがいのある就労につなげ、インクルーシブな世界の実現を図る

◆ 総額 ： 4,511万円

◆ 1件あたり金額 ： 「働く力応援基金」 500万円（一部条件で800万円まで可）

◆ 応募期間
及び応募締切 ： 2023年1月頃

◆ 助成決定時期 ： 2023年3月頃

◆ 申請手続き ： 弊財団HPをご参照ください。

◆ 提出書類 ： 定款・規約　団体の予算書・決算書　役員名簿　団体資料（パンフレット）
基金によって異なるので、各基金の応募要項をご参照ください。

公益財団法人 パブリックリソース財団

http://www.public.or.jp/

パブリックリソース財団の使命は、「意志ある寄付」で社会を変えることです。
人々が持つ利他的な志を尊重し最大限に生かすため、人々の持つ資源を寄付という形で新たな未来を創造する社会的活動につなげ、社会を変える資源の流れをつくることによって、人々の志を実現し、一人ひとりの生命と尊厳が守られる持続可能な社会の実現に寄与します。
そのために、助成先のNPOや社会的企業が成果を上げることを重視し、資金だけではない、組織基盤強化につながるような支援も併せて行います。また、助成による活動がどのような社会の変化をもたらしているのかを評価することで、寄付者にとっての「手ごたえのある寄付」を目指しています。

〒104-0043 東京都中央区湊2-16-25 ライオンズマンション鉄砲洲第3 202号
TEL: 03-5540-6256 / FAX: 03-5540-1030
center@public.or.jp

4「女性リーダー支援基金」

◆ **対象分野** ： その他

◆ **対象団体** ： ①政治家志望、②民間非営利組織の理事・スタッフ志望者、③社会起業家志望者の個人

◆ **概要** ： 政治家や、民間非営利組織の理事・スタッフ、社会起業家を志望する個人を応援

◆ **総額** ： 4,500万円

◆ **1件あたり金額** ： 4「女性リーダー支援基金」 100万円

◆ **応募期間**
及び応募締切 ： 4 2022年7〜8月頃

◆ **助成決定時期** ： 4 2022年10月初旬

◆ **申請手続き** ： 弊財団HPをご参照ください。

◆ **提出書類** ： 定款・規約 団体の予算書・決算書 役員名簿 団体資料（パンフレット）
基金によって異なるので、各基金の応募要項をご参照ください。

公益財団法人 パブリックリソース財団

http://www.public.or.jp/

パブリックリソース財団の使命は、「意志ある寄付」で社会を変えることです。

人々が持つ利他的な志を尊重し最大限に生かすため、人々の持つ資源を寄付という形で新たな未来を創造する社会的活動につなげ、社会を変える資源の流れをつくることによって、人々の志を実現し、一人ひとりの生命と尊厳が守られる持続可能な社会の実現に寄与します。

そのために、助成先のNPOや社会的企業が成果を上げることを重視し、資金だけではない、組織基盤強化につながるような支援も併せて行います。また、助成による活動がどのような社会の変化をもたらしているのかを評価することで、寄付者にとっての「手ごたえのある寄付」を目指しています。

〒104-0043 東京都中央区湊2-16-25 ライオンズマンション鉄砲洲第3 202号

TEL: 03-5540-6256 / FAX: 03-5540-1030

center@public.or.jp

5「休眠預金等活用法に基づく支援付き住宅事業」

◆ **対象分野** ： その他

◆ **対象団体** ： 法人

生活再建に向けた支援活動の実績が3年以上ある団体で、失業等により住まいを失った方に住宅を提供している、法人格を持つ非営利組織の団体（NPO法人、社会福祉法人、財団・財団法人など）

◆ **概要** ： 住まいや居場所を失い、生活の立て直しが必要な人を対象に、「住まい」と「就労支援を含む自立支援」をセットで提供する社会的事業構築を、住宅物件取得のための初期投資等へ資金提供することで支援

◆ **総額** ： 4億2,500万円（未定）

◆ **1件あたり金額** ： 「休眠預金等活用法に基づく支援付き住宅事業」 1億円（未定）

◆ **応募期間**
　及び応募締切 ： 2023年（未定）

◆ **助成決定時期** ： 2023年（未定）

◆ **申請手続き** ： 弊財団HPをご参照ください。

◆ **提出書類** ： 定款・規約　団体の予算書・決算書　役員名簿　団体資料（パンフレット）

基金によって異なるので、各基金の応募要項をご参照ください。

公益財団法人 パブリックリソース財団

http://www.public.or.jp/

パブリックリソース財団の使命は、「意志ある寄付」で社会を変えることです。

人々が持つ利他的な志を尊重し最大限に生かすため、人々の持つ資源を寄付という形で新たな未来を創造する社会的活動につなげ、社会を変える資源の流れをつくることによって、人々の志を実現し、一人ひとりの生命と尊厳が守られる持続可能な社会の実現に寄与します。

そのために、助成先のNPOや社会的企業が成果を上げることを重視し、資金だけではない、組織基盤強化につながるような支援も併せて行います。また、助成による活動がどのような社会の変化をもたらしているのかを評価することで、寄付者にとっての「手ごたえのある寄付」を目指しています。

〒104-0043 東京都中央区湊2-16-25 ライオンズマンション鉄砲洲第3 202号

TEL: 03-5540-6256 / FAX: 03-5540-1030

center@public.or.jp

助成および寄付全般

◆ **対象分野** ： 災害・被災地　子ども　子育て・ひとり親支援　高齢者　障がい者

◆ **対象団体** ： 特に限定いたしません。

◆ **概要** ： 上記の目的に合致する事業であれば、特に対象を限定せず、幅広く、機動的に助成・寄付を行っていますが、当会全体の年度予算との関係等を考慮しながらの運営となります。

◆ **総額** ： 56,214千円（2022年度助成金・寄付金合計額）

◆ **1件あたり金額** ： 原則として300千円〜500千円。

◆ **応募期間**
及び応募締切 ： 通年

◆ **助成決定時期** ： 通年

◆ **申請手続き** ： 電話、ファックス等で適宜受付けますが、出来れば、社会福祉協議会、共同募金会、地方公共団体福祉関係部署等の推薦や紹介があった方が望ましい。

◆ **提出書類** ： 定款・規約　団体の予算書・決算書　役員名簿　団体資料（パンフレット）
ホームページでご確認ください。

公益財団法人 原田積善会

http://www.haradasekizenkai.or.jp

社会福祉事業の増進、学芸技術の振興、文化事業の奨励および国際相互理解の促進に寄与することを目的とします。

〒158-0082 東京都世田谷区等々力3-33-3
TEL: 03-3701-0425 / FAX: 03-3701-2111
haradasekizenkai@p00.itscom.net

パルシステム東京市民活動助成基金

◆ 対象分野 : 国際協力 環境 地域・まち・居場所づくり 災害・被災地 スポーツ 音楽・アート・芸能 子ども 子育て・ひとり親支援 不登校・ひきこもり 高齢者 LGBT・セクシュアルマイノリティ 障がい者 医療・疾病・難病 外国人・多文化共生 貧困・路上生活 いじめ・暴力・被害 マイノリティ・さまざまな人への支援 セルフヘルプグループ・自助グループ 相談・カウンセリング

◆ 対象団体 : 法人 任意団体

団体の規模及び法人格の有無は問いません。但し、営利団体、宗教団体、趣味等に関する団体及び政治団体、法令または法令等に基づく行政庁の処分に違反する事業活動等は除きます。

◆ 概要 : 東京都を主たる活動エリアとし、活動している又は活動を予定している市民団体であること。
申請は1団体1申請に限ります。使途目的にかかわる基準は（1）助成事業に合致した物品の購入費用の全額又は一部。（2）活動・事業に要する運営費用の一部（通信費、旅費交通費、使用料及び賃借料等）。（3）事業立ち上げに要する費用の一部を認めることがあります。※領収証の日付が年度内であること

◆ 総額 : 500万円

◆ 1件あたり金額 : 50万円コースと10万円コース

**◆ 応募期間
及び応募締切** : 7月末郵送等での受付となっています。（持込不可）こちらも募集時のHPでご確認ください。

◆ 助成決定時期 : 9月末

◆ 申請手続き : 7月の初めにHPでご案内をします。そこでご確認ください。

◆ 提出書類 : 定款・規約   団体の予算書・決算書   役員名簿
備品購入の場合、見積書

◆ 備考 : 通年6月初旬に開催される総代会の「剰余金処分案」についての議決に基づきその月の第4木曜に開催されるパルシステム東京理事会にて承認され、助成金の実施が決定されます。実施の有無は7月初めのHPでご確認ください。
助成団体に確定したら10月初旬の伝達式への参加が必要です。10〜12月に運営委員による訪問があります。また翌7月に開催される成果報告会で活動報告が必須です。

生活協同組合 パルシステム東京

http://www.palsystem-tokyo.coop/

組合員が商品等を利用することでうまれた剰余金をもとに設立された基金です。誰もが安心して暮らしていける地域社会と環境を守り持続可能な社会を目指す市民活動へ助成します。
生活協同組合パルシステム東京の組織を越えた自主的な市民活動を資金面で支援する制度です。生活協同組合パルシステム東京と市民活動とのネットワークを広げることを通じて、よりよい地域社会作りに貢献することを目的とします。

〒169-8526 東京都新宿区大久保2-2-6 ラクアス東新宿
TEL: 03-6233-7600 / FAX: 03-3232-2581
paltokyo-shimin@pal.or.jp

ファイザープログラム
～心とからだのヘルスケアに関する市民活動・市民研究支援

◆ **対象分野** ： 医療・疾病・難病

◆ **対象団体** ： 法人 任意団体

下記の要件を満たした団体に限ります（個人は対象となりません）。
①民間の非営利団体であること（法人格の種類や有無を問わない）。
②市民が主体的に参加して活動する団体であること。
③日本国内に活動拠点があり、原則として2年以上の活動や研究の実績があること。
④目的や活動内容が特定の政治・宗教などに偏っておらず、反社会的勢力とは一切関わっていないこと。
＊適用法令・医薬品業界内ルール・弊社社内規程などに照らして不適格と判断される場合や、弊社ビジネスへ有利な影響をもたらす可能性があると判断される場合には、助成対象とはなりません。この点、予めご了承ください。

◆ **概要** ： 助成の対象となるプロジェクトは、「心とからだのヘルスケアに関する市民活動および 市民研究」です。
「プログラムの趣旨」に合うものとし、下記を重点課題として助成します。また、「市民研究」への取り組みも期待しています。
(1) 当事者が主体となって、市民や専門家と協力して進める取り組み
(2) 関係する団体等と連携し、ネットワークを強化し広げる取り組み
(3) 現場の視点から新たな課題を発掘し、その解決を目指す取り組み
以上の重点課題に限らず、新たな発想による独創的で試行性の強い取り組みは助成対象とします。
なお、このような取り組みは①実態調査→②企画開発→③実践→④評価→⑤普及・発展というプロセスを経ると思われますが、何れの段階についても応援します(複数の段階も可)。特に、①実態調査と④評価では、市民研究が重要な役割を果たすものと考えています。
プロジェクトの検討にあたり、詳しくは「応募企画書作成の手引き」をご確認ください。

◆ **総額** ： 1,500万円

◆ **1件あたり金額** ： 上限額： 300 万円

50万円～300万円

◆ **応募期間 及び応募締切** ： 6月中旬～6月30日【必着】

◆ **助成決定時期** ： 予備選考の結果は8月中に、選考の結果は11月下旬に文書にてお知らせします。＊助成が決定した案件については、推薦理由をファイザー株式会社のウェブサイトにて公表致します。＊助成に至らなかった理由に関するお問い合わせには応じかねますので、予めご了承 ください。

◆ **申請手続き** ： ファイザー株式会社のウェブサイトからダウンロードしてご利用ください。
https://www.pfizer.co.jp/
応募企画書（本紙）を作成し、直近年度の決算書とともに下記の応募フォームより送信してください。
https://business.form-mailer.jp/lp/9caa3b15198306
応募企画書の作成に際しては、「応募企画書作成の手引き」をご確認ください。
＊ご来所、メール便、電子メール、FAX による応募は、お受けしておりません。
＊応募企画書および決算書以外の書類は、選考の対象となりませんので、お送りいただく必要はありません。

◆ **提出書類** ： 申請の際には、必要ありませんが選考の過程でご提出頂く場合がございます。

ファイザー株式会社

http://www.pfizer.co.jp/

このプログラムは、ヘルスケアを重視した社会の実現に向けて、「心とからだのヘルスケア」の領域で活躍する市民団体や患者団体・障がい者団体による、「健やかなコミュニティづくり」の試みを支援することを目的としています。ここでの「ヘルスケア」とは、保健・医療・福祉・生活のみならず、就労等の社会参加活動も含めて一体として捉え、一人ひとりの多様な生き方を支え、心豊かな社会を実現する取り組みを意味しています。また、「コミュニティ」とは、特定の地域社会はもちろんのこと、共通の思いや立場による人々の集まりも含めて考えています。「ヘルスケア」に関する「コミュニティ」をベースにした市民活動や市民研究への支援を通じ、「あらゆる世代」にとってのより充実した生き方への一助になることを願っています。なお、本年は新型コロナウイルス感染症によって大きく傷ついた「健やかなコミュニティ」が市民の力でいち早く回復することを願い、そのような取り組みも応援します。

〒151-8589 東京都渋谷区代々木3-22-7 新宿文化クイントビル
TEL: 03-5309-7000 / FAX:

社会福祉振興助成事業（WAM助成）

https://www.wam.go.jp/hp/cat/wamjosei/

◆ 対象分野 ： 地域・まち・居場所づくり ｜ 災害・被災地 ｜ 子ども ｜ 子育て・ひとり親支援 ｜ 不登校・ひきこもり ｜ 高齢者

LGBT・セクシュアルマイノリティ ｜ 障がい者 ｜ 医療・疾病・難病 ｜ 外国人・多文化共生 ｜ 貧困・路上生活

いじめ・暴力・被害 ｜ マイノリティ・さまざまな人への支援 ｜ セルフヘルプグループ・自助グループ

相談・カウンセリング ｜ ボランティア・NPO支援

◆ 対象団体 ： 法人 ｜ 任意団体

【助成対象者】
社会福祉の振興に寄与する事業を行う、営利を目的としない次の団体
＊社会福祉法人
＊医療法人
＊公益法人（公益社団法人又は公益財団法人）
＊NPO法人（特定非営利活動法人）
＊一般法人（法人税法上の非営利型法人の要件を満たす一般社団法人又は一般財団法人）
＊その他社会福祉の振興に寄与する事業を行う法人又は団体

ただし、上記の団体であっても次に該当する場合は除きます。
＊反社会的勢力及び反社会的勢力と密接な関係にある団体
＊過去において法令等に違反する等の不正行為を行い、不正を行った年度の翌年度以降5年間を経過しない団体
＊監事を設置していない団体（定款等に監事の設置規定がないものを含む）

【助成対象経費】
謝金、旅費（国内旅費及び外国旅費）、借料損料（会場借料含む）、家賃、備品購入費、消耗品費（燃料費、食材費及び会議費含む）、印刷製本費、通信運搬費、賃金（正職員賃金の一部を含む）、委託費、保険料、雑役務費、光熱水費

◆ 概要 ： 〈通常助成事業〉
助成の対象となる事業は、要望団体が自ら主催するもので、他の団体（社会福祉法人、医療法人、特定非営利活動法人、公益法人、企業、自治体、ボランティア団体等）と相互に連携して次のいずれかの事業を実施し、かつ助成対象テーマに該当するものとします。
※助成期間は1年間となります。委員会が認めた場合、2か年にわたり助成金の交付対象とすることを予定。

①地域連携活動支援事業
地域の多様な社会資源を活用し、複数の団体が連携やネットワーク化を図り、社会福祉諸制度の対象外のニーズ、その他地域の様々な福祉のニーズに対応した地域に密着した事業
（同一都道府県内）
②全国的・広域的ネットワーク活動支援事業
全国又は広域的な普及・充実等を図るため、複数の団体が連携やネットワーク化を図り相互にノウハウを共有し、社会福祉の振興に資する創意工夫ある事業又は社会福祉施策等を補完若しくは充実させる事業

【助成対象テーマ】
Ⅰ.安心につながる社会保障
（1）安心して暮らせるための地域共生社会の実現に向けた包括的な支援に資する事業
（2）求められる介護サービスを提供するための多様な人材の確保、生産性の向上に資する事業
（3）介護する家族の不安や悩みに応える相談機能の強化・支援体制の充実に資する事業
（4）介護に取り組む家族が介護休業・介護休暇を取得しやすい職場環境の整備に資する事業
（5）介護と仕事を両立させるための働き方改革の推進に資する事業
（6）元気で豊かな老後を送れる健康寿命の延伸に向けた取り組み強化及び高齢者への多様な就労の機会の確保に資する事業
（7）障害者、難病患者、がん患者等の活躍や様々な活動への参加等を支援する事業

Ⅱ.夢をつむぐ子育て支援
（8）結婚、子育ての希望実現の基盤となる若者の雇用安定・待遇改善に資する事業
（9）妊娠・出産・育児に関する各段階の負担・悩み・不安を切れ目なく解消するための支援事業

（10）子育てを家族で支える三世代同居・近居しやすい環境づくりに資する事業

（11）出産後・子育て中も就業が可能な多様な保育サービスの充実・多様な人材の確保・生産性の向上に資する事業

（12）出産・子育ての現場である地域の実情に即した働き方改革の推進に資する事業

（13）希望する教育を受けることを阻む経済事情など様々な制約の克服に資する事業

（14）子育てが困難な状況にある家族・子供等への配慮・対策等の強化に資する事業

Ⅲ.被災者支援・災害時の支援体制づくり

（15）災害における被災者支援、災害時における支援を担う人材の育成に係る研修や訓練に関する事業

〈モデル事業〉

助成の対象となる事業は、要望団体が自ら主催するもので、他の団体（社会福祉法人、医療法人、特定非営利活動法人、公益法人、企業、自治体、ボランティア団体等）と相互に連携して次のいずれかの事業を実施、かつ助成対象テーマに該当し、モデル事業の要件を満たすものとします。

※事業計画に基づき、連続する2年又は3年にわたり助成金の交付対象とすることを予定しています。

①地域連携活動支援事業

助成先団体が関係機関との継続的・相互的な連携体制の機構を通じて、政策化・制度化を目指すことをもって、地域における面的な成果の広がりを目指す事業

②全国的・広域的ネットワーク活動支援事業

助成先団体が幹事的役割を果たし、各地域のNPO等との継続的な連携体制の構築を通じて、政策化・制度化を目指すことをもって、全国的・広域的なセーフティネットの充実を図る事業

【助成対象テーマ】

〈通常助成事業〉と同じ

《モデル事業の要件》

・国や自治体において政策化・制度化を目指す新たな「モデル」となり得る活動であること

・既存事業の継続のみを目的とした計画や通常助成事業と同じ申請内容を複数年継続する計画は対象外

・複数年にわたり安定した運営を行うため、事業の実施体制を確実に確保すること

・連携団体と事業目標の共有化を図った上で事業を推進すること

・事業成果の可視化を念頭に置き、評価を実施すること

・外部評価者又は伴走支援者（※）と共に定期的な進捗管理を行い、結果を報告すること

（※）外部評価者又は伴走支援者の人数については、特に制限を設けていませんが、政策化・制度化につなげていくために必要な調査の補助及び政策化・制度化に向けての事業の進捗、改善、成果の可視化等について客観的な視点での助言等がその役割として求められるため、助成事業で取り組む課題・分野の専門家を必ず入れるようにしてください。

◆総額	：	令和4年度助成決定額 611,913千円（126件） ○地域連携活動支援事業 450,240千円（99件） ○全国的・広域的ネットワーク活動支援事業 161,673千円（27件）
◆1件あたり金額	：	〈通常助成事業〉 助成対象事業毎の助成限度額は、次のとおりとします。 ○地域連携活動支援事業 :50万円～700万円 ○全国的・広域的ネットワーク活動支援事業:50万円～※900万円 ※なお、次のいずれかに該当し、外部有識者からなる社会福祉振興助成事業審査・評価委員会が特に認める場合は、全国的・広域的ネットワーク支援事業において、2,000万円の範囲内で上記助成金額を越えることができます。 ・災害支援等十分な資金の確保が必要な事業を行う場合 ・4以上の都道府県を網羅し、大規模かつ広範囲に活動を行う事業の場合 〈モデル事業〉 ○3年間の合計:3,000万円まで ○2年間の合計:2,000万円まで
◆応募期間 及び応募締切	：	○令和4年度分助成事業の募集期間は、令和3年12月24日～令和4年1月31日まで。○令和5年度分助成事業の募集期間は、令和4年12月23日～令和5年1月30日まで。○令和6年度分助成事業の募集の詳細は別途、ホームページ等でご案内します。
◆助成決定時期	：	令和4年度助成事業の選定結果→令和4年4月1日、令和5年度助成事業の選定結果→令和5年4月3日
◆申請手続き	：	○独立行政法人福祉医療機構NPOリソースセンターへ応募してください。 ○その他申請手続きの詳細については、別途募集要領を独立行政法人福祉医療機構のホー

ムページ等に掲載し、お知らせします。

◆提出書類 ： 定款・規約 団体の予算書・決算書 役員名簿

◆備考 ： 社会福祉振興助成事業の審査及び事業評価は、機構において設置する外部有識者による「社会福祉振興助成事業審査・評価委員会」において行われます。

独立行政法人 福祉医療機構

https://www.wam.go.jp/hp/cat/wamjosei/

〈通常助成事業〉
政策動向や国民ニーズを踏まえ、民間の創意工夫ある活動や地域に密着したきめ細やかな活動等に対し助成を行い、高齢者・障害者等が自立した生活を送り、また、子どもたちが健やかに安心して成長できる地域共生社会の実現に向けて必要な支援を行うことを目的としています。

〈モデル事業〉
社会課題が一層複雑化するなか、これまで民間福祉活動団体が培ってきたノウハウや連携体制をもとに、事業を通じて新たに明らかとなった課題や社会的に認知が進んでいない課題に対応することを目的としています。

〒105-8486 東京都港区虎ノ門4-3-13 ヒューリック神谷町ビル9階
TEL: 03-3438-4756 / FAX: 03-3438-0218

令和5年度(第34回)研究助成・事業助成・ボランティア活動助成

◆ 対象分野 : 高齢者 障がい者 医療・疾病・難病

◆ 対象団体 : 法人 個人 任意団体

臨床や地域で従事している職員及び福祉機器・医療機器の事業者の個人あるいはグループ。（大学院生は指導教員の推薦書（様式1-3）が必要です。）

研究助成については大学教員の申請者は、応募の対象外とします。

ボランティア活動助成は、助成カテゴリーを参照して下さい。

◆ 概要 : 在宅ケア等に関する創意工夫を生かした自発的な事業又は先駆的、実験的なモデル事業であって、地域の実情に即したきめ細かな研究・事業・ボランティア活動で普及の可能性の有るものに対し助成を行います。

(1) 研究助成カテゴリー

○地域包括ケア・訪問看護・在宅介護支援の拡大、およびこれらの質の向上に関する研究

○病院から在宅療養への連携（病診連携、病院薬剤師と薬局薬剤師の連携、病院看護師と訪問看護師との連携及び訪問看護師同士の連携）に関する研究、在宅医療・介護に関する研究

○リハビリテーション活動や機器に関する研究

○難病や終末期及び精神障害の在宅医療・看護・介護支援強化に関する研究

○福祉用具の開発及び活用・効果・安全管理に関する研究

○その他（医療行為の安全、海外のホームケア、災害後のケア）

(2) 事業助成カテゴリー

○在宅療養者への医療・看護・介護サービス実施事業

○疾病や生活機能障害を持つ人（例:高齢者や障害者（児）等）の在宅ケア推進関連事業

○認知症、難病、終末期、精神障害、被虐待等の在宅医療・看護・介護支援強化に関する事業

(3) ボランティア活動助成カテゴリー

○在宅ケアの推進に資する事を目的として、疾病や生活機能障害を持つ人（例:高齢者や障害者（児）等）を対象として公益のために活動しているボランティア団体

◆ 総額 : ……

◆ 1件あたり金額 : 研究・事業助成金:1件 原則30〜50万円、25題。

ボランティア活動助成金:1件 原則10万円、20題。

◆ 応募期間
  及び応募締切 : 2月〜4月

◆ 助成決定時期 : 6月上旬

◆ 申請手続き : 当財団のホームページから、「申請書（様式1）」及び「承諾書（様式1-2）」・「推薦書（研究は様式1-3）（ボランティア活動は様式1-4）」をダウンロードして、必要事項を記入し、記名・押印をしてください。期日までに1部を当財団宛に、郵送（押印有）と電子媒体（申請書をメールに添付、押印無しで可）で提出して下さい。

◆ 提出書類 : 詳細はホームページをご確認ください。

公益財団法人 フランスベッド・ホームケア財団

https://www.fbm-zaidan.or.jp

〒187-0004 東京都小平市天神町4丁目1番1号 フランスベッド㈱メディカレント東京3階

TEL: 042-349-5435 / FAX: 042-349-5419

shinsei@fbm-zaidan.or.jp

被災した子どもの学びや育ちの支援活動助成

https://benesse-kodomokikin.or.jp/subsidy/

◆ 対象分野	:	災害・被災地　子ども
◆ 対象団体	:	・NPO・財団法人等の非営利活動を行う団体。
◆ 概要	:	災害の影響により学びへの意欲向上や学習の支援が必要な子どもたちに対しての学習機会の提供や環境づくりなどの活動を行う団体に対しての助成。
◆ 総額	:	2,000万円
◆ 1件あたり金額	:	上限額： 50 万円 ※複数事業の申請も可能です。 ※使途の重複がなければ他助成との併用も可能です。
◆ 応募期間 及び応募締切	:	助成対象となる災害・地域決定後〜2か月間。
◆ 助成決定時期	:	決定次第すぐに
◆ 申請手続き	:	ベネッセこども基金サイトにてフォーマット提示します。メール送付か郵送で申請してください。
◆ 提出書類	:	…

公益財団法人 ベネッセこども基金

https://benesse-kodomokikin.or.jp/

未来ある子どもたちが、安心して自らの可能性を広げられるような社会を目指し、子どもたちを取り巻く社会的な課題の解決および多様な学びの機会の提供に取り組む。

〒206-8686 東京都多摩市落合1-34
TEL: 042-357-3659 / FAX: 042-356-7313
info@benesse-kodomokikin.or.jp

重い病気を抱える子どもの学び支援活動助成

https://benesse-kodomokikin.or.jp/subsidy/

◆ 対象分野	:	子ども
◆ 対象団体	:	・NPO・財団法人等の非営利活動を行う団体。
◆ 概要	:	重い病気により長期入院や長期療養をしており、学びへの意欲向上や学習の支援が必要な子どもたちに対して、学習機会の提供や環境づくりなどの活動を行う団体に対しての助成。
◆ 総額	:	1,000万円
◆ 1件あたり金額	:	50～200万円程度
◆ 応募期間 及び応募締切	:	2024年度助成の応募開始日程の詳細は、決定し次第ベネッセこども基金サイトにてお知らせします。 2023年7月～2023年8月末
◆ 助成決定時期	:	2023年11月末
◆ 申請手続き	:	ベネッセこども基金サイトにてフォーマットを提示します。メール送付か郵送で申請してください
◆ 提出書類	:	団体の予算書・決算書

公益財団法人 ベネッセこども基金

https://benesse-kodomokikin.or.jp/

未来ある子どもたちが、安心して自らの可能性を広げられるような社会を目指し、子どもたちを取り巻く社会的な課題の解決および多様な学びの機会の提供に取り組む。

〒206-8686 東京都多摩市落合1-34
TEL: 042-357-3659 / FAX: 042-356-7313
info@benesse-kodomokikin.or.jp

経済的困難を抱える子どもの学び支援活動助成

https://benesse-kodomokikin.or.jp/subsidy/

◆ **対象分野** : 子ども

◆ **対象団体** : ・NPO・財団法人等の非営利活動を行う団体。

◆ **概要** : 経済的困難により学びへの意欲向上や学習の支援が必要な子どもたちに対しての学習機会の
提供や環境づくりなどの活動を行う団体に対しての助成。

◆ **総額** : 2,000万円

◆ **1件あたり金額** : 最大3か年で総額900万円以内

◆ **応募期間** : 2024年度助成の応募開始日程の詳細は、決定し次第ベネッセこども基金サイトにてお知らせ 2023年
及び応募締切 11月～2024年1月初旬〆

◆ **助成決定時期** : 2024年3月

◆ **申請手続き** : ベネッセこども基金サイトにてフォーマットを提示します。メール送付か郵送で申請してください。

◆ **提出書類** : 団体の予算書・決算書

公益財団法人 ベネッセこども基金

https://benesse-kodomokikin.or.jp/

未来ある子どもたちが、安心して自らの可能性を広げられるような社会を目指し、子どもたちを取り巻く社会的な課題の解決および多様な学びの機会の提供に取り組む。

〒206-8686 東京都多摩市落合1-34
TEL: 042-357-3659 / FAX: 042-356-7313
info@benesse-kodomokikin.or.jp

助成事業

◆ 対象分野 ： 障がい者

◆ 対象団体 ： 助成先の対象は、団体・個人・法人格の有無等は問いません。

◆ 概要 ： (1)障害者の自立及び社会参加に関する活動
(2)障害者による又は障害者を対象とする文化事業(スポーツ・研究・出版等)
(3)障害者を対象とするボランティア活動

◆ 総額 ： 年間2,100千円を予定。

◆ 1件あたり金額 ： 上限額： 40万円

400千円×年間5件程度を想定。

◆ 応募期間
及び応募締切 ： 応募期間及び応募締切日については、弊財団までお問合せ下さい。

◆ 助成決定時期 ： 助成の可否決定時期については、弊財団HPで確認するか、財団事務局までお問合せ下さい。

◆ 申請手続き ： 応募方法は、弊財団HPで確認するか、財団事務局までお問合せ下さい。

◆ 提出書類 ： 定款・規約 　団体の予算書・決算書 　役員名簿 　団体資料（パンフレット）
助成金の使途明細等

◆ 備考 ： ①「令和5年度障害者福祉助成金」の申請受付を本年1月末日で締め切っています為、現時点では掲載可能な要項はございません。
②「令和6年度の申請受付時期」（未定）到来後、「募集要項」の掲載をお願い致したいと考えます。

公益財団法人 ホース未来福祉財団

https://horse-fw.or.jp

1.定款に定める目的
この法人は、障害者の自立及び社会参加に関する各種活動に対し援助を行い、障害者が健康的で明るい社会生活を営める環境づくりに貢献し、もって幅広く障害者の福祉向上に資することを目的とする。

2.定款に定める事業内容
(1)障害者の自立及び社会参加に関する活動に対する援助
(2)障害者による又は障害者を対象とする文化事業等の援助
(3)障害者を対象とするボランティア活動の援助

〒145-0066 東京都大田区南雪谷2-17-8
TEL: 03-3720-5800 / FAX:
info@horse-fw.or.jp

ソーシャル・ジャスティス基金

https://socialjustice.jp/p/fund/

◆ **対象分野** : 　人権・平和 　LGBT・セクシュアルマイノリティ

◆ **対象団体** : 　団体・法人（法人格を問わない）・個人の事業が対象です。

◆ **概要** : 　＜23年度公募テーマ＞
　　　　　　　　　　～両テーマとも、未来を担う世代が中心になって取り組む活動を積極的に支援します～
　　　　　　　　　　＊特設テーマ ＜オープン・ソサエティ財団（Open Society Foundations: OSF）の指定枠＞
　　　　　　　　　　「日本におけるジェンダー平等の実現を目指す取り組み」
　　　　　　　　　　※『性暴力、性搾取をめぐる問題』または『セクシュアル・リプロダクティブ・ヘルス/ライツ』に
　　　　　　　　　　取り組むアドボカシー活動を積極的に支援します。活動現場から吸い上げた意見や思いを尊重する姿
　　　　　　　　　　勢と、社会の仕組み・政策・制度をよりよく変えていく長期展望があることを期待します。
　　　　　　　　　　※本テーマ枠の助成は、日本に本拠を置く団体・個人の活動を対象としており、海外に本拠を置く団
　　　　　　　　　　体の日本支部の活動は助成の対象となりません。

　　　　　　　　　　＊基本テーマ 『見逃されがちだが、大切な問題』に取り組むアドボカシー活動

◆ **総額** : 　＜23年度＞600万

◆ **1件あたり金額** : 　上限額： 100万円

　　　　　　　　　　＜23年度＞※自己資金充当、費用項目についての条件はありません（助成金は人件費にも充当可
　　　　　　　　　　能）。

◆ **応募期間**
　 及び応募締切 : 　23年度は、応募期間は23年9月1日から21日（応募締め切り日は21日）。

◆ **助成決定時期** : 　23年度は23年12月までに決定する予定。

◆ **申請手続き** : 　23年度の申請用紙や助成公募要項はソーシャル・ジャスティス基金のホームページからダウンロード
　　　　　　　　　　できます。助成の申請書類の提出は、全てオンラインで行っていただきます。申請方法の詳細は23年
　　　　　　　　　　度の助成公募要項に掲載されます。

◆ **提出書類** : 　定款・規約 　団体の予算書・決算書
　　　　　　　　　　所定の助成申請書、前年度の活動報告

NPO法人 まちぽっと（ソーシャル・ジャスティス基金）

https://socialjustice.jp/

公正な社会を実現するために、抑圧された声、封印された声をすくい上げるアドボカシー活動（社会提案・政策提言)を支援して
います。
意見表明権や参加する権利への認識を高め、多様な人々の思いが生かされる社会となるよう、とくに周縁化されやすい声をすく
い上げ、社会の仕組みや法制度づくりに生かすアドボカシー活動を対象としています。
具体的な公募テーマは、各年度の助成公募要項にて発表いたします。7月中ごろにソーシャル・ジャスティス基金のホームページ
にて助成公募のご案内を開始する予定です。

〒160-0021 東京都新宿区歌舞伎町2-19-13 ASKビル5階
TEL: 03-5941-7948 / FAX: 03-3200-9250
info@socialjustice.jp

千代田まちづくりサポート（普請部門）

https://www.mm-chiyoda.or.jp/development/machisapo2015.html

◆ 対象分野 ： 地域・まち・居場所づくり

◆ 対象団体 ： 任意団体

助成対象となる活動について、大きく「拠点づくり事業」と「歴史・文化・都市環境の保全活用事業」の2種類の事業を対象としています。
■拠点づくり事業
◇家守事業の拠点
◇マンション住民・地域住民の交流拠点
◇事務所ビルの空室などを活用した交流拠点
◇地域イベントを通じた交流拠点
◇学生を呼び込む地域の活性化に寄与する拠点
◇子供との交流拠点 など
■歴史・文化・都市環境の保全活用事業
◇アダプト制度を活用した市民提案の整備事業
◇小広場や小公園、橋詰広場など小スペースの整備活動
◇景観条例における重要物件などの保全活用事業
◇看板建築など古い木造建築物の保全活用事業 など

◆ 概要 ： 整備の実施および向こう5年程度の継続的利用について、土地建物所有者(管理者)との合意が得られており、かつ建築基準法などの法令を順守した整備提案を応募対象とします。

◆ 総額 ： 都度の予算による

◆ 1件あたり金額 ： 一次審査 一律10万円、二次審査 最大500万円

◆ 応募期間 ： ＜例年＞応募相談（5月上旬）、応募受付（5月中旬）、応募締め切り（6月中旬）
　 及び応募締切

◆ 助成決定時期 ： 7月の公開審査会

◆ 申請手続き ： ウェブサイトより応募用紙をダウンロードし、作成後に電子メールで事務局へ提出。

◆ 提出書類 ： 応募用紙

◆ 備考 ： 詳細はウェブサイトをご覧ください。

公益財団法人 まちみらい千代田

https://www.mm-chiyoda.or.jp

千代田区における、居住支援や産業振興等に関連する事業を総合的に推進することにより、活力ある地域社会の構築及び区に住み、働き、集う人たちが心豊かに生活することのできる地域社会の発展に寄与することを目的とする。

〒101-0054 東京都千代田区神田錦町3-21 ちよだプラットフォームスクウェア4階
TEL: 03-3233-7556 / FAX: 03-3233-7557
machisapo@mm-chiyoda.or.jp

千代田まちづくりサポート（はじめて部門・一般部門）

https://www.mm-chiyoda.or.jp/development/machisapo2015.html

◆ 対象分野 ： 環境 地域・まち・居場所づくり 災害・被災地 子ども 子育て・ひとり親支援 高齢者 障がい者

◆ 対象団体 ： 任意団体

＊はじめて部門
・千代田区を活気ある、住みよい魅力的なまちにしようとする、市民主体のまちづくり活動の第一歩に対して助成を行います。
・1回限りの助成としますが、継続する場合は一般部門への応募となります。
・経験豊富な専門家などが中心となるグループは除きます。

＊一般部門
・千代田区を活気ある、住みよい魅力的なまちにしようとする、市民主体のまちづくり活動に対して助成を行います。
・一つの活動に対して、当財団事業年度ごとに3回まで助成が受けられます。

◆ 概要 ： 活動内容については、活動されるグループが独自に考えたものとなりますが、参考として、これまでの事例を下記に例示します。
・地域のまちづくりへの提案をまとめる活動
・まちづくりに関するワークショップ、シンポジウム等の活動
・まちづくりに関する調査研究
・まちづくりグループのネットワークづくり
・地域の情報を提供する活動 など

◆ 総額 ： 都度の予算による

◆ 1件あたり金額 ： ＊はじめて部門
一律 5万円

＊一般部門
5〜50万円

◆ 応募期間
及び応募締切 ： ＜例年＞応募相談（5月上旬）、応募受付（5月中旬）、応募締め切り（6月中旬）

◆ 助成決定時期 ： 7月（公開審査会）

◆ 申請手続き ： ウェブサイトより応募用紙をダウンロードし、作成後に電子メールで事務局へ提出。

◆ 提出書類 ： 応募用紙

◆ 備考 ： 詳細はウェブサイトをご覧ください。

公益財団法人 まちみらい千代田

https://www.mm-chiyoda.or.jp

千代田区における、居住支援や産業振興等に関連する事業を総合的に推進することにより、活力ある地域社会の構築及び区に住み、働き、集う人たちが心豊かに生活することのできる地域社会の発展に寄与することを目的とする。

〒101-0054 東京都千代田区神田錦町3-21 ちよだプラットフォームスクウェア4階
TEL: 03-3233-7556 / FAX: 03-3233-7557
machisapo@mm-chiyoda.or.jp

第23回 千代田まちづくりサポート
応募の手引き（はじめて部門・一般部門）

令和5年4月

公益財団法人 まちみらい千代田

Chiyoda city Management Foundation

１．千代田まちづくりサポートとは

　「千代田まちづくりサポート」は、現在、将来にわたって千代田区を活気ある、住みよい魅力的なまちにする、市民の自主的で主体的なまちづくり活動を応援し助成する事業で、平成 10 年（1998 年）、財団法人千代田区街づくり推進公社ではじまり、公益財団法人まちみらい千代田（以下、「まちみらい千代田」という）が事業継承し、実施しています。

　これまで、延べ 266 グループ（※普請部門を除く）の活動に助成してきました。

２．募集部門

（1）はじめて部門（1 年間のみ）・・・・・・→P4 参照
　・助成額：一律 5 万円
　（はじめたばかりのまちづくり活動に対する助成）
（2）一般部門（最大 3 年間）・・・・・・・→P4 参照
　・助成額：5〜50 万円
　（継続して自立を目指すまちづくり活動に対する助成）
（3）普請部門　・・・・・・・別冊「応募の手引き（普請部門）」を参照してください。
　・助成額：最大 500 万円
　（空き室等を改修して活用するまちづくり活動に対する助成）

３．助成対象となる活動の例

　活動内容については、活動するグループが独自に考えたものとなりますが、参考として、これまでの助成対象活動を下記に例示します。
　・地域のまちづくりへの提案をまとめる活動
　・まちづくりに関するワークショップ、シンポジウム等の活動
　・まちづくりに関する調査研究
　・まちづくりグループのネットワークづくり
　・地域の情報を提供する活動　　など
　このほかに歴史・伝統・文化・環境などの視点からの新しい多様な活動提案を期待しています。「こんなことでもいいのかな」と思ったら、気軽にご相談ください。

４．事業スケジュール

　助成事業については、下記のスケジュールで行います。

（1）応募相談

・<u>5月8日（月）～31日（水）</u>

※事前に電話で予約してください。※応募相談は必須です。

（2）応募受付

・<u>5月15日（月）～6月16日（金）</u>

（3）公開審査会

・<u>7月23日（日）</u> ＜未定（千代田区内）＞

（4）助成金の交付

・8月上旬（予定）

（5）活動ガイダンス・交流会

・8月下旬（予定）

（6）中間発表会

・11月（予定）＜日時、会場未定（千代田区内）＞

（7）活動成果発表会

・令和6年4月（予定）＜日時、会場未定（千代田区内）＞

第23回 はじめて部門

7月 公開審査会 （書類審査で助成を決定）	8月 助成金交付 活動ガイダンス・交流会	11月 中間発表会	4月 活動成果 発表会

第23回 一般部門

7月 公開審査会 （公開審査で助成を決定）	8月 助成金交付 活動ガイダンス・交流会	11月 中間発表会	4月 活動成果 発表会

5．応募方法

（1）応募資格

・3人以上のグループで、千代田区在住、在勤、在学、国籍は問いません。

・千代田区のまちづくりを対象としたテーマで、継続して活動を行っている、あるいは行おうという意志があること。

・他の部門との重複応募はできません。

・応募申請したグループの代表者は他のグループの代表者を兼ねることはできません。

（2）応募制限

- 同一の企画内容で千代田区または区に関係する団体から助成金や補助金等（土地建物の無償貸与などを含む）を受けている活動は応募できません。助成金の申請等を行っている場合は、応募時にその旨を申告してください。
- 政治、宗教や営利を目的とする活動は、助成の対象外とします。

（3）注意点
- 応募受付後の部門変更は認めません。
- 応募用紙は一般に公開されます。
- 応募用紙の書式は変更できません。パソコンで作成する場合は、改ページ等でレイアウトが変わることがないようにしてください。
- グループ名は仮称ではなく、確定した名称をご記入ください。
- 助成対象後のイベントは活動グループの責任で開催するものとし、不測の事態が起きた場合、財団はその責務を負わないものとします。

（4）応募相談
- 応募の手引きについての質問や相談のほか、まちづくりの活動全般についての相談をまちみらい千代田の窓口で受け付けます。
- 応募用紙の書き方は、P7 の＜応募用紙の書き方と注意点＞を参照してください。

（5）応募方法
①インターネットやパソコンの環境がある方
- 応募用紙はまちみらい千代田ウェブサイトからダウンロードしてください。
- 応募用紙はメールで送信してください。
- 応募受理の返信メールをもって、応募受付とします。不備がある場合は、その旨を連絡します。

②インターネットやパソコンの環境がない方
- 応募用紙は、まちみらい千代田の窓口で配布します。
- ボールペンで記入してください。
- 提出期限までに、窓口で提出もしくは郵送してください。

※6月16日（金）必着
＜提出先＞公益財団法人まちみらい千代田　まちづくりサポート事務局
　　E-mail：machisapo@mm-chiyoda.or.jp　TEL：03-3233-7556
〒101-0054　千代田区神田錦町 3-21 ちよだプラットフォームスクウェア 4 階

6．各部門の助成内容と審査方法について

（1）はじめて部門

　・助成額：一律5万円

　※書類審査のみとなりますが、<u>公開審査会には必ず出席してください。</u>

＜助成の対象＞

　・千代田区を活気ある、住みよい魅力的なまちにしようとする、市民主体のまちづくり
　　活動の第一歩を踏みだそうとしている活動に対して助成を行います。

　・1回限りの助成とします。

　・経験豊富な専門家などが中心となるグループは除きます。

＜審査方法＞

　・公開審査会前に書類審査で選考します。

　・選考結果は公開審査会前にお知らせし、公開審査会への出席をもって助成を決定
　　します。

　※欠席の場合は、助成決定を取り消します。

　※公開審査会で活動内容を紹介していただきます。

＜審査基準＞

　・まちづくり活動に対する意欲が感じられる活動であること。

　・まちづくりに対する新しい視点がある活動であること。

（2）一般部門

　・助成額：5～50万円

＜助成の対象＞

　・千代田区を活気ある、住みよい魅力的なまちにしようとする、市民主体のまちづくり
　　活動に対して助成を行います。

　・一つの活動に対して、3回（3年間）まで助成が受けられます。

＜審査方法＞

　・公開審査会で選考します。応募グループは必ず出席してください。

　※欠席の場合は、助成対象となりません。

　・発表用資料をもとに、プレゼンテーションを行っていただきます。<u>発表時間は3分で
　　す。</u>（時間厳守）

　・発表後、審査会委員から質疑があります。

　・当日の発表用資料は、以下から選択できます。

　①模造紙1～2枚程度、②パソコンを利用した8枚程度のスライド

　※ただし、②の場合は、掲示用に見やすく印刷した物を別にご用意ください。

　・<u>審査会委員へ個別の資料配付はできません。</u>

・一次審査、二次審査と質疑応答を経て、助成を決定します。

＜審査基準＞
・千代田区内における市民の主体的なまちづくり活動であること。
・地域に元気をもたらし、コミュニティの活性化に貢献する活動であること。
・現在、将来にわたって住み・働き・学びやすく、魅力的な都市環境づくりに貢献する活動であること。
・まちづくり活動に対する熱意があり、活動を発展させるための助成効果が高いこと。
・まちづくりに対する新しい視点がある活動であること。
なお、2年目以降の活動については、下記についても重点がおかれます。
・初年度に行った活動の発展性・持続性（2年目）
・助成期間終了後の継続性（3年目）

7．助成金の交付

・公開審査会後に助成対象グループへ決定通知書と助成金請求書を送付します。
・審査結果により助成額が申請額と異なるグループは、収支計画書を訂正して再提出してください。
・グループ名義の口座を開設のうえ、通知に基づき助成金を請求してください。
・上記の準備や書類提出が整い次第、指定の口座に助成金を振り込みます。
・以下の場合は助成金の一部もしくは全額を返還していただきます。
　①相当の事由なく活動内容と申請内容が著しく相違したとき。
　②助成対象とされた活動が行えなくなったり、助成対象の要件を欠いたとき。
　③中間発表会、活動成果発表会に不参加のとき。
　④活動期間中に事務局からの連絡に応答がないなど、連絡が取れなくなったとき。
　⑤その他事務局の指示に従わなかったとき。

以　上

<参考>これまでの助成実績

回（年）	一般部門		はじめて部門		テーマ部門		合　計	
	応募数	助成数	応募数	助成数	応募数	助成数	応募数	助成数
第1回（1998）	18	15	－	－	－	－	18	15
第2回（1999）	22	15	－	－	－	－	22	15
第3回（2000）	15	8	－	－	－	－	15	8
第4回（2001）	12	8	－	－	－	－	12	8
第5回（2002）	30	20	－	－	－	－	30	20
第6回（2003）	22	18	－	－	－	－	22	18
第7回（2004）	27	17	－	－	－	－	27	17
第8回（2006）	14	14	3	3	－	－	17	17
第9回（2007）	19	16	2	2	－	－	21	18
第10回（2008）	10	9	1	1	－	－	11	10
第11回（2009）	15	13	1	1	－	－	16	14
第12回（2010）	13	8	2	2	－	－	15	10
第13回（2011）	12	8	2	2	－	－	14	10
第14回（2012）	5	4	0	0	－	－	5	4
第15回（2015）	11	10	5	3	2	1	18	14
第16回（2016）	13	10	1	1	1	1	15	12
第17回（2017）	17	11	2	2	－	－	19	13
第18回（2018）	16	10	2	2	－	－	18	12
第19回（2019）	8	5	2	2	－	－	10	7
第20回（2020）	9	6	3	3	－	－	12	9
第21回（2021）	5	4	3	2	－	－	8	6
第22回（2022）	5	4	5	5	－	－	10	9
合　計	318	233	34	31	3	2	355	266

＜応募用紙の書き方と注意点＞　　※応募前に必ずお読みください。

■助成対象経費について

○助成金を使用できる経費は、応募する活動の実施に必要な費用です。

○次ページ【表１】・【表２】に助成金を使用できる経費の具体例と上限額を示します。ただし、「助成が認められない経費」欄に記されたものは、除外されますのでご注意ください。

■応募用紙の「活動の実施に関わる収支計画」の作成方法について

○各部門の応募用紙の「活動の実施に関わる収支計画」には、応募する活動の実施に必要な支出・収入を記入してください。応募する活動以外の日常活動経費等は記入不要です。

○金額の数字には、数字の３桁ごとの桁区切りにコンマ「,」を付けてください。

○次ページ以降の補足資料を参考に作成してください。

○「費目」欄には【表１】・【表２】の費目を用いてください。

○「助成金を使用できる上限額が設定されている経費」、「応募時に理由が求められる助成対象経費」がありますので、ご注意ください。上限を超える支出分については、自己資金で補ってください。（表１～４参照）

■助成決定後の収支計画の修正について

○審査の結果、助成額と申請額が異なるグループは、助成金請求前に変更後の「収支計画」を提出していただきます。

■活動終了後の会計報告について

○助成を受けて活動を行った後、活動成果報告書の提出に併せて「会計報告書」を提出していただきます。その際、原則として、すべての費用について領収証またはレシートの写しを添付していただきます。

【注①】領収証の要件

・領収証には、「日付」「支払人（グループ名）」「金額」「摘要」「発行人」が記入されたものが必要です。

【注②】

・公共交通機関の利用（交通費）：利用日、利用区間、料金を報告してください。SuicaやPASMOなどへの入金シートは認められません。

・電話の使用料（通信費）：通話目的、回数などを報告してください。

・領収証を提出できない事情がある場合は、事前に事務局までご相談ください。

■表1　助成対象経費一覧

費　目	助成対象経費（例）	助成金を使用できる上限額及び留意点	助成が認められない経費
①謝　金	○謝金（勉強会講師など） ○作業費 （助成対象活動に伴う資料整理、データ作成、集計など）	・謝金上限額：30,000円／件 ・作業費上限額：700円／時間	×グループメンバーへの支払い
②交通費	○イベント関係や調査活動に伴う交通費 ○謝金対象の講師などへの交通費	・行き先、人数の予定を記載してください。	×定例会、打合せなど通常活動時のメンバー交通費
③賃借料	○会議やイベントの会場費 ○駐車場、機材物品レンタル費		×グループメンバーへの支払い（グループメンバーが所有または経営する法人を含む）
④資料費	○参考図書、文献、写真など資料の購入費		×活動終了後、個人所有となる資料
⑤印刷費	○助成対象活動で作成するチラシ、ポスターの印刷費 ○報告書・冊子の印刷費 ○コピー費、写真現像費	・製作物の単価、数量を記載してください。	
⑥通信費	○メンバー間の通信費や案内・会報の送料など ○切手代、宅配便代 ○電話の通話料	・電話通話料上限額：2,000円／月	×電話、インターネット接続などの導入費と毎月の基本料、データ・パケット通信料
⑦消耗品費	○イベント使用物品などの消耗品費 ○用紙、文具、プリンターインク代、各種録用メディア、手指消毒液　など	・上限額：30,000円未満／件	×活動終了後、個人所有となる物品 ×飲食費
⑧その他の諸経費 ※①～⑦、⑨、⑩に該当しない経費等	○イベントに係るボランティア保険 ○Zoom使用料　など		

■表2　審査会で特に理由が求められる助成対象経費一覧
○下表に示した費目は、原則助成対象になりませんが、活動に不可欠な場合は必要性を応募用紙の収支計画に必ず記載してください。合理性を審査のうえ、助成の可否を判断します。

費　目	助成対象経費（例）	留意点	助成が認められない経費
⑨外注費	○30,000円／件を超える外部への委託費（コンサルタント料、ウェブデザイン作成料、各種製作費、工事費など）	・できるだけ具体的に内容を記載してください。	×グループメンバーへの支払い（グループメンバーが所有または経営する法人を含む）
⑩機材・備品費	○30,000円／件を超える機材・物品費	・できるだけ具体的に内容を記載してください。	×活動終了後、個人所有となる物品

■表３「活動の実施に関わる収支計画」の記入例（１）－　はじめて部門

(1)支出　（※支出のない費目は削除してください。

費　目	内容（算出根拠）	金額（円）	費用小計（円）	うち助成金申請額（円）
交通費	メンバー５名のイベント会場への交通費	5,000	5,000	5,000
賃借料	会場使用料（@18,000円×2回）	36,000	36,000	20,000
印刷費	参加者募集チラシの作成 （@20円×1,000部）	20,000	20,000	20,000
消耗品費	マジックペン・ガムテープ プリンターインク代	3,000 6,000	9,000	0
その他の諸経費	参加者リクレーション保険	5,000	5,000	5,000
合計（円） ※(A)の金額（万円未満切り捨て）を応募用紙１ページ目に転記してください。必ず（A）≦（B）となるよう計画を立てて下さい。			(B) 75,000	(A) 50,000

（2）収入

	費　目（会費、参加費、寄付など）	金額（円）
自己資金	会費（@1,000円×10名）	10,000
	イベント参加費（@500円×30名）	15,000
千代田まちづくりサポート助成申請額（A）		50,000
合計（C）　※（B）＝（C）となるように計画を立てて下さい。		75,000

■表4「活動の実施に関わる収支計画」の記入例（2）－　一般部門

(1)支出　（※支出のない費目は削除してください。

費　目	内容（算出根拠）	金額（円）	費用小計（円）	うち助成金申請額（円）
謝　金	・勉強会講師謝金 @30,000×5回	150,000	150,000	150,000
交通費	・講師交通費 ・メンバーの交通費	3,000 5,000	8,000	0
賃借料	・打合せ会議室使用料@1,000円×4回 ・講演会会場使用料	4,000 50,000	54,000	50,000
資料費	・資料コピー代（@26円×1,000枚）	26,000	26,000	26,000
印刷費	・参加者募集チラシの作成 （@30円×1,500部）	45,000	45,000	20,000
消耗品費	・マジックペン・ガムテープ ・プリンターインク代	3,000 6,000	9,000	9,000
その他の諸経費	・参加者リクレーション保険	5,000	5,000	5,000
外注費	・プレゼン資料 ※理由 講演会で使用する大きな説明地図を含む一部専門的な作業について委託する。	100,000	100,000	50,000
機材・備品費	・プロジェクター ※理由 10回利用し、レンタルより購入した方が安いため。	60,000	60,000	50,000
合計（円） ※(A)の金額（万円未満切り捨て）を応募用紙1ページ目に転記してください。必ず（A）≦（B）となるよう計画を立てて下さい。			(B) 457,000	(A) 360,000

（2）収入

	費　目（会費、参加費、寄付など）	金額（円）
自己資金	会費（@1,000円×52名）	52,000
	イベント参加費（@500円×90名）	45,000
千代田まちづくりサポート助成申請額（A）		360,000
合計（C）　※（B）＝（C）となるように計画を立てて下さい。		457,000

< 応募相談場所 >

公益財団法人まちみらい千代田
（千代田区神田錦町3-21 ちよだプラットフォームスクウェア4階）

《交通》
★地下鉄
・竹橋駅（東京メトロ東西線）
　3b出口より徒歩4分
・神保町駅（都営三田線・新宿線、東京メトロ半蔵門線）
　A9出口より徒歩7分
・小川町駅（都営新宿線）
　B7出口より徒歩8分
★JR
・神田駅（山手線、京浜東北線）
　西口より徒歩15分

<募集概要ページ>

公益財団法人まちみらい千代田　まちづくりサポート事務局
〒101-0054　千代田区神田錦町3-21 ちよだプラットフォームスクウェア4階
電　話：03−3233−7556　FAX：03−3233−7557
メール：machisapo@mm-chiyoda.or.jp

第23回 千代田まちづくりサポート

応募用紙（はじめて部門）

※この応募用紙に記載するすべての事項は、一般に公開されることを承諾します。

1．活動テーマと活動グループについて

① テーマ　：	
② 実施期間 　　令和5年4月 ～ 令和6年3月	③ 申請金額 　　　　　　　　　　5　万円
④ 活動グループの名称 フリガナ： 名　　称：	
⑤ 代表者氏名 フリガナ： 氏　　名：	

2．応募の理由と活動内容について

① 応募の理由
② 活動の内容

③ 地域のまちづくりに貢献する点

3. 活動の体制について

① 活動に携わるメンバーの氏名/年代/職業/役割分担

	氏　名	年　代	職　業	活動にあたっての役割など
1	（代表者）			
2				
3				
4				
5				
6				
7				
8				
9				
10				

メンバーが10名を超える場合は、その方々の氏名のみ記入してください。（合計　名）

4. 活動の実施に関わる収支計画

※「収支計画書（Excel）（はじめて・一般部門）」に入力ください。

第23回千代田まちづくりサポート　グループの連絡先などについて

事務局からの連絡先を記入してください。

※このページは、公開されませんので、必ず記入してください。

１．グループの名称・テーマ・助成申請額

グループ名	
テーマ	
助成申請額	万円

２．連絡先

(1) 代表者氏名と住所
フリガナ：
氏　　名：
住　　所：〒
TEL　　：　　　　－　　　－　　　　　FAX：　　　－　　　－
E-mail　：

(2) 連絡責任者氏名と住所
フリガナ：
氏　　名：
住　　所：〒
TEL　　：　　　　－　　　－　　　　　FAX：　　　－　　　－
E-mail　：

＜注意事項＞

- 応募の手引きに記載の内容を遵守すること。
- 活動内容や応募内容に変更等が生じた場合、その他不測の事態が発生した場合はすぐに事務局に報告・相談すること。
- 本事業の運営および審査会等の進行の妨げになるような行為を行わないこと。
- その他事務局の指示に従うこと。

以上に反する行為を行った場合は、応募を取り消し、以降の応募を認めません。

＜誓約事項＞

- 千代田まちづくりサポート事業への応募にあたり、応募用紙に記載の内容に虚偽がないことを確認し、上記注意事項を遵守することを誓約します。

令和　　　年　　　月　　　日　　応募グループ名：＿＿＿＿＿＿＿＿＿＿＿

代表者氏名：＿＿＿＿＿＿＿＿＿＿＿＿

年　月　日

受付番号＿＿＿＿＿＿＿

第23回 千代田まちづくりサポート

応募用紙（一般部門）

※この応募用紙に記載するすべての事項は、一般に公開されることを承諾します。

1．活動テーマと活動グループについて

① テーマ （助成　　回目　※はじめて部門での助成を除く）	
② 実施期間 　　令和5年4月 ～ 令和6年3月	③ 申請金額 　　　　　　　　　　万円
④ 活動グループの名称 フリガナ： 名　　称：	
⑤ 代表者氏名 フリガナ： 氏　　名：	

2．応募の理由と活動内容について

① 応募の理由（2,3年目のグループは、これまでの活動をいかに発展させるかについても記入してください。）
② 地域のまちづくりに貢献する点

③ 活動内容

④ 実施スケジュール

時　期	具体的内容
令和5年 4月	
5月	
6月	
7月	
8月	
9月	
10月	
11月	
12月	
令和6年 1月	
2月	
3月	

3. 活動の体制について

① 活動に携わるメンバーの氏名/年代/職業/役割分担

	氏　名	年　代	職　業	活動にあたっての役割など
1	（代表者）			
2				
3				
4				
5				
6				
7				
8				
9				
10				

メンバーが10名を超える場合は、その方々の氏名のみ記入してください。（合計　　名）

② 活動グループの設立の経緯と今までの活動実績

③ グループメンバー以外の協力者・協力団体などがあれば記入してください。

4. 活動の実施に関わる収支計画

※「収支計画書（Excel）（はじめて・一般部門）」に入力ください。

5. 活動展望　　※各項目のスペースは自由に割り振り、1ページに収めてください。

① これまでの活動成果と自己評価（※これまで活動実績や助成実績がある場合は記入してください。）

＜活動成果＞

＜自己評価＞

②今後1～3年の活動展望および自己PR（※おおまかな計画を自由に記入してください。）

＜1年目＞

＜2年目＞

＜3年目＞

＜自己PR＞

第23回千代田まちづくりサポート　グループの連絡先などについて

事務局からの連絡先を記入してください。

<u>※このページは、公開されませんので、必ず記入してください。</u>

１．グループの名称・テーマ・助成申請額

グループ名	
テーマ	
助成申請額	万円

２．連絡先

(1) 代表者氏名と住所
フリガナ： 氏　　名： 住　　所：〒 TEL　　：　　　－　　　－　　　　　FAX：　　　－　　　－ E-mail　：

(2) 連絡責任者氏名と住所
フリガナ： 氏　　名： 住　　所：〒 TEL　　：　　　－　　　－　　　　　FAX：　　　－　　　－ E-mail　：

＜注意事項＞
- 応募の手引きに記載の内容を遵守すること。
- 活動内容や応募内容に変更等が生じた場合、その他不測の事態が発生した場合はすぐに事務局に報告・相談すること。
- 本事業の運営および審査会等の進行の妨げになるような行為を行わないこと。
- その他事務局の指示に従うこと。

以上に反する行為を行った場合は、応募を取り消し、以降の応募を認めません。

＜誓約事項＞
- 千代田まちづくりサポート事業への応募にあたり、応募用紙に記載の内容に虚偽がないことを確認し、上記注意事項を遵守することを誓約します。

令和　　　年　　　月　　　日　応募グループ名：＿＿＿＿＿＿＿＿＿＿＿＿＿

代表者氏名：＿＿＿＿＿＿＿＿＿＿＿＿＿＿＿＿

４．活動の実施に関わる収支計画　　※1ページに収まるようレイアウトにご注意ください。

◆支出　※支出のない費目は削除してください

費目	内容（算出根拠）	金額（円）	費目小計（円）	うち助成金申請額（円）
謝金			O	
交通費			O	
賃借料			O	
資料費			O	
印刷費			O	
通信費			O	
消耗品費			O	
その他の経費			O	
外注費			O	
機材・備品費			O	
合計（円） ※（A）の金額（万円未満切り捨て）を応募用紙１ページ目に転記してください。必ず（A）≦（B）となるよう計画を立ててください。			（B） O	（A） O

◆収入

費　目（会費、参加費、寄付など）		金額（円）
自己資金		
千代田まちづくりサポート助成申請額（A）		O
合計（C）　※（B）＝（C）となるように計画を立てて下さい。		O

松の花基金

◆ **対象分野** ： 障がい者

◆ **対象団体** ： ○事業計画に従って遂行する能力があること。
○原則として、社会福祉法人、民法第34条の公益法人、又は知的障害児（者）の福祉に関する専門的研究者（団体）等であること。
○助成事業者等として不適当と認められる行為が無かったこと

◆ **概要** ： 次の要件を満たすものが対象となります。
①知的障害児（者）の福祉向上のために行われる
（1）事業
（2）調査研究およびそれに附随する事業
であること。
②営利を目的としないこと。

◆ **総額** ： 総額1,200万円

◆ **1件あたり金額** ： 定めなし

◆ **応募期間及び応募締切** ： 4月1日〜8月31日

◆ **助成決定時期** ： 11月中旬

◆ **申請手続き** ： ホームページより申請書をダウンロードして、当基金宛に送付

◆ **提出書類** ： 定款・規約 団体の予算書・決算書 役員名簿 団体資料（パンフレット）
施設案内図
※予算書に関しては、助成事業に関する収支予算書（前年度分）

社会福祉法人 松の花基金

http://matsunohana.jp/

当基金は専ら知的障害児（者）の福祉向上を目的として設立された社会福祉法人です。

〒103-0004 東京都中央区東日本橋1-7-2 長坂ビル内
TEL: 03-5848-3645 / FAX: 03-3861-8529

令和5年度 社会福祉法人 松の花基金 助成金募集要領

1. 助 成 対 象　　　知的障害児（者）の福祉向上を目的とする施設事業・活動と研究・調査に対し、審査の上 助成金を交付する。

（＊身体障害児（者）の施設・研究は対象外です）

2. 助成事業実施者　　原則として社会福祉法人、公益法人

3. 助 成 金 額　　　　年間総額　1,200万円

4. 申 込 期 限　　　　令和5年8月末日必着

（応募要領に基づき申請）

5. 選 考 結 果　　　　同年11月中旬頃、基金より個別に連絡

6. 申込要綱／申込書　下記ホームページよりダウンロードをお願いします。

http://matsunohana.jp/

7. 申込・問合せ先　　〒103-0004　東京都中央区東日本橋1－7－2

社会福祉法人　松の花基金　　福島／鈴木

TEL. 03－5848－3645

FAX. 03－3861－8529

社会福祉助成事業

◆ **対象分野** : 子ども 高齢者 障がい者

◆ **対象団体** : 原則として非営利の法人（ただし、法人でない場合でも、3年以上の継続的な活動実績があり、組織的な活動を行っている団体は対象とします）

◆ **概要** : わが国における社会福祉事業(福祉施設の運営、福祉活動など)を行う民間の団体が企画する事業案件で、次の条件を具備するもの。
*明確な目的を持ち、実施主体、内容、期間が明らかであること
*助成決定から1年以内に実施が完了する予定のものであること
（12月〜翌年11月末の1年間で、申込案件が実施・完了される事業が対象）
*一般的な経費不足の補填でないこと
*申込案件に、国や地方公共団体の公的補助が見込めないこと、また他の民間機関からの助成と重複しないこと

◆ **総額** : 毎年、50件以上、総額1億円

◆ **1件あたり金額** : 200万円を上限とします。

◆ **応募期間及び応募締切** : 5月〜6月※当日消印有効

◆ **助成決定時期** : 10月下旬

◆ **申請手続き** : 申込書用紙など申込関係書類は、当基金のホームページよりダウンロードできます。

◆ **提出書類** : 定款・規約 団体の予算書・決算書 役員名簿 団体資料（パンフレット）
見積書、施設所在地の地図、法人格をお持ちの団体は、現在事項証明書の写し（発行日から3か月以内のもの）

社会福祉法人 丸紅基金

https://www.marubeni.or.jp

当基金は、社会福祉活動に従事する施設、団体に対し資金助成を行うことにより、わが国の福祉の向上に資することを目的として、1974年9月、厚生省の認可を受け、丸紅株式会社の出捐により設立されました。
障がい者のほか、児童・青少年、高齢者、女性保護、貧困支援等、幅広い対象への助成を特色としています。

〒100-8088 東京都千代田区大手町1-4-2 丸紅ビル
TEL: 03-3282-7591・7592 / FAX: 03-3282-9541
mkikin@marubeni.com

第40回「老後を豊かにするボランティア活動資金助成事業」

◆ **対象分野** ： 高齢者

◆ **対象団体** ： 任意団体

【助成の対象となるグループ】
地域において、高齢者を主な対象として活動を行っている、あるいはスタッフの中核が高齢者
である比較的小規模なボランティアグループで、次の条件を満たすもの。
①登録ボランティアスタッフ数:10人〜50人程度。
②グループ結成以来の活動実績:3年以上（令和5年3月末時点）。
③本助成を過去3年以内（令和2年度以降）に受けていないこと。
④グループ名義の金融機関口座を保有し、規約（会則）、会計報告書類が整備されている
こと。

【助成の対象とならないグループ】
①法人格を有する団体（特定非営利活動法人など）およびその内部機関
②老人クラブおよびその内部機関
③自治会・町内会およびその内部機関
④他の組織に所属する人（自治会長・民生委員など）を、本人の意思にかかわらず自動的にメンバー
とする団体

◆ **概要** ： ①高齢者による、地域共生社会の実現につながる活動
②高齢者を対象とした生活支援サービス
③高齢者と他世代との交流を図る活動
④レクリエーションを通じて高齢者の生活を豊かにする活動

◆ **総額** ： 900万円

◆ **1件あたり金額** ： 上限額： 10万円

【上限額】 10万円

◆ **応募期間**
及び応募締切 ： 令和5年5月19日（必着）

◆ **助成決定時期** ： 選考委員会（7月開催予定）にて助成先を決定

◆ **申請手続き** ： 所定の申請書（当財団のホームページからダウンロードまたは当財団に請求）に必要事項を記
入の上、都道府県・指定都市または市区町村社会福祉協議会の推薦を受け、当財団に直接郵送。

◆ **提出書類** ： 定款・規約 団体の予算書・決算書 団体資料（パンフレット）
応募要領をご確認ください。

公益財団法人 みずほ教育福祉財団

http://www.mizuho-ewf.or.jp

わが国の文化の発展、社会福祉の増進に寄与することを念願し、初等中等教育並びに社会福祉に関する事業に対しての助成を行
う。

〒100-0005 東京都千代田区丸の内1-6-1
TEL: 03-5288-5903 / FAX: 03-5288-3132
fjp36105@nifty.com

公益財団法人みずほ教育福祉財団

第40回 「老後を豊かにするボランティア活動資金助成事業」
（令和5年度）応募要領

主催：公益財団法人みずほ教育福祉財団

後援：社会福祉法人全国社会福祉協議会

趣　旨

　　高齢化社会を迎え、高齢者が住みなれた街で安心して生活するための、地域住民・ボランティアによる主体的かつ活発な福祉活動に対するニーズが、一段と高まっています。

　　本助成事業は、地域共生社会の実現につながる活動を行っている高齢者中心のボランティアグループ及び高齢者を主な対象として活動するボランティアグループに対し、利他性を有する活動にて継続的に使用する用具・機器類の取得資金を助成します。

応募内容

1. 助成対象

　　地域において、助成の趣旨に沿った活動を行っている、個人が任意で参加する比較的小規模なボランティアグループで、次の要件を満たすもの。なお、反社会的勢力、及び反社会的勢力に関係すると認められるグループからの申請は受け付けられません。

　（1）必要要件

　　①　グループメンバー：<u>10人～50人程度。</u>

　　②　グループ結成以来の活動実績：<u>満3年以上（令和5年3月末時点）。</u>

　　③　本助成を<u>過去3年以内（令和2年度以降）</u>に受けていないこと。

　　④　<u>グループの組織・運営に関する規約（会則）、年度毎の活動報告書類及び会計報告書類が整備</u>され、<u>規約（会則）に定めるグループ名義の金融機関口座を保有</u>していること。
　　　サロンについては、サロン開催に関する規約ではなく、サロン運営を担うボランティアグループの組織・運営について定めた規約（会則）が必要です。

　（2）対象外となるグループ

　　①　<u>法人格を有する団体（特定非営利活動法人など）及びその内部機関（支部など）。</u>

　　②　老人クラブ及びその内部機関。

　　③　自治会・町内会及びその内部機関。

　　④　他の組織に所属する人（自治会長・民生委員など）を、本人の意思にかかわらず自動的にメンバーとする団体。

2. 助成対象となる活動内容及び使途（例）

活動内容	使途（例）
① 高齢者による、地域共生社会の実現につながる活動	こども食堂、学習支援、災害時の避難支援、地域清掃、緑地整備、パトロール等の地域共生社会の実現につながる活動に必要な用具・機器（感染症対策等を含む）等
② 高齢者を対象とした生活支援サービス	食事・清掃・友愛訪問等の生活を援助する活動、住宅補修・庭木の手入れ等の生活環境を改善する活動に必要な用具・機器（情報通信関連・感染症対策等を含む）等
③ 高齢者と他世代との交流を図る活動	幼児・児童等との交流活動や地域の伝統文化を伝承する活動等に必要な用具・機器（感染症対策等を含む）等
④ レクリエーションを通じて高齢者の生活を豊かにする活動	高齢者を対象としたレクリエーション活動に必要な運動用具・機器（感染症対策等を含む）、楽器、遊具等

1

3. 助成対象となる用具・機器（※）

① 活動において**継続的に**使用する用具・機器の購入費用に限ります。
　　ただし、エアコン・テレビ・テーブル・椅子等、設備に類するものは除きます。

② 運営経費（人件費、交通費、消耗品費）、研修経費（講師謝金、会場費）等は対象外です。

③ **助成決定通知の到着前に購入された用具・機器は対象外**です。

　（※）助成決定通知で承認された用具・機器と異なる品目を購入することはできません。承認された品目と異なる物品を購入した場合は、助成金を全額返還していただきます。

4. 助成金額及びグループ数

１グループにつき１０万円を上限に、希望内容を踏まえ、選考委員会にて用具・機器の品目及び助成金額を決定します。助成は、計１１０グループ程度を予定しています。

5. 応募方法及び期限

所定の申請書に必要事項を記入の上、**都道府県・指定都市または市区町村社会福祉協議会の推薦を受け、当財団に直接郵送願います。**（※）

（期　限）　**令和５年５月１９日（金）（必着）**

（送付先）　〒100-0005 東京都千代田区丸の内１-６-１ 丸の内センタービルディング
　　　　　　公益財団法人みずほ教育福祉財団 福祉事業部

（※）社会福祉協議会の推薦手続は、時間を要する場合があります。推薦を依頼する社会福祉協議会には必ず事前に連絡を行い、十分な余裕をもって申請書を持込むようお願いします。

6. 応募要領・申請書

応募要領・申請書は、当財団の**ホームページ**（http://www.mizuho-ewf.or.jp）から、PDF形式でダウンロードできます。（令和５年３月掲載予定）

《選考のポイント》　・地域共生社会の実現に向けた、高齢者が中心となって行う活動
　　　　　　　　　　・高齢者の生活支援のための、継続的・実践的な活動

7. 助成決定通知及び助成金の振込

当財団の選考委員会（７月開催予定）にて助成先、承認品目及び助成金額を決定し、**７月末まで**に、各グループに選考結果を通知します。その後、助成先として決定したグループから振込口座届を提出していただき、**９月上旬を目途**に助成金を振込む予定です。（※）

（※）７月末までに選考結果通知が到着しない場合、当財団宛てに直接お問い合わせ下さい。提出いただいた書類は返却できません。また、選考内容に関するお問い合わせに応じることはできません。

8. 購入品報告書・活動報告書

助成先グループには、「購入品報告書」（報告期限：令和５年１０月末）により購入品について、「活動報告書」（報告期限：令和６年１月末）により購入品を利用した令和５年１２月末までの活動について、報告していただきます。報告書の様式は、助成決定通知に同封します。

9. 問合せ先

公益財団法人みずほ教育福祉財団　福祉事業部

E-mail：fjp36105@nifty.com（TEL：03-5288-5903、FAX：03-5288-3132）
お問い合わせは、できるだけ E-mail をご利用下さい。電話やＦＡＸによる場合は、ご回答が遅くなる場合があります。

【個人情報保護に関する事項】
1. 当財団がこのプログラム「老後を豊かにするボランティア活動資金」の助成に関して取得する個人情報は、選考作業や助成可否の通知など、本申請に関する業務に必要な範囲に限定して取扱います。
2. 当財団は本件助成が決定した場合、決定者に関する情報を一般公開いたします。
3. 個人情報に関する窓口は次の通りです。
　　（個人情報担当）公益財団法人みずほ教育福祉財団　事務局　（電話）03-5288-5901

第21回「配食用小型電気自動車寄贈事業」

◆ 対象分野 : 　高齢者

◆ 対象団体 : 　法人 　任意団体

以下の3つの条件を満たす団体
①高齢者を主な対象とし、原則として、1年以上継続して、週1回以上、調理・家庭への配食・友愛サービスを一貫して行っていること。
②法人（非営利活動法人、公益団体、出資持分のない医療法人、公益法人等）・任意団体を問わず、非営利の民間団体であること。ただし、実施している給配食サービスがすべて行政等からの受託である団体の場合は、当該部門の営業利益が黒字ではないこと。
③現在の活動を継続するにあたって、配食用の車両が不足しており、本寄贈によって運営の円滑化が見込まれること。
④本寄贈を過去6年以内（平成30年以降）に受けていないこと。

◆ 概要 : 　高齢者を主な対象とした配食サービス

◆ 総額 : 　1,680万円

◆ 1件あたり金額 : 　【上限額】（配食用小型電気自動車1台）

◆ 応募期間
　及び応募締切 : 　令和5年6月9日（必着）

◆ 助成決定時期 : 　選考委員会（7月開催予定）にて寄贈先を決定

◆ 申請手続き : 　所定の申請書（当財団のホームページからダウンロードまたは当財団に請求）に必要事項を記入の上、都道府県・指定都市または市区町村社会福祉協議会あるいは全国食支援活動協力会のいずれかより推薦を受け、推薦団体経由または直接、申請書類一式を当財団に送付。

◆ 提出書類 : 　定款・規約 　団体の予算書・決算書 　団体資料（パンフレット）
応募要領をご確認ください。

公益財団法人 みずほ教育福祉財団

http://www.mizuho-ewf.or.jp

わが国の文化の発展、社会福祉の増進に寄与することを念願し、初等中等教育並びに社会福祉に関する事業に対しての助成を行う。

〒100-0005 東京都千代田区丸の内1-6-1
TEL: 03-5288-5903 / FAX: 03-5288-3132
fjp36105@nifty.com

公益財団法人みずほ教育福祉財団
第21回 「配食用小型電気自動車寄贈事業」
（令和5年度）応募要領

主催： 公益財団法人みずほ教育福祉財団
後援： 社会福祉法人全国社会福祉協議会
　　　 一般社団法人全国食支援活動協力会

趣　旨

　高齢化社会を迎え、地域の住民による主体的な福祉活動の重要性が、一段と高まっています。とりわけ、高齢者を対象とした配食サービスは、声掛けを通じた友愛活動を兼ねていることから、極めて意義深いものがあります。

　みずほ教育福祉財団では、高齢者を対象とした福祉活動を支援するため、みずほフィナンシャルグループ役職員からの募金を主な原資として、高齢者向けに配食サービスを行っている民間団体に対し、配食用小型電気自動車（愛称：みずほ号）の寄贈を行います。

応募内容

1. 寄贈内容

　① 助成内容：配食用小型電気自動車 1 台
　② 事業規模：14 台（14 団体）（予定）

2. 配食用小型電気自動車「みずほ号」について

　トヨタ車体㈱製の車両（コムス B・COM デリバリー）をベースとした、一人乗り小型電気自動車（ミニカー）です。（トヨタ自動車㈱の C⁺pod（シーポッド）とは異なります）
　家庭用の AC100V を使用し、特別な充電設備は必要としません。その他、車両の仕様等は、別紙に記載の通りとなります。
　また、車体には、「みずほ号」・「みずほ教育福祉財団寄贈」・「団体名」のロゴが入ります。寄贈後の車体のロゴの変更には、当財団の許可を要するものとします。

3. 助成対象

　以下の4つの条件を満たす団体。なお、反社会的勢力、および反社会的勢力に関係すると認められる団体からの申請は受け付けられません。
　① 高齢者を主な対象とし、**原則として、1年以上継続して、週1回以上、調理・家庭への配食・友愛サービスを一貫して行っている**こと。
　② 法人（非営利活動法人、社会福祉法人、出資持分のない医療法人、公益法人等）・任意団体を問わず、非営利の民間団体であること。ただし、実施している給配食サービスがすべて行政等からの受託である団体の場合は、当該部門の営業利益が黒字ではないこと。
　③ 現在の活動を継続するにあたって、配食用の車両が不足しており、本寄贈によって運営の円滑化が見込まれること。
　④ 本寄贈を過去6年以内（平成30年以降）に受けていないこと。

1

4. 応募方法

① 所定の申請書に必要事項を記入の上、都道府県・指定都市または市区町村社会福祉協議会、もしくは全国食支援活動協力会の**いずれかの推薦**を受けて下さい。

市区町村社会福祉協議会自身が申請者の場合は、都道府県社会福祉協議会からの推薦を受けて下さい。

② 令和4年度の事業報告書・収支決算書（貸借対照表、活動計算書など）と令和5年度の事業計画書・収支予算書の添付が必要です。

複数の事業所を展開されている場合には、法人全体と配食部門（独立部門となっていない場合は、配食事業を行っている事業所）に係る収支決算書及び収支予算書を添付願います。

③ 申請書類一式を、推薦団体経由もしくは直接、当財団宛てに送付して下さい。

④ 応募要領・申請書は、当財団のホームページ（http://www.mizuho-ewf.or.jp）から、PDF形式でダウンロードできます。（令和5年3月掲載予定）

⑤ 選考のポイント

- 高齢者を主な対象とした一定規模の配食活動を通じて、地域に貢献していること
- 友愛活動等を通じて、高齢者等が地域社会において心身ともに健康な生活を送ることに貢献していること

5. 応募締切り

令和5年6月9日（金）（必着）

6. 助成決定通知

選考委員会（7月開催予定）にて助成先を決定し、**7月末までに**、各団体へ書面にて選考結果を通知します。

（※）提出された書類は返却できません。また、選考内容に関するお問い合せに応じることはできません。

7. 車両の贈呈

9月以降、各団体の活動拠点にて贈呈式を開催し、車両を贈呈する予定です。

8. 申請書送付・問い合わせ先

〒100-0005

東京都千代田区丸の内1-6-1 丸の内センタービルディング

公益財団法人みずほ教育福祉財団 福祉事業部

E-mail：fjp36105@nifty.com

（TEL：03-5288-5903、FAX：03-5288-3132）

お問い合わせはできるだけE-mailをご利用下さい。電話やFAXによる場合は、ご回答が遅くなる場合があります。

以上

【個人情報保護に関する事項】

1. 当財団がこのプログラム「配食用小型電気自動車寄贈事業」に関して取得する個人情報は、選考作業や助成可否の通知など、本申請に関する業務に必要な範囲に限定して取扱います。
2. 当財団は本件助成が決定した場合、決定者に関する情報を一般公開いたします。
3. 個人情報に関する窓口は次の通りです。

（個人情報担当）公益財団法人みずほ教育福祉財団 事務局 （電話）03-5288-5901

2

第21回　配食用小型電気自動車寄贈事業

申　請　書

公益財団法人みずほ教育福祉財団　御中　　　　　　　　　申請日　令和 5年　月　　日

私は、貴財団の応募要領記載事項を確認し、同意した上で、申請いたします。
また、当法人(グループ)は反社会的勢力とは一切関わりがないことを宣言します。

1. 法人名 〔法人格を有しない場合はグループ名〕	（フリガナ）				
2. 代表権者 〔法人格を有しない場合は代表者〕	職名		氏名	（フリガナ）	代表者印
3. 所在地	（フリガナ） 〒				
4. 連絡責任者 （職名・氏名）	職名		氏名	（フリガナ）	
	（電話）			（FAX）	
	（E-mail）				
5. 申請理由 （できるだけ詳細に）					

6. 推薦者と推薦理由

☐	社会福祉法人〔　　　　　〕社会福祉協議会	所属長名		公印
		担当者名		
		〔所在地)　〒		
☐	一般社団法人 全国食支援活動協力会	推薦者		

（推薦理由）

グループの概要　　（令和5年3月末現在）

設 立 時 期	昭和 ・ 平成 ・ 令和 　　　年　　　月	配食サービス 開始時期	昭和 ・ 平成 ・ 令和 　　　年　　　月	
配食サービス 利用者数 （個人利用者）	（重複する同一人は 1人として計算） 　　　　　　人	そのうち、 65歳以上の 人数	人	そのうち、 受託サービス だけの利用者	人
65歳以上向けの うち、行政等から の受託割合	（配食数ベース） 　　　　　　％	配食サービス 部門の営業 利益	百万円	配食サービス 部門のボラン ティア数	人

（※ 配食サービス利用者数の行は「そのうち、受託サービスだけの利用者」が最右列、「そのうち、65歳以上の人数」が中央。）

事 業 内 容	1. 配食サービス事業の現状について（できるだけ詳しく） （現状の配食手段と使用車両について　車種・台数など） （調理部門について　委託先業者の有無、名称・場所・担当者数など） 2. 配食サービス以外の事業について

活 動 回 数	配食　（朝食）　週　　回　　　曜日　　　平均的な1回の供食数　約　　　食
	（昼食）　週　　回　　　曜日　　　平均的な1回の供食数　約　　　食
	（夕食）　週　　回　　　曜日　　　平均的な1回の供食数　約　　　食
	会食　（朝食）　週　　回　　　曜日　　　平均的な1回の供食数　約　　　食
	（昼食）　週　　回　　　曜日　　　平均的な1回の供食数　約　　　食
	（夕食）　週　　回　　　曜日　　　平均的な1回の供食数　約　　　食

衛 生 管 理	検査の有無【　有　（実施者:　　　　　　　　　　　　　　　　）・　無　】 「有」の場合 ・・・ 定例・日定例検査【　定例　・　　非定例　】 「有」かつ定例の場合 ・・・ 回数・内容など記載願います 〔　　　　　　　　　　　　　　　　　　　　　　　　　　　　　　　　　　　〕

添 付 書 類	1. 令和4年度事業報告書・収支決算書（貸借対照表・活動計算書など）　　必須 2. 令和5年度事業計画書・収支予算書　　必須 3. 団体（グループ）及び事業（活動）に関するパンフレットなど　　任意 4. その他、事業（活動）内容についての参考資料　　任意 法人の場合、1. 2の資料は法人全体分と該当事業所分をご提出ください。 （3. 4についても、事業の状況が分かるよう、できるだけご用意ください）

社会福祉助成金事業

◆ **対象分野** ： 障がい者

◆ **対象団体** ： 法人

①事業助成:日本国内に於いて3年以上の継続した活動実績がある非営利法人（社会福祉法人、特定非営利活動法人等）、任意団体、ボランティアグループ等。
②研究助成:上記①の先及び日本国内の研究グループ（但し、構成員5人以上）
③対象外となる先:株式会社等の営利法人、個人、過去3年間（2020年度～2022年度）に当財団から助成を受けた先

◆ **概要** ： ①事業助成
障がい児・者の福祉向上を目的とした事業に対しての助成。
②研究助成
障がい児・者の福祉向上を目的とした研究に対しての助成。

①・②の助成対象案件として、
＊当該案件が公の援助や他団体の助成を受けていないこと。
＊明確な企画（目的・内容・資金使途等）計画に基づく単一の事業・研究であること。
＊経常的な人件費等の運営費は対象外とする。
＊先駆的・開拓的な案件、緊急性・必要性の高い案件、高い助成効果が期待できる案件

◆ **総額** ： 2023年度 3,300万円（予定）

◆ **1件あたり金額** ： 上限額： 100万円

①事業助成、研究助成共に助成額は事業（研究）総額の90％以内且つ下記金額の範囲とします。
助成 20～100万円以内

◆ **応募期間及び応募締切** ： 4月24日～6月30日（当日消印有効）

◆ **助成決定時期** ： 10月の予定。なお、決定発表は当財団ホームページ上で行う他、福祉新聞紙上でも発表。

◆ **申請手続き** ： ＊取り寄せ方法:みずほ福祉助成財団のホームページからダウンロードして下さい。
＊申込方法:みずほ福祉助成財団へ郵送及び宅配便。
（財団への申込書持参及び電子メール及びFAXによる申込は不可）

◆ **提出書類** ： 定款・規約 団体の予算書・決算書 役員名簿 団体資料（パンフレット）

ご提出いただく書類は、事業内容により異なりますので、必ず募集要項をご確認下さい。

◆ **備考** ： 詳細につきましては、当財団ホームページの募集要項をご確認下さい。

公益財団法人 みずほ福祉助成財団

http://mizuhofukushi.la.coocan.jp/

社会福祉に関する諸活動に対して助成等を行い、もってわが国の社会福祉向上に寄与することを目的とする。

〒100-0005 東京都千代田区丸の内1-6-1 丸の内センタービルディング
TEL: 03-5288-5905 / FAX:
BOL00683@nifty.com

公益財団法人みずほ福祉助成財団

2023年度 社会福祉助成金 募集要項

当財団は、社会福祉の向上に寄与することを願って、社会福祉に関する諸活動に対して
助成を行います。主として、障がい児者の福祉向上を目的とする事業や研究を対象に
助成します。

1．助成対象先

(1)事業助成

①国内に於いて3年以上の継続した活動実績がある以下の非営利法人

- 社会福祉法人　　・特定非営利活動法人　　・公益社団法人
- 公益財団法人　　・一般社団法人　　　　　・一般財団法人

（㊟ 一般社団法人、一般財団法人は、非営利型法人の要件の充足が必要です）

②国内に於いて3年以上の継続した活動実績がある任意団体、ボランティアグループ

(2)研究助成

上記(1)の先及び日本国内の研究グループ（但し、構成員が5人以上であること）

(3)対象外となる先（事業助成、研究助成共通）

- 株式会社等の営利法人　　　　　　・個人
- 過去3年間（2020年度～2022年度）に当財団から助成を受けた先

（㊟施設単位ではなく、法人・団体単位となります）

2．助成対象案件

（1）日本国内に於いて行う障がい児者の福祉向上を目的とする事業及び研究。このうち
事業助成は、必要な機器等の物品及び車輌の購入費、設備工事費や障がい児者への
理解を深める活動（講演会、研修会など）等に必要な費用を対象とします。
なお、単一の事業及び研究であることが要件です。

（2）対象外となる案件及び助成金使途（①～③は事業・研究共通、④は研究助成のみ）

①経常的に発生する運営費（賃借料、光熱費他）

②事業並びに研究に関わる人件費

- 事業：助成事業に関わる人件費、謝金等（第三者に対する謝金は除きます）
- 研究：研究会メンバーに対する報酬と見做される費用（調査費、原稿料など）

③助成決定以前に、一部でも実施(購入)する案件

④研究助成では、前記①～③に加えて次の使途が対象外となります。

- 研究終了後も使用できる物品や備品の購入費

（例）パソコン及び周辺機器、(ビデオ)カメラ、ICレコーダー、電子文具等

- パソコンソフトウェア　　　　・飲食費
- シンポジウムや研究成果を発表する学会等の費用（参加費、交通費等）

1

3．助成金額

（1）事業助成、研究助成共に、助成額は、20万円〜100万円かつ事業（研究）総額の**90%**以内とします（自己資金は10%以上必要になります）

例：事業の総額が50万円の場合、50万円×90%＝45万円が助成額の上限です。

（2）今年度の助成金は、総額3,300万円を予定

4．助成期間

（1）事業助成：2024年6月末までに事業を完了し、完了報告書等を提出すること

（2）研究助成：2024年12月末までに研究を完了し、研究報告書及び完了報告書等を提出すること

5．申込書類等

（1）所定の申込書（☞ 財団ホームページからダウンロードして下さい）に必要事項を入力した後に印刷し、後記⑵の資料を添付して提出下さい。

（2）添付資料

　①事業助成、研究助成共通

　【申込者に関する資料】

　　㋑定款、会則、規約等

　　㋺現在事項証明書（法人のみ、3ヶ月以内の原本）☞ 写しでも構いませんが、申し込む法人が原本に相違ないことを必ず証明して下さい。

　　㋩役員（会員）名簿

　　㋥申込者に関する資料（パンフレット、ホームページ印刷資料等）

　　　次の場合は、その概要が分る具体的な資料の提出が必要です。

　　　・申込施設が、開設1年未満の事業所（開設予定を含む）である場合

　　　・申込案件に関わる事業が、新たに着手する事業である場合

　　㋭今期の事業計画書及び予算書　㋬

　　㋬直近期の決算書　㋬

　　　・貸借対照表、収支計算書（事業活動、資金）、損益計算書、財産目録は必須

　　　・就労案件の場合は、必ず就労会計を添付すること

　　㋬　法人は、「法人全体」と「申込施設単体」の両方を提出して下さい。研究グループは、㋭㋬共に提出不要です。

　②事業助成

　【申込案件に関する資料】

　　㋑物品等購入の場合：見積書、カタログ、パンフレット、現物品の写真（物品や車輌の更新を希望する場合）

　　㋺工事を伴う場合：現況説明写真（改修等を必要とする場合）、工事見積書、工事図面、工事スケジュール、設備機器カタログ他

2

③研究助成

【申込案件に関する資料】

　㋑研究計画書：メンバー構成（氏名、所属団体、職名等）、研究予算の内訳とその根拠、研究分担、研究方法、研究スケジュール、期待できる研究成果等を別紙（様式適宜）に具体的に記載して下さい。

６．申込方法

(1)申込書と所定の資料を財団事務局宛に送付して下さい。

> 【送付先】〒100-0005　東京都千代田区丸の内１−６−１
>
> 　　丸の内センタービルディング
>
> 　　公益財団法人みずほ福祉助成財団　事務局

⑵送付は郵便(含むレターパック)または宅配便に限ります。

７．募集期間

　2023年４月24日（月）から2023年６月30日（金）（当日消印有効）

８．選考方法・基準及び公表方法

（１）当財団の選考委員会、理事会に於ける選考を経て、10月中旬を目処に助成先及び助成額を決定し結果を通知します。

（２）選考基準

　①先駆的・開拓的な案件、緊急性の高い案件を優先

　②明確な企画で、具体性のある計画に基づく案件であること

　③高い助成効果が期待できる案件であること

　④事業や研究の推進体制が確立し、助成期間内に事業や研究を円滑に完了することが見込まれる案件であること

（３）公表方法

　助成決定先の発表は、当財団のホームページに掲載するほか、福祉新聞紙上にも掲載を予定しております。助成先名、助成案件及び助成金額を公表します。また、研究助成は、研究の成果を広く活用いただく観点から、財団のホームページ上で公表することがあります。この点をご了解の上、お申し込み下さい。

3

◇◆◇重要な注意事項（必ずお読みください）◇◆◇

(1)反社会的勢力及び反社会的勢力と関係すると認められる法人、団体からの応募は受け付けません。

(2)助成決定後、助成案件に関して以下の事実が判明したときは、助成を取り消し、助成金の交付を取り止めます。既に助成金を交付済の場合は助成金全額を速やかに返還いただきます。
- 申請内容に虚偽があることが判明したとき
- 助成決定以前に着手または実施していたことが判明したとき
- 公的補助を受けていたり、他の民間助成団体から重複して助成を受けていたことが判明したとき

(3)申込案件について並行して他の民間助成団体に申し込んでいる場合、当該団体の助成が決定したときは、当財団にその旨をご連絡下さい。

(4)物品等の購入や設備工事について、事業案件自体の変質に繋がる助成決定後の内容変更は、認めておりません。

(5)申込書等に記載されている個人情報は、本事業の選考に関わる業務にのみ使用し、それ以外には使用致しません。

(6)応募に際して提出いただいた書類は返却できません。

(7)選考結果に関するお問い合せには、応じられません。

以　上

4

公益財団法人みずほ福祉助成財団　御中

社会福祉助成金　募集要項に同意の上申込いたします。

なお、当団体は反社会的勢力とは一切関わりがないことを宣言します。

申込区分（いずれかに〇）	事業助成		研究助成	

1．申込先の概要

申込日 ： 2023 年　　月　　日

法　人　団　体　の名称 研究会	（フリガナ） ㊞			
上記の所在地	〒　　　－			
代表者役職名		代表者氏名	（フリガナ）	
活動開始年月		法人設立年月		
ホームページ	□有　　□無	http://		
法人（団体）の事業内容、活動状況				
申込施設名称	（フリガナ）			
申込施設所在地	〒　　　－			
申込施設代表者役職名		申込施設代表者氏名	（フリガナ）	
申込施設設立年月		利用者数（会員数）		名
本件の連絡窓口	役職	（フリガナ）		
E-mail		TEL		
申込施設の種類				
事業内容				

2．申込案件の概要

申込案件名	
申込案件の内容	【事業（研究）内容を具体的に記載。書ききれない場合は、別紙に続きを記載】
申込案件の事業種類	（例）生活介護、就労継続支援B型等
申し込む理由	
申込案件の狙いと期待する成果（㊟ 就労案件は工賃目標を数値で示すこと）	

【就労案件の場合】	申込施設の前年度月間平均工賃（賃金）実績	円／月
	就労従事者のうち、障害支援区分4以上の方の人数	名中 名
【車輌案件の場合】	申込施設の車輌保有台数	台

事業（研究）のスケジュール	開始時期	年 月	完了時期	年 月

【申込案件の収支計画】 ㊟ 「自己資金」が「合計額」の10％以上となるよう配分のこと
「収入」合計と「支出」合計は、必ず一致すること

支　　出		収　　入	
支出の内容	金額	収入の内容	金額
	円円円円円	助成希望金額　① 自 己 資 金　②	0,000円 円
合　　計	円	合　計　①+②	円

申込案件について他団体への助成申込	□有　　□無	申込団体名：	
当財団からの助成実績	□有　　□無	年度　　万円	年度　　万円

添 付 書 類	□定款・会則等　　□現在事項証明書（原本）　　　□役員（会員）名簿 □法人・団体資料　□今期事業計画書　　　□今期予算書　　　□直近期決算書 □見積書　　□カタログ・工事資料等　　□研究計画書 □その他（　　　　　　　　　　　　　　）

社会福祉事業・研究助成

◆ **対象分野**　　　：　---

◆ **対象団体**　　　：　日本国内において事業ないし研究の継続的拠点を有する者(国籍等は不問)。（1）については、原則として法人に限る。営利目的の企業等並びにその関係者は対象外。

◆ **概要**　　　　　：　（1）現行制度上、公の援助を受け難い、開拓的ないし実験的な社会福祉を目的とする民間の事業または、（2）開拓的ないし実験的な社会福祉に関する科学的調査研究の、①調査研究費 ②施設費(建設、設備)③施設以外の経費（職員研修費等も含む）

従って、単なる施設建設、設備・機器購入等のみを目的とした申込及び研究の実施者が所属する組織の間接経費・一般管理費は対象外となりますのでご留意下さい。又、ここでの「開拓・実験性」については、内容上特に具体性のあるものに限定されますが、福祉現場での"実践的、草の根的"活動に基づくものも、充分評価されます。
※関係当事者がプロジェクトチームを形成し、同一の社会課題に対しより多面的に、ダイナミックに挑戦する提案型の応募も期待します。

◆ **総額**　　　　　：　約9,000万円～1億円

◆ **1件あたり金額**　：　特に定めない。

◆ **応募期間**　　　：　12月頃～1月中旬頃(ホームページにてご確認ください)
　　及び応募締切

◆ **助成決定時期**　：　6月下旬頃

◆ **申請手続き**　　：　＊申請方法につきましては、当財団ホームページの「助成について」の「社会福祉事業・研究助成」の中にあります「社会福祉事業・研究助成応募要項」をご覧ください。
＊法人・団体については、定款・寄附行為等、役員名簿、資産負債状況・活動状況がわかる案内書を、研究者の方は申込案件に関する論文（3編以内）を、合わせて提出して頂きます。

◆ **提出書類**　　　：　[定款・規約] [団体の予算書・決算書] [役員名簿] [団体資料（パンフレット）]
　　　　　　　　　　　参考資料

公益財団法人 三菱財団

https://www.mitsubishi-zaidan.jp

三菱財団は学術研究、社会福祉に関する事業等に対して援助を行ない、以ってわが国社会の学術、教育、文化並びに福祉の向上に資することを目的としています。

〒100-0005 東京都千代田区丸の内2-3-1 三菱商事ビルディング21階
TEL: 03-3214-5754 / FAX: 03-3215-7168
info@mitsubishi-zaidan.jp

研究助成

◆ **対象分野** : 子ども 高齢者

◆ **対象団体** : ①国内で活動あるいは研究に従事している個人、グループ、団体。
②過去に、他機関から助成を受けたテーマによる応募は除外。

◆ **概要** : a）研究分野
　（1）心理学・医学的研究
　（2）社会学・社会福祉学的研究

b）研究領域
　（1）子ども（乳幼児期から思春期・青年期まで）に関する精神保健・福祉の領域
　（2）家族・家庭の問題に関する精神保健・福祉の領域
　（3）高齢者に関する精神保健・福祉の領域

◆ **総額** : 1,000万円を限度とする

◆ **1件あたり金額** : 50万円を限度とする

◆ **応募期間**
　及び応募締切 : 3月中旬～4月下旬

◆ **助成決定時期** : 申請者と推薦者あてに6月下旬に通知。

◆ **申請手続き** : 申請書は明治安田こころの健康財団ホームページよりダウンロードして使用して下さい。

◆ **提出書類** : 応募要領、申請書

公益財団法人 明治安田こころの健康財団

https://www.my-kokoro.jp

国民のこころの健康・福祉の増進に貢献することを目的に、助成事業のほかに研修事業、相談事業を行っています。

〒171-0033 東京都豊島区高田3-19-10
TEL: 03-3986-7021 / FAX: 03-3590-7705
kenkyujyosei@my-kokoro.jp

2023年度ドコモ市民活動団体助成事業

◆ **対象分野** ： 災害・被災地 子ども 不登校・ひきこもり LGBT・セクシュアルマイノリティ 障がい者

◆ **対象団体** ： （1）日本国内に活動拠点を有する民間の非営利活動団体とし、活動実績が2年以上であること。
なお、法人格のある団体の活動実績については、法人格取得前の任意団体の期間を含みます。
（基準日:2022年3月1日）
また、複数の団体が連携した協働事業の場合は、代表申請団体が上記の要件を満たしていることを条件とします。
（2）任意団体については、5人以上のメンバーで構成され、会則、規約またはそれに相当する文書を有し、適正な事業計画書、予算・決算書が整備されており、応募団体が活動する地域の中間支援組織（NPO支援センターやボランティアセンター、社会福祉協議会などの活動支援団体）からの推薦があることを条件とします。

※1 反社会的勢力とは一切関わっていないこと、また、活動内容が政治、宗教、思想に偏っていないことを要件とします。
※2 1団体1申請に限ります。

◆ **概要** ： 助成対象活動

（1）子どもの健全な育成を支援する活動
①不登校・ひきこもりの子どもや保護者に対する精神的・物理的な支援、復学・社会的自立を支援する活動（フリースクール、カウンセリングなど）
②児童虐待やドメスティック・バイオレンス（DV）、性暴力などの被害児童・生徒や社会的養護を必要とする子どもの支援及び虐待防止啓発活動
③非行や犯罪から子どもを守り、立ち直りを支援する活動
④子どもの居場所づくり（安心・安全な居場所の提供、子どもの不安や悩みに対する相談活動など）
⑤障がい（身体障がい・発達障がいなど）のある子どもや難病の子どもを支援する活動
（療育活動、保護者のピアサポート活動など）
⑥マイノリティ（外国にルーツを持つ、LGBTなど）の子どもを支援する活動
⑦地震・台風などの自然災害で被災した子どもを支援する活動
⑧上記①～③以外で「経済的困難を抱える子どもの支援」を目的とした活動

（2）経済的困難を抱える子どもを支援する活動内容
①学習支援活動:放課後学習サポート、訪問学習支援、学習能力に合わせた個別ケアなど
②生活支援活動:子育てサロン、子ども食堂、ヤングケアラーやシングルマザーへの支援、フードバンク、居場所の提供など
③就労支援活動:職業体験、社会的養護退所者の就労支援など
④上記①～③以外で「経済的困難を抱える子どもの支援」を目的とした活動

（3）生物多様性の保全を推進する活動
① 自然環境の保全活動:森林の保全、里地・里山づくり 海辺・沿岸における活動 など
② 絶滅危惧種等の保護活動:絶滅の恐れがある野生生物保護や生態調査、地域の希少生物保護、特定外来生物の駆除活動 など
③ 環境学習活動:自然体験プログラムなどの環境学習や自然伝承などの活動 など
④ 上記①～③以外で「生物多様性保全の推進」を目的とした活動

※特定課題について
MCFでは、上記の活動テーマの中で、特に重点的に取り組まなければならない緊急性の高い社会課題である「児童虐待・子どもへの暴力」について防止する活動を「特定課題」と位置付け、採択率を高めに設定しております。

◆ **総額** ： 4,200万円上限

◆ **1件あたり金額** ： （1）子どもの健全な育成を支援する活動
1団体あたり上限70万円までの応募を可能とし、施策内容などを審査のうえ決定します。
なお、昨年度採択された団体からの応募については、1団体あたり上限100万円までの応募を可能とします。
（2）経済的困難を抱える子どもを支援する活動
1団体あたり上限100万円までの応募を可能とし、施策内容などを審査のうえ決定します。
（3）生物多様性の保全を推進する活動
1団体あたり上限70万円までの応募を可能とし、施策内容などを審査のうえ決定します。

◆ 応募期間 : 2023年2月20日（月）〜3月31日（金）17時 厳守
　及び応募締切

◆ 助成決定時期 : 2023年8月下旬（予定）

◆ 申請手続き : MCFホームページからダウンロードした申請書（Excelファイル）に必要事項を記入のうえ、MCF事務局【ドコモ市民活動団体助成事業申請フォーム】から申請してください。
※「申請書」の作成にあたっては、「募集要項」及び「記入の手引き」、「記入例」をご確認ください。

◆ 提出書類 : ---

NPO法人 モバイル・コミュニケーション・ファンド

https://www.mcfund.or.jp/

NPO法人モバイル・コミュニケーション・ファンド（以下:MCF）では、将来の担い手である子どもたちの健やかな育ちを応援する活動に取り組んでいる全国の市民活動団体に対して、2003年から公募による助成事業を実施してきました。

2023年度は、これまでの支援に加え、生物多様性が保全された豊かな環境を未来の子どもたちにひきつぐことを目的として、新たに「生物多様性の保全を推進する活動」を追加し、「人・自然・動植物など」が共生する自然豊かな社会環境づくりに寄与する活動を応援します。

〒100-6150 東京都千代田区永田町2-11-1 山王パークタワー41階
TEL: 03-3509-7651 / FAX: 03-3509-7655
info@mcfund.or.jp

障がい者福祉助成事業

◆ **対象分野** ： 障がい者

◆ **対象団体** ： 障がい者施設・障がい者支援団体

◆ **概要** ： （1）障がい者給料増額支援助成金（50万円～上限500万円）
障がい者の給料増額に努力し取り組む事業所・施設に対し、さらに多くの給料を支払うための事業の資金として助成
・障がい者給与増額のモデルとなる効果的な事業
・現在の事業を発展させ給料増額につながる事業
・新規に行い、給料増額が見込まれる具体的な事業
※前年度の工賃実績は厚生労働省が発表した令和元年度全国平均工賃額15,776円以上（就労支援A型事業所は79,625円以上）であること

（2）障がい者福祉助成金（上限100万円）
給料増額にはこだわらず、障がいのある方の幸せのつながる事業・活動に対して助成。福祉事業所に限らずボランティア団体、サークル等、幅広い活動を支援します。
（会議、講演会/ボランティア活動/スポーツ・文化活動/調査・研究・出版/その他）

詳細は当財団のホームページをご覧ください。

◆ **総額** ： 1億4,126万円（前年度実績）

◆ **1件あたり金額** ： ・障がい者給料増額支援助金 50万円～上限500万円
・障がい者福祉助成金 上限100万円

◆ **応募期間及び応募締切** ： 所定の申請用紙と必要書類一式を10月1日～11月30日（消印有効）の間に当財団事務局に郵送にて申請（FAX、メールは不可）

◆ **助成決定時期** ： 翌年3月

◆ **申請手続き** ： 《申請用紙》
＊当財団のホームページより取り出す。メールによる取寄せも可能。

◆ **提出書類** ： 当財団のホームページ参照

◆ **備考** ： ※各都道府県市区町村社会福祉協議会へ助成金事業の募集要項を案内する。（7月中）

公益財団法人 ヤマト福祉財団
https://www.yamato-fukushi.jp/

障がいのある人もない人も、共に働き、共に生きていく社会の実現。このノーマライゼーションの思想こそ、ヤマト福祉財団の基本理念です。

〒104-8125 東京都中央区銀座2-16-10
TEL: 03-3248-0691 / FAX: 03-3542-5165
y.zaidan@yamatofukushizaidan.or.jp

NGO海外援助活動助成

https://www.yu-cho-f.jp/international/ngo_grant.html

◆ **対象分野** ： 環境　子ども　子育て・ひとり親支援

◆ **対象団体** ： 法人　任意団体
旧国際ボランティア貯金の寄附金配分又はJICA基金の支援を受けたことがある団体（日本国内事業を除く。）

◆ **概要** ： 過去に「旧国際ボランティア貯金」の寄附金配分又は「JICA基金」の支援を受けたことがある事業を対象に、NGOの活動経費の一部を助成しています。

◆ **総額** ： 年間1,000万円以内

◆ **1件あたり金額** ： 上限額： 100万円

◆ **応募期間**
及び応募締切 ： 2022年10月1日～10月31日まで

◆ **助成決定時期** ： 2023年2月初旬

◆ **申請手続き** ： 募集期間になりましたら当財団のホームページにてお知らせいたします。

◆ **提出書類** ： 定款・規約　団体の予算書・決算書　役員名簿　団体資料（パンフレット）
申請書、印鑑登録証明書、事業計画書、反社会勢力でないことの表明・確約に関する同意等

◆ **備考** ： 上記の内容及び添付書類は昨年度の内容となります。今年度募集の際は、内容を変更する場合があります。

一般財団法人 ゆうちょ財団 （国際ボランティア支援事業部）

http://www.yu-cho-f.jp/

当財団は、国民の皆さまの福祉の増進に寄与することを目的として、郵便局等を通じて行われる個人の貯蓄活動や郵便局等のサービスの利用増進に関する調査研究、研究助成、国際ボランティア活動支援及び金融教育・相談等の事業を推進しております。

〒101-0061 東京都千代田区神田三崎町3-7-4 ゆうビル2階
TEL: 03-5275-1815 / FAX: 03-6831-8970
vlcenter@yu-cho-f.jp

2023 年度 NGO 海外援助活動助成 募集要項

助成申請書提出締切：2022 年 10 月 31 日

助成対象活動実施期間：2023 年 4 月 1 日〜2024 年 3 月 31 日

活動完了報告書締切：2024 年 5 月 15 日

一般財団法人ゆうちょ財団

目　　次

はじめに

　当財団においては、「旧国際ボランティア貯金」の寄附金配分又は「JICA基金」の支援を受けた事業に対して、いずれの支援もその原資に郵便局で取り扱った貯金等に附帯する寄附金が含まれていることから、その事業が円滑かつ継続的に行われるよう助成を行ってきました。

　2019年度活動の募集から、申請する活動が、過去に「旧国際ボランティア貯金」の寄附金配分又は「JICA基金」の支援を受けて実施した活動と異なっていても、大きな目的を共有する同じ事業に含まれており、かつ同一国内において実施するものであれば、助成対象としています。なお、「事業」とは、同じ目的の下で実施されている個々の「活動」をまとめたものと定義しています。

　募集要項の内容をご確認の上、ご申請くださいますようお願い申し上げます。

2023年度募集における主な変更点

　1. 団体の登記簿謄本（履歴事項全部証明書）は、提出の対象からはずしました。
　2. J枠では活動に関する日本国内でのプロジェクト管理費を助成の対象に加えました。

手続の流れ～申請から助成金の支払いまで～

No.	項目	時期
1	助成申請書の提出 　本申請の募集要項をご確認のうえ、助成申請書に必要事項を記入し、原本を郵送、写しを電子メールにてご提出ください。 　その他の添付書類については、原本を郵送でご提出いただくものと、電子メールでご提出いただくものの2種類がありますのでご注意ください(P12)。	2022年10月1日～ 2022年10月31日締切（郵送書類は当日消印有効）
2	申請の審査 　各団体から提出された助成申請書の内容を審査します。不明な点等があれば、電子メール又は電話で照会いたしますのでご協力願います。	2022年11月～2023年2月
3	助成決定通知及び活動実施の確認 　助成が決定した団体にその旨通知します。審査時に申請額を査定しますが、査定された	2023年2月初旬（予定）

	金額で活動が実施できるか確認をしますので、速やかにご連絡をお願いします。 　助成されなかった団体にも同時に審査結果を通知します。	
4	J枠の助成金半額支払い 　J枠は、活動開始時に助成金の半額を支払います。	2023年4月
5	活動実施 　期間中、8月中旬と12月中旬に活動の進捗状況を電子メール又は電話にて照会させていただきますのでご協力ください。活動内容に変更が生じる場合は、事前に「実施計画変更承認申請書」を提出してください。	2023年4月1日～2024年3月31日
6	完了報告書の提出 　帳簿や領収書など添付書類に漏れがないかご確認の上、提出してください。	活動実施完了後～2024年5月15日締切
7	完了報告書の監査 　提出された完了報告書に基づき活動及び会計の監査を実施します。 　不明な点等については、各団体へ照会をしますので回答いただきますようお願いします。	完了報告書提出後～2024年7月

8	助成金の支払い 　助成金は、活動実施後に提出される完了報告書、領収書等により活動が適正に実施されたことを確認した後、支払います。 　なお、J枠は、完了報告書の監査終了後に清算し、残額を支払います。	【S枠】 2024年7月	【J枠】 2024年7月 （残額）

助成制度の解説

この助成は、各申請団体の事業にかかる活動経費の一部を補助するものです。
ご申請される場合は、以下ページの詳細をご確認のうえ、「助成申請書」にご記入してください。

1. 助成活動実施期間

2023 年 4 月 1 日から 2024 年 3 月 31 日までを実施期間とします。

2. 助成対象となる団体の要件

次の要件をすべて満たす団体を対象とします。

(1) 「旧国際ボランティア貯金」の寄附金配分又は「JICA 基金」の支援を受けた事業を実施した団体であること。（日本国内事業を除く。）

(2) 日本国内に事務所を置き、かつ、代表者が定められ、意思決定及び事業実施の責任が明確であること。

(3) 適切な会計処理が行われていること。

(4) 他の援助団体に対して、助成を行っていないこと。他の援助団体に助成していることが判明した場合は、助成を取りやめることがあります。

(5) 過去の助成事業の実施において、重大な問題がなく完了させていること。

(6) 活動内容等の照会等に対し、郵便、電話、電子メールにて円滑に連絡・回答ができること。

(7) 反社会的勢力でないこと。

(8) 当財団の「NGO 海外援助活動助成」を受けた回数が団体として 5 年間（5 回）以内であること。（5 年間（5 回）助成を受けた場合は、その後、原則 3 年間助成申請できない。）

(9) 当財団が実施する活動の進捗伺い、国際協力報告会、周知活動、国内事務所訪問、現地視察等に参加、協力できること。

また、団体の収入規模を基本に、以下のとおり、二つの申請枠を設けておりますので、該当の枠にて申請を受け付けます。

(1) Ｊ枠⇒過去二年間の事業収入平均がおおよそ 5,000 万円未満

「Ｊ枠」は、まだ小規模であり、これから活動を拡大しようとしている団体を支援するものです。

(2) Ｓ枠⇒過去二年間の事業収入平均がおおよそ 5,000 万円以上

「Ｓ枠」は、既に成熟した活動を行っている大規模団体を支援するものです。

3. 助成対象となる事業の要件

次の要件をすべて満たす事業を対象とします。

(1) 過去に「旧国際ボランティア貯金」の寄附金配分又は「JICA 基金」の支援を受けたことがある事業で、当該事業を継続する事業であること。（日本国内事業を除く。）

(2) 活動内容に政治的又は宗教的行為（類似行為を含む）が含まれない事業であること。

4. 助成対象となる活動の要件

次の要件をすべて満たす活動を対象とします。

(1) 活動が、上記3の事業に含まれ、かつ同一国内において実施するものであれば、新規の活動であっても差し支えありません。

(2) 同一の地域で同一の活動にて他の助成制度から助成を受けている場合（申請中及びこれから申請する場合を含む）、経費項目が重ならないようにしてください。

(3) 活動対象地や住民のニーズを十分に把握し、BHN（basic human needs：基礎生活分野）を充足させる活動であること。

(4) 申請団体が主体となり、裨益者に直接実施する活動であること。

(5) 申請時点で活動計画が明確であること。

(6) 活動期間内に日本からの専門家又はスタッフを活動地に駐在させ又は派遣し、現地の人々と協力して行う活動であること。

　　ただし、新型コロナウイルス感染症の影響により日本から活動地への渡航が難しい期間には、Web会議等の通信手段により日本から遠隔で活動をコントロールし、実施できる活動であること。

(7) 活動地の住民に対し、申請団体又はカウンターパートが教育、指導、技術・ノウハウ移転を行い、住民の自立を支援する活動であること。

　　なお、日本からの資金援助、寄贈を目的とした物品の購入又は建設のみと思われる活動は助成対象外となります。

(8) 活動実施にあたって活動地の属する国及び地域と十分な調整を行っていること。

　　実施国によってはNGOが活動するにあたって、NGO登録等の手続きが必要な場合がありますので、ご確認のうえ、必要な手続きが完了されてから申請をしてください。

　　また、申請時に、登録証等の写しをご提出ください。

(9) 申請時点で、活動地及び周辺地に外務省海外安全情報（危険情報）において、「退避してください。渡航は止めてください。（退避勧告）」が発出されておらず、申請団体が行う活動の安全が十分確保され得ること。

　　ただし、その後危険レベルが引き上げられた場合、助成を見直す場合があります。

(10) 活動実施において、新型コロナウイルス感染症等に対するリスクをできるだけ抑える対策や減らす手段を講じていること。

(11) 医療行為を伴う活動（診察や検診、健診、リハビリテーション等も含む）を申請する場合は、活動実施国において、医療行為を実施できる資格や証明を認定する機関（保健省等）から、医療行為を行う許可を書面で得られていること、また、その写しを申請時に提出すること。

　　なお、活動の様々な形態のうち、「マイクロファイナンス」「奨学金」について、S枠では引き続き対象外の活動としますが、J枠では助成対象の活動とします。

5. 助成金の上限額

　助成金はS枠では活動に直接かかる経費のみ、J枠では活動に直接かかる経費及びその活動に関する日本国内でのプロジェクト管理費（助成金額の20%が上限）とし、S枠J枠とも助成金額

の上限額は1件あたり100万円とします。（自己資金部分も含めた活動の総額に制限はありませんが、J枠では自己資金部分の調達に十分な見通しが立っていることが要件となります。）

　また、助成金総額は1,000万円でS枠5件程度、J枠5件程度となっています。申請内容によってはそれぞれ3～7件と変更する場合があります。

6. 助成対象となる経費

　助成活動に直接関わる次の経費のうち、<u>領収書原本または支払いを証することのできる書類の原本を提出</u>できる経費のみを助成対象とします。

　次の経費が助成対象となります。

・物資・資材（消耗品を含む）の調達費
・対象地域での研修関係費（会場費、教材費、参加者交通費等）
　注1：　研修参加費は日当、交通費、食事代込みで1日300円/1人回を上限とする。
　　　　　研修参加費を支払う場合は、<u>日時及び出席者名が確認できる書類が必要。</u>
　　　　　また、会場費、教材費はそれぞれの領収書が必要。
・建築費等工事に係る経費（施設等の修繕費。ただし、運搬費は除く。）
・現地事務所賃借料費（水道光熱費含む。ただし、通信費は除く。）
　注：日本人駐在員が住居としている場合は、1/2を助成対象とする。
・現地におけるスタッフ、専門家、作業員等の人件費
・現地における交通費（航空運賃のみ）
・日本人団体スタッフ（役員、職員、常勤スタッフ等）、日本人専門家の派遣渡航費、現地での宿泊費、日当（S枠では日本人専門家以外は助成対象外）
　注1：人件費及び日当は、月数ではなく日数で申請。
　　　　また、稼働時間の目安は1日4時間以上。
　注2：人件費及び日当は、助成活動に直接関係のないセレモニーへの出席、また、現地での移動日を除き、助成活動に従事した日とする。
・新型コロナウイルス感染症による感染予防のための衛生用品
　助成活動に直接関係のあるイベント（研修等の多くの人が集まる場合）、学校や図書館等の施設利用者のための感染予防を目的とするもの。

7. 助成対象とならない経費

　次の経費は、助成の対象となりません。

・S枠の国内の事務所経費（人件費、事務所家賃等）（J枠は助成金額の20%を上限としてプロジェクト管理費の対象）
・日本人団体スタッフ（役員、職員、常勤スタッフ等）の派遣渡航費、現地での宿泊費、日当（J枠は対象）
・現地スタッフ、現地雇用者の交通費（渡航費）、宿泊費
・現地における航空運賃以外の交通費
・謝金
・事前調査、事後評価に係る経費

・関税

・旅券・査証取得手数料

・日本で購入した物資・資材等の現地への輸送費（現地国内移動費も含む。）

・海外旅行保険料

・現地の用地取得費

・車両レンタル代及び購入費

・現地から日本に招聘する諸経費

・エコツアー、スタディーツアーの経費

・パソコン、携帯電話購入費

・政府関係機関等への手続に要する経費

・通信費

・カウンターパートの事務所賃借料等

・国内外の移動に伴うガソリン代

・研修会場の光熱費

・交流経費

その他、当財団の助成に該当しないと判断される費用

8. 単価の上限額

　次の項目については、それぞれに掲げる金額を単価の上限額とします。不足する額については、申請団体で負担していただきます。

　詳細は以下の単価表をご確認ください。

現地人件費国別単価表

　一人当たりの GDP が 1,000 ドル未満の国は、下記の「単価表」A の単価、1,000 ドル以上の国は B の単価を上限額とする。

一人当たりのGDP

国名	2021 (U.S. ドル)
Bangladesh	2,361.98
Belarus	6,384.27
Benin	1,432.30
Brazil	8,570.28
Cambodia	1,751.99
Ecuador	6,412.35
Haiti	1,671.51
India	2,515.44
Indonesia	4,690.75
Lao P.D.R.	2,318.82
Mozambique	546.718
Myanmar	1,285.34
Nepal	1,203.09
Philippines	3,686.84
Rwanda	909.91
Sri Lanka	3,698.56
Thailand	7,448.99
Timor-Leste	1,402.06
Vietnam	4,121.50
Zambia	1,330.37

単価表

	A	B
専門家	900円/日	1,500円/日
スタッフ	600円/日	1,000円/日
作業員	300円/日	500円/日

＊アルファベット順
＊青字 1,000 ドル未満
＊国名については過去に助成した活動実施国をデータより抜粋しています。該当する国名がない場合は、お問い合わせください。
参考：IMF (International Monetary Fund, World Economic Outlook Database) April 2022

その他の単価表

項目		上限額
日本人団体スタッフ（役員、職員、常勤スタッフ等）、日本人専門家 注：S枠は日本人団体スタッフは助成対象外	渡航費	5万円/1人回（往復） 注：搭乗券半券をなくした時は、必ず、航空会社（旅行社のものは不承認）から搭乗したことの証明をもらってください。発行期間が限られている場合がございますのでご注意ください。
	現地へ渡航する際の空港までの国内交通費	1万円/1人回（往復）
	現地での宿泊費	3千円/1人日
	現地での日当	3千円/1人日
現地事務所借料（水道光熱費含む。ただし、通信費は除く。） 注：日本人駐在員が住居としている場合、1/2を助成対象とする。		3万円/月

9. 審査

　審査は、財団事務局による審査をまず行い、この結果を受けて外部の委員で構成される審査委員会で最終審査します。

　財団事務局の審査では、団体評価、事業評価及び活動評価を行います。J枠では、活動評価として、この活動を確実に実施できるかといった点、さらに継続性、自立性を重視します。

　また、S枠では、事業評価及び活動評価として、団体が主体的に現地の人々と連携して成果を上げているかといった点、さらに将来性、自立性を重視します。

　最終審査では、自立性評価及び実現性評価を行います。

　最終審査結果を基に、財団として採択すべき申請を決定します。

　なお、審査時には助成希望額調書の項目も査定を行いますので、減額となる場合には各団体が減額部分を負担し実施しなければならないということを予めご了承ください。

10. 活動実施

　助成金は助成決定通知書で通知した活動、助成項目に使用していただくものです。

　助成決定後に活動計画や資金計画を変更することは原則認められませんが、現地の治安等やむを得ない理由により活動計画や助成項目を変更する場合は、事前に当財団の承認を得る必要があります。活動内容に変更が生じる場合は、事前に「実施計画変更承認申請書」を提出してください。

　期間中、8月中旬と12月中旬に活動の進捗状況を電子メール又電話にて照会させていただきますのでご協力ください。

　その他に、国内事務所訪問の実施（活動の進捗状況や会計面の確認）や、現地の活動を直接拝見する場合がありますので、ご承知おきください。

また、一般の方への周知を目的とした国際協力講演会等を開催する場合は、講演会開催経費（上限5万円）を助成いたしますので、事前に別途申請してください。

<u>**11. 助成金の支払い**</u>

　助成金は、活動実施後に提出される完了報告書、領収書等により活動が適正に実施されたことを確認した後、支払います。

　なお、J枠は、助成金は活動開始時に半額支払い、活動終了後に提出される完了報告書、領収書等により活動が適正に実施されたことを確認した後、清算し残額を支払います。

　助成の対象となっても、活動の実施後に提出される完了報告書、領収書等により活動状況、経費の使用状況に不備があった場合は、助成金額を減額する場合があります。

　<u>承認がなく活動計画や助成項目を変更した場合は、助成活動の対象とは認められず、助成金の全額又は一部を減額する場合があります。</u>

助成申請書の提出

1. 公募期間

2022 年 10 月 1 日（土）から 2022 年 10 月 31 日（月）

2. 提出期限

2022 年 10 月 31 日（月）（郵送書類は当日消印有効）

・郵送書類は「簡易書留」、「レターパック」等の記録扱いの郵便で送付してください。
　また、封筒の表面に「助成申請書在中」とご記入してください。

3. 助成申請に係る提出書類一覧

原本を郵送・写し(PDF)を電子メールで提出

1. 2023 年度助成申請書 J 枠又は S 枠及び希望額調書（別紙様式）

原本を郵送で提出

2. 反社会的勢力ではないことの表明・確約に関する同意（別紙様式）
3. 団体の印鑑登録証明書（申請日前 3 か月以内に発行されたもの。任意団体は団体代表者の
　印鑑登録証明書）

電子メールで提出(PDF)

4. 2022 年度の事業計画
5. 2022 年度の収支予算書
6. 2020 年及び 2021 年度の活動計算書（又は正味財産増減計算書）、貸借対照表、事業報告
　書、及び財産目録（作成していれば）

　　＊ 6 は、次の条件を満たすものである必要があります。

特定非営利活動法人	特定非営利活動促進法第 29 条に基づき所轄庁に提出したもの
一般社団法人	社員総会で承認された際の議事録を添付すること
一般財団法人	理事会で承認された際の議事録を添付すること
公益社団法人又は 公益財団法人	公益社団法人及び公益財団法人の認定等に関する法律第 27 条第 1 項に基づき行政庁に提出したもの
社会福祉法人	社会福祉法第 59 条に基づいて所轄庁に届け出たもの
任意団体	団体の構成員又は会員に 6 及び 7 を報告した資料（総会議事録等）

7. 最新の定款又は寄附行為（任意団体は規約）
8. 過去に「旧国際ボランティア貯金」の寄附金配分又は「JICA 基金」の支援を受けたことが分
　かる配分決定通知書（配分項目含む）及び完了報告書の写し（複数ある場合は最終年度のみ）
9. 今回申請する活動の過去 1 年間の活動状況報告書
10. 助成申請書の「4 活動の実施体制」の（5）～（7）に関する以下のもの
　（1）活動地の政府機関に対する申請又は登録等の実績
　　　①「NGO 登録又はこれに相当する登録ないし許可」の写し

②「活動内容において必要となる許可」の写し

（2）以下の条件を満たす地図（複数の条件をまとめて表示したものでもよい。）

    ①対象活動の実施県、郡、村等の位置が分かるもの

    ②団体の現地事務所が対象国内にある場合は、その位置が分かるもの

    ③「カウンターパートとなる現地の団体又は協力者等」がいる場合は、拠点とする事務所
    の位置が分かるもの

11．見積書

＊10 万円以上の物品の購入、工事等の経費を希望する場合に見積書の写しを添付願います。

＊見積書が英語以外の言語の場合、簡単な和訳及び各項目の円換算額を上記写しに追記願います。

＊物品の単価又は工事の予定額が 10 万円以上 100 万円未満のものは、1 社の見積書写し又は価格表。なお、価格交渉の結果、金額を下げることができた場合は、その状況が分かるもの。

＊100 万円以上のものは 2 社の見積書の写し

12．工事や施設の概要図

施設工事の場合、対象の工事に係る設計図等の図面。またその他の工事の場合もこれに準ずる。

13．その他

（1）上記 3、7 の書類は、過去に「NGO 海外援助活動助成」を申請し、提出した時から変更がない場合は、省略することができます。その場合は、申請書類を電子メールで提出する際に併せてお知らせください。

（2）提出後、内容の変更があった場合は、最新版を当財団に再度提出してください。

4．助成申請書類等の入手方法

・当財団ホームページ（http://www.yu-cho-f.jp/international/ngo_grant.html）よりダウンロードしてください。

・電子メール（vlcenter@yu-cho-f.jp）によるご希望も受け付けます。

5．個人情報について

（1）助成決定後、当財団のホームページ等で助成団体名、活動名、活動地域等を公表します。

（2）助成申請書に記載された個人情報については、適正に管理し当財団の活動以外の目的には使用しません。なお、助成決定に至らなかった場合においても、助成申請書類等の返却はしておりません。

（3）個人情報の訂正等についてのお問い合わせは、当財団までご連絡ください。

6．助成申請書等の送付先

〒101-0061　東京都千代田区神田三崎町 3-7-4　ゆうビル 5 階

一般財団法人ゆうちょ財団　国際ボランティア支援事業部　あて

電話番号：03－5275－1815　FAX 番号：03-5275-1807

電子メール：vlcenter@yu-cho-f.jp
ホームページアドレス：http://www.yu-cho-f.jp/international/ngo_grant.html
※お問い合わせは原則 電子メールでお願いします。

【受領の確認】
　当財団が助成申請書を受理した際には、ご担当者様に、電子メールにより連絡します。
　提出後、長期間この連絡がない場合は、必ず上記送付先にお問い合わせください。

2023 年度 NGO 海外援助活動助成申請書（J 枠用）

1. 申請団体について

（1）概要

①団体名 （印鑑登録印を押印してください）		印
②代表者	役職名： 氏名：	
③団体連絡先	住所：〒 電話番号： FAX： 電子メール： URL：	
④当該申請の担当者及び連絡先 （日中の連絡先）	役職名： 氏名： 電話番号： 電子メール：	
⑤設立年月 （任意団体の時期も含む）	西暦　　　　年　　月	
⑥法人格の有無	あり ・ なし ・ 申請中（該当するものに〇を付けてください）	
	法人格の種類：	登記の年月日：
⑦団体の設立目的		
⑧主な活動内容		

⑨主な活動国	
⑩事業継続のために、団体スタッフ等にどのような教育・指導をしていますか。また、後継者を育成されていますか。	

(2) 収支について（過去2年間）

		総額　　　　　　　　　　円		
①2021年度	収入	（前年度からの繰越金含まず）		
		内訳	会費収入	円
			寄附金収入	円
			助成金・補助金収入	円
			事業収入	円
			その他	円
		前年度からの繰越金		円
	支出総額			円

		総額　　　　　　　　　　円		
②2020年度	収入	（前年度からの繰越金含まず）		
		内訳	会費収入	円
			寄附金収入	円
			助成金・補助金収入	円
			事業収入	円
			その他	円
		前年度からの繰越金		円
	支出総額			円

(3) 所属スタッフ

①常勤（有給：週5日以上）	名
②常勤（無給：週5日以上）	名
③非常勤（有給：週1～4日）	名
④非常勤（無給：週1～4日）	名
⑤ボランティア	名

⑥インターン	名
⑦その他	（　　　）　　名

（4）会員数

会員数	合計：　　　　人 （内訳：個人会員　　　人　　　　団体・法人会員　　　　団体）

2　事業について

①活動国で継続的に取り組んでいる基本的なテーマ		
②今回申請の事業に係る「旧国際ボランティア貯金」又は「JICA 基金」を受けた 最終年度・配分（支援）額・実施国・申請事業名	「旧国際ボランティア貯金」 最終年度：西暦　　　年 配分額：　　　　　　円 実施国： 申請事業名：	「JICA 基金」 最終年度：西暦　　　　年 支援額：　　　　　　円 実施国： 申請事業名：

3　申請活動について

（1）活動の概要

①申請活動名 （国・地域名除く）		
②助成希望額	円	
③総活動経費	円	
④活動実施国 （州・県・村まで記入してく ださい）		
⑤直接裨益者（層・人数）		人
⑥間接裨益者（層・人数）		人
⑦活動を始めた経緯・背景 （活動地域の状況や課題、 地域や裨益者のニーズを明 らかにし、申請活動の必 要性・重要性等について記 入して下さい。）		
⑧活動の内容 （分かりやすく簡単に説明 してください。）		

	(ア) 具体的な目標	(イ)目標を達成するために必要な活動内容	(ウ)活動によってもたらされる結果
⑨これまでの活動と、今回の申請活動との相違点			

	(ア) 具体的な目標	(イ)目標を達成するために必要な活動内容	(ウ)活動によってもたらされる結果
⑩申請活動により達成したい具体的な目標・活動内容・効果 ※適宜行を追加してください。			

⑪実施予定期間 （対象期間 2023 年 4 月〜2024 年 3 月の中で、予定している実施期間を記入してください。）	西暦　　　年　　　月　〜　西暦　　　年　　　月
⑫資金繰り	当助成金は、活動開始時に半額、残りは後払いのため、その分は貴団体の立替え払いとなります。資金の調達方法をお知らせください。 （ア)団体会計から　　　　　　　　　　　円 （イ)助成金（承認済）　　　　　　　　　円 （ウ）その他（　　　　　　　）　　　　円
⑬申請活動について、2021年度「JICA 基金」へ申請をしましたか。	申請中・申請していない （該当するものに〇印をつけてください）
⑭申請活動について、上記⑬以外の他団体へ申請中又は申請予定はありますか。ある場合は、団体名を記入してください。	申請中・申請予定・申請しない （該当するものに〇をつけてください） 団体名（　　　　　　　　　　） 団体名（　　　　　　　　　　）

(2）活動の最終目標について

①申請活動の最終目標		
②活動地（裨益者）の自立について、具体的にどのような形の自立を目指していますか。 また、自立までの計画年数及び今回の申請は計画の何年目に該当するかを記入してください。	どのような自立か	計画年数： 　　　年 （今回の申請は、　　年目）

(3) 活動実施スケジュール

時　　期	具体的な活動内容 （誰が、いつ、どこで、誰に何をするかを具体的に記入してください。また、上記（1）－⑩(イ)の「活動内容」に記入した内容に沿うように記入してください）	日本からの派遣予定者と活動従事日数 （名前・所属・活動に従事する日数）
2023 年 4 月		
2023 年 5 月		
2023 年 6 月		
2023 年 7 月		
2023 年 8 月		
2023 年 9 月		
2023 年 10 月		
2023 年 11 月		
2023 年 12 月		
2024 年 1 月		
2024 年 2 月		

2024 年 3 月		

（4）

活動実施において、新型コロナウイルス感染症等に対する対策について記入してください。

4 活動の実施体制

（1）今回申請する活動に従事する人員体制と担当業務について記入してください。
　　※適宜行を追加してください

所属	活動に従事するスタッフ氏名	担当業務	専門性・経歴
①日本の団体事務所	活動責任者：		
	担当者：		
②活動地の団体事務所	活動責任者：		
③カウンターパート	活動責任者：		

④その他 （上記以外の活動従事者 がいる場合）			

(2)

上記（1）の団体事務所（日本及び活動地）ならびにカウンターパートとの協力体制、また、現地関係者（地域行政、住民等）との関わり合いについて、体制図で分かりやすく表してください。
※図が収まらない場合は別紙提出も可

(3) 活動の進捗管理

①活動報告の伝達手段 （web 会議、電話、電子メ ール等）	
②報告の回数 （web 会議：1 回/週、電 話：2 回/週、電子メール： 毎日等）	

(4)

新型コロナウイルス感染症拡大による影響で日本人が渡航できない期間の活動実施体制について記入してください。

（5）活動地の政府機関に対する申請又は登録等の実績

（NGO 登録等の手続きが必要な場合がありますので、ご確認のうえ、必要な手続きが完了されてから申請をしてください。）

①NGO 登録又はこれに相当する登録ないし許可の実績	取得日：
	NGO 登録の承認期限：
②活動内容において必要となる許可（活動地政府、地方自治体からの許可等）	

（6）申請団体の活動地事務所等

①活動地事務所の有無	あり・なし（該当するものに〇を付けてください）
②事務所の名称	
③所属スタッフ数	日本人駐在員：　名（現在、駐在中のみ記入してください） 活動地採用スタッフ：　名
④設立年	西暦　　　年
⑤所在地	住所：
⑥事務所がない場合の活動地の拠点について	拠点の名称： 住所：

（7）カウンターパートとなる活動地の団体又は協力者等

①カウンターパートの団体名又は協力者名	
②団体の所在地又は協力者の住所	住所：
③団体の場合、その種別	活動地法人・任意の団体・その他（　　　　　　　　　　） （該当するものに〇を付けてください）
④団体が活動地政府機関に登録している場合は、政府機関名及び登録番号	
⑤団体の事業概要	
⑥申請団体との関係	

5　最後に

①活動を実施する中で、碑益者へ当財団の助成による活動である旨をお伝えする予定はありますか。	あり　・　なし （該当するものに〇をつけてください）
②YES の場合、どのような方法でお伝えしますか。	

記入日：2022 年　　月　　日

2023 年度 NGO 海外援助活動助成申請書（S 枠用）

1. 申請団体について

（1）概要

①団体名 （印鑑登録印を押印してください）		印
②代表者	役職名： 氏名：	
③団体連絡先	住所：〒 電話番号： FAX： 電子メール： URL：	
④当該申請の担当者及び連絡先 （日中の連絡先）	役職名： 氏名： 電話番号： 電子メール：	
⑤設立年月 （任意団体の時期も含む）	西暦　　　　年　　　月	
⑥法人格の有無	あり ・ なし ・ 申請中（該当するものに〇を付けてください）	
	法人格の種類：	登記の年月日：
⑦団体の設立目的		
⑧主な活動内容		
⑨主な活動国		
⑩事業継続のために、団体スタッフ等にどのような教育・指導をし		

| | | ていますか。
また、後継者を育成さ
れていますか。 | | |

(2) 収支について（過去2年間）

		総額　　　　　　　　　　　　　　円		
①2021年度	収入	（前年度からの繰越金含まず）		
		内訳	会費収入	円
			寄附金収入	円
			助成金・補助金収入	円
			事業収入	円
			その他	円
		前年度からの繰越金		円
	支出総額			円

		総額　　　　　　　　　　　　　　円		
②2020年度	収入	（前年度からの繰越金含まず）		
		内訳	会費収入	円
			寄附金収入	円
			助成金・補助金収入	円
			事業収入	円
			その他	円
		前年度からの繰越金		円
	支出総額			円

(3) 所属スタッフ

①常勤（有給：週5日以上）	名
②常勤（無給：週5日以上）	名
③非常勤（有給：週1～4日）	名
④非常勤（無給：週1～4日）	名
⑤ボランティア	名
⑥インターン	名
⑦その他	（　　　）　　　名

(4) 会員数

会員数	合計：　　　　　人 （内訳：個人会員　　　人　　　団体・法人会員　　　団体）

2 事業について

①活動国で継続的に取り組んでいる基本的なテーマ		
②今回申請の事業に係る「旧国際ボランティア貯金」又は「JICA基金」を受けた最終年度・配分（支援）額・実施国・申請事業名	「旧国際ボランティア貯金」 最終年度：西暦　　　年 配分額：　　　　　　円 実施国： 申請事業名：	「JICA基金」 最終年度：西暦　　　年 支援額：　　　　　　円 実施国： 申請事業名：
③事業期間	西暦　　　年から開始し、現在まで　　　年間事業展開している	
④事業を始めた経緯・背景（事業地域の状況や課題、地域や神益者のニーズ、事業の必要性・重要性等について記入して下さい。）		
⑤詳細な事業内容（事業に含まれる個別の活動をすべて説明してください。）		
⑥「旧国際ボランティア貯金」の寄附金配分又は「JICA基金」の支援を受けてから現在までの状況（どのように事業経費を調達し、どのような活動を実施してきたか）		
⑦事業の最終目標と現在の到達点		
⑧活動国の自治体等と連携して事業を実施していますか。また、住民が自主的に参加（例えば研修等のイベント）するよう働きかけていることはありますか。		

あれば、詳細を記入してください。	
⑨取り組んでいる社会課題について、活動国又は日本において広く社会に訴えるアドボカシー活動を実施されていますか。その内容を記入してください。	
⑩今後の方針・展望	

3　申請活動について

（1）活動の概要

①申請活動名 （国・地域名除く）		
②助成希望額	円	
③総活動経費	円	
④活動実施国 （州・県・村まで記入してください。）		
⑤直接碑益者（層・人数）		人
⑥間接碑益者（層・人数）		人
⑦活動を始めた経緯・背景 （活動地域の状況や課題、地域や神益者のニーズを明らかにし、申請活動の必要性・重要性等について記入して下さい。）		
⑧活動内容 （分かりやすく簡単に説明してください。）		

⑨上記2の事業と今回の申請活動との関係			
	(ア)具体的な目標	(イ)目標を達成するために必要な活動内容	(ウ)活動によってもたらされる結果
⑩申請活動により達成したい具体的な目標・活動内容・効果 ※適宜行を追加してください。			
⑪実施予定期間 （対象期間 2023 年 4 月～2024年 3 月までの期間で、予定している実施期間を記入してください。）	西暦　　　年　　　月　～　西暦　　　年　　　月		
⑫申請活動について、他団体へ申請中又は申請予定はありますか。 ある場合は、団体名を記入してください。	申請中・申請予定・申請しない （該当するものに〇をつけてください） 団体名（　　　　　　　　　　　） 団体名（　　　　　　　　　　　）		

（2）活動の最終目標について

①申請活動の最終目標	

②活動地（裨益者）の自立について、具体的にどのような形の自立を目指していますか。 また、自立までの計画年数及び今回の申請は計画の何年目に該当するかを記入してください。	どのような自立か	計画年数：　　　　年 （今回の申請は、　　年目）

（3）活動実施スケジュール

時　期	具体的な活動内容 （誰が、いつ、どこで、誰に何をするかを具体的に記入してください。また、上記（1）-⑩（イ）の「活動内容」に記入した内容に沿うように記入してください）	日本からの派遣予定者と活動従事日数 （名前・所属・活動に従事する日数）
2023 年 4 月		
2023 年 5 月		
2023 年 6 月		
2023 年 7 月		
2023 年 8 月		
2023 年 9 月		
2023 年 10 月		
2023 年 11 月		
2023 年 12 月		
2024 年 1 月		
2024 年 2 月		

2024 年 3月		

(4)

活動実施において、新型コロナウイルス感染症等に対する対策について記入してください。

4　活動の実施体制

(1) 今回申請する活動に従事する人員体制と担当業務について記入してください。

※適宜行を追加してください

所属	活動に従事するスタッフ氏名	担当業務	専門性・経歴
①日本の団体事務所	活動責任者：		
	担当者：		
②活動地の団体事務所	活動責任者：		
③カウンターパート	活動責任者：		

④その他			
（上記以外の活動従事者がいる場合）			

(2)

上記（1）の団体事務所（日本及び活動地）ならびにカウンターパートとの協力体制、また、現地関係者（地域行政、住民等）との関わり合いについて、体制図で分かりやすく表してください。
※図が収まらない場合は別紙提出も可

(3) 活動の進捗管理

①活動報告の伝達手段 （web 会議、電話、電子メール等）	
②報告の回数 （web 会議：1 回/週、電話：2 回/週、電子メール：毎日等）	

(4)

新型コロナウイルス感染症拡大による影響で日本人が渡航できない期間の活動実施体制について記入してください。

（5）活動地の政府機関に対する申請又は登録等の実績

（NGO 登録等の手続きが必要な場合がありますので、ご確認のうえ、必要な手続きが完了されてから申請をしてください。）

①NGO 登録又はこれに相当する登録ないし許可の実績	取得日：
	NGO 登録の承認期限：
②活動内容において必要となる許可（活動地政府、地方自治体からの許可等）	

（6）申請団体の活動地事務所等

①活動地事務所の有無	あり・なし（該当するものに〇を付けてください）
②事務所の名称	
③所属スタッフ数	日本人駐在員：　名（現在、駐在中のみ記入してください） 活動地採用スタッフ：　名
④設立年	西暦　　年
⑤所在地	住所：
⑥事務所がない場合の活動地の拠点について	拠点の名称： 住所：

（7）カウンターパートとなる活動地の団体又は協力者等

①カウンターパートの団体名又は協力者名	
②団体所在地又は協力者の住所	住所：
③団体の場合、その種別	活動地法人・任意の団体・その他（　　　　　　　　　　） （該当するものに〇を付けてください）
④団体が活動地政府機関に登録している場合は、政府機関名及び登録番号	
⑤団体の事業概要	
⑥申請団体との関係	

5　最後に

①活動を実施する中で、碑益者へ当財団の助成による活動である旨をお伝えする予定はありますか。	あり　・　なし （該当するものに〇を付けてください）
②YES の場合、どのような方法でお伝えしますか。	

2023年度　助成希望額調書（J枠・S枠共通）

申請団体名：

申請活動名：

現地通貨と
日本円の適用レート：　　　　　＝　　　　　円　（2022年　月　日現在　参考レート：　　　　　）

No.	申請活動に要する経費					当財団への助成希望額		自己資金	JICA基金への申請額 (注4)	その他機関からの助成金等 (注4)	
	項目	単価（円）	数量	単位	合計（円）	算出根拠	金額（円）	金額（円）	金額（円）	助成機関名	金額（円）
1					0						
2					0						
3					0						
4					0						
5					0						
6					0						
7					0						
8					0						
9					0						
10					0						
11					0						
12					0						
13					0						
合計					0		0	0	0		0

記入上の留意点

注1 記入欄が不足する場合は、適宜行を追加して記載してください。

注2 金額は全て日本円で記入してください。

注3 円単位で記載してください。

注4 他機関からの助成を受ける場合は、経費項目が重ならないように申請してください。

注5 プロジェクト管理費の助成を希望する場合（J枠のみ合計上可）、算出根拠を別紙（様式適宜）に示してください。

2023年度　助成希望額調書（J枠・S枠共通）

記載例

申請団体名：一般財団法人　ゆうちょ財団
申請活動名：○○○○

現地通貨と
日本円の適用レート：　　1（現地通貨）　　＝　　0.00　　円　（2022年10月*日現在　参考レート：OANDA）

No.	申請活動に要する経費					当財団への助成希望額		自己資金	JICA基金への申請額(注4)	その他機関からの助成金等(注4)	
	項目	単価（円）	数量	単位	合計（円）	算出根拠	金額（円）	金額（円）	金額（円）	助成機関名	金額（円）
1	日本人専門家航空運賃	80,000	2	人	160,000	成田-○○（往復）上限50,000円×2人	100,000	60,000	0		0
2	現地専門家人件費（教員2名）	1,200	200	人日	240,000	洋裁技術指導担当100日/人×2人 上限900円×200人日	180,000	60,000	0		0
3	現地事務所スタッフ人件費（2名）	1,000	400	人日	400,000	プロジェクト担当者200日間/人×2人 上限600円×400人日	240,000	160,000	0		
4	研修会場費	3,000	2	回	6,000	所在地：○○郡○○村	6,000	0	0		0
5	研修参加費用（交通費・食費・参加費含む）	579	100	人日	57,900	地域の大人・子どもへの衛生研修50人参加/1回×2回	34,000	27,900	0		0
6	職業訓練材料費	20,000	12	ヵ月	240,000	手工芸品及び刺繍	240,000	0	0		0
7	プロジェクト管理費				236,750	助成活動管理に係る人件費、国内事務所賃借料（別紙）上限：助成希望額の20%	200,000	36,750	0		0
	合計				1,340,650		1,000,000	344,650	0		0

〔J枠のみ計上〕

記入上の留意点
注1　記入欄が不足する場合は、適宜行を追加して記載してください。
注2　金額は全て日本円で記入してください。
注3　円単位で記載してください。
注4　他機関からの助成を受ける場合は、経費項目が重ならないように申請してください。
注5　プロジェクト管理費の助成を希望する場合（J枠のみ計上）、算出根拠を別紙（様式適宜）に示してください。

講演会等経費助成

https://www.yu-cho-f.jp/international/ngo_grant.html

◆ **対象分野** ： 国際協力

◆ **対象団体** ： 法人 任意団体

NGO海外援助活動助成を受けている団体

◆ **概要** ： NGO海外援助活動の助成を受けているNGO（民間海外援助団体）が、一般市民を対象とした自団体の海外での活動状況等の説明、国際協力及び国際支援の意識醸成を図るための講演会等を開催する場合に、その経費の一部を助成しています。

◆ **総額** ： 年間50万円以内

◆ **1件あたり金額** ： 上限額： 5万円

◆ **応募期間**
及び応募締切 ： 2023年4月〜2024年1月末

◆ **助成決定時期** ： 申請を受けてから概ね3週間以内

◆ **申請手続き** ： 申請書に必要事項を記入のうえ、当財団へ郵送にて提出すること。申請内容が条件に合致するか否かを審査し、その結果を申請書到着後概ね3週間以内に通知する。

◆ **提出書類** ： 申請書

一般財団法人 ゆうちょ財団（国際ボランティア支援事業部）

http://www.yu-cho-f.jp/

当財団は、国民の皆さまの福祉の増進に寄与することを目的として、郵便局等を通じて行われる個人の貯蓄活動や郵便局等のサービスの利用増進に関する調査研究、研究助成、国際ボランティア活動支援及び金融教育・相談等の事業を推進しております。

〒101-0061 東京都千代田区神田三崎町3-7-4 ゆうビル2階
TEL: 03-5275-1815 / FAX: 03-6831-8970
vlcenter@yu-cho-f.jp

特定活動助成 一人ひとりの心に寄り添う "傾聴ボランティア"を応援します

◆ 対象分野 ： [地域・まち・居場所づくり] [災害・被災地] [子育て・ひとり親支援] [高齢者]

◆ 対象団体 ： [法人] [任意団体]

心のケアのための傾聴ボランティアとして活動をしている団体
（自然災害の被災者をはじめコロナ禍で困難な状況にある人等を傾聴）

上記の団体のうち次の二つの条件を満たす団体を対象とします。
ⅰ）応募に際して、地元社会福祉協議会の推薦を得ること。
ⅱ）団体として、既に一年以上の活動実績があること。

◆ 概要 ： 近年、国内では地震や豪雨などの自然災害が相次いで発生し、地域の復興や生活再建とともに、被災した人々の心のケアの必要性が指摘されています。
また、少子高齢化・人口減少が進む現代は、高齢者の孤独や、青年・壮年の引きこもり、孤立した育児や介護など特有の課題があり、新型コロナウイルス感染症の発生は状況をさらに深刻化させています。さまざまな困難に直面する人々の話を親身に聴き、心の奥からこぼれてくる思いを受け止める「傾聴ボランティア」が、ますます求められています。
全国で心のケアのための傾聴ボランティア活動をしている団体に助成致します。

◆ 総額 ： 400万円

◆ 1件あたり金額 ： 上限額：50万円

原則として年50万円（最長3年間）を上限としますが、助成額については活動内容および規模により査定をさせていただきます。
継続助成につきましては、経過報告を重視して決定いたします。

◆ 応募期間
及び応募締切 ： 2023年7月31日（午後5時必着）

◆ 助成決定時期 ： 2023年11月1日予定

◆ 申請手続き ： 当財団所定の申請書に必要事項を記入の上、当財団宛ご送付ください。（紛失等のトラブルを避けるため、なるべく書留や宅配便でお送りください。）
なお、ご提出いただいた申請書はご返却いたしかねます。

◆ 提出書類 ： [団体資料（パンフレット）]

◆ 備考 ： 申請書は当財団ホームページからダウンロードしてご利用ください。

公益財団法人 ユニベール財団

http://www.univers.or.jp/

ユニベール（UNIVERS）とは、フランス語で人類または世界を意味します。
ユニベール財団は、高齢化問題をグローバルな視点から捉え、助成、人材の育成、国際交流等の事業を行うことにより、少子高齢社会・人口減少社会における社会福祉の増進に寄与します。

〒160-0004 東京都新宿区四谷2-14-8 YPCビル5階
TEL: 03-3350-9002 / FAX: 03-3350-9008
info@univers.or.jp

子ども育成支援事業

https://www.yomiuri-hikari.or.jp

◆ **対象分野** ： 子ども

◆ **対象団体** ： 法人 任意団体

経済的に恵まれない子どもたちの学習支援や居場所提供など、子どもの成育環境の改善に取り組む団体に助成しています。任意団体でも申請可能です。支援活動を過去3年以上にわたり、実施していることが申請の条件です。活動内容が社会のニーズに応えていて、計画に実現性があるものが望ましいです。過去2年間で当事業団から助成を受けた団体は対象外となります。

◆ **概要** ： 「子どもの貧困」を解消するのを主目的に、経済的に恵まれない子どもたちの健全な育成のために活動している団体を助成しています。読売新聞の社告のほか、事業団のホームページ、東京都や大阪府の社会福祉協議会のホームページの助成金情報欄などを通じて応募を呼びかけています。2023年度は公募開始から5年目となり、読売巨人軍からの寄付もあり、22年度よりも助成総額を増やしました。対象となる支援活動は、掲載的に恵まれない家庭の子どもや親を支援するための学習支援や、子ども食堂などの居場所提供、フードバンクなどに取り組む団体を主としています。優先順位は低いのですが、不登校や引きこもりの子どもを対象とするフリースクール運営や絵本などの読み聞かせ、児童養護施設退所者のアフターケア事業も対象としています。助成が決まった団体の活動内容などは読売新聞の地域版で紹介してもらっています。年度末には取り組みの成果について報告をしてもらいます。

◆ **総額** ： 600万円

◆ **1件あたり金額** ： 上限額：50万円

団体の人件費（職員給与）も30％以内で認めています。

◆ **応募期間**
及び応募締切 ： 5月〜6月

◆ **助成決定時期** ： 8月中旬予定

◆ **申請手続き** ： 当事業団へ直接申し込み（公募）

◆ **提出書類** ： 団体の予算書・決算書 団体資料（パンフレット）

申請書のほか、助成を希望する事業の内容を具体的に説明した書類、団体が紹介された新聞や雑誌の記事コピー。募集要項・申請書等は募集に合わせて事業団ホームページに掲載します。

社会福祉法人 読売光と愛の事業団

https://www.yomiuri-hikari.or.jp

被災者支援のほか、児童養護施設の子どもたち、重度心身障害者、介護が必要な高齢者などの福祉増進を目指します。

〒100-8055 東京都千代田区大手町1-7-1 読売新聞東京本社内
TEL: 03-3217-3473 / FAX: 03-3217-3474
hikari-ai@yomiuri.com

2023 年度　子ども育成支援事業　募集要項

　　読売光と愛の事業団は、子どもの貧困が社会問題と言われる中、日本で暮らす子どもたちがその環境などに左右されずに、健全に育つように支援活動をされている団体に資金助成します

【助成対象】　将来の担い手である子どもの健全な育成に向けて、支援活動を過去3年以上にわたって続けている団体で、その内容が社会のニーズに応えていて、計画に実現性があるもの。過去2年間に当事業団から助成を受けた団体は対象外とさせていただきます。
　例）　・貧困家庭の子どもや親に対する支援
　　　　・貧困家庭の子どもの学習支援
　　　　・子ども食堂など子どもの居場所づくり
　　　　・不登校や引きこもりの保護者に対する支援
　　　　・啓発やボランティア養成
　　　　・絵本などの読み聞かせ活動
　　　　・児童養護施設退所後の若者支援

【助成内容】　1団体につき50万円を上限とし、総額600万円の助成を予定。法人格の有無は問いません。職員給与などの人件費は申請額の30%以内で認めます。

【応募方法】　所定の申請書に記入のうえ、下記の書類を添えて事業団に郵送してください
　　　　　　　　　＊申請書はホームページからダウンロードし、記入できます
　　1　助成を希望する事業の内容を具体的に説明した書類、あるいは申請書を補足する資料
　　2　団体の前年度決算書と今年度予算書
　　　（間に合わない場合は連絡の上、後日送付でも可）
　　3　団体の概要がわかるパンフレット類
　　4　活動が報道されたことがあれば、その記事のコピー

【締め切り】　2023 年7 月7 日（金）必着

【選考方法】　事業団が委嘱する選考委員4人による審査で助成先を決定します

【結果発表】　8月中旬に事業団のホームページで発表予定
　　　　　　　助成の決まった団体にのみ通知します。助成金支給は8月下旬の予定
　　　　　　　助成を受けた団体には年度末の3月までに事業報告書を提出していただきます。

【応募先】　　読売光と愛の事業団・子ども育成支援係
　　　　　　　〒100-8055 東京都千代田区大手町1-7-1　読売新聞東京本社内
　　　　　　　℡ 03-3217-3473 fax 03-3217-3474
　　　　　　　メール hikari-ai@yomiuri.com
　　　　　　　ホームページ https://www.yomiuri-hikari.or.jp/

2023年度　子ども育成支援事業申請書

社会福祉法人　読売光と愛の事業団　御中

申請日　　　　年　　　月　　　日

団体名	団体名　　　　　　　　　　　　　　　　代表
	設立月日　　　　　　　　　　　　　　　申請者
住　　所	〒　　　－
連　絡　先	電話（　　）（　　　　）（　　　　）　FAX（　　　）（　　　　）（　　　　）
	E-mail
主な事業	年　間 事業予算
申請事業名	
予　　算	
申請事業の具体的内容と申請理由(事業目的、社会的意義なども)	
助成金の使用対象と金額（内訳を具体的に）	

助成の場合	①使用対象額	②助成金要望額	③振込希望日
他機関への助成申請と助成の目標額			

がん患者在宅療養支援事業

https://www.yomiuri-hikari.or.jp

◆ 対象分野　　　　： 地域・まち・居場所づくり

◆ 対象団体　　　　： 法人　任意団体
全国の在宅療養中のがん患者やその家族を支援している地域のボランティア団体。法人格の有無は問いません。おおむね3年以上の活動実績が条件になります。

◆ 概要　　　　　　： 進行がんなどのために在宅で療養するがん患者やその家族への支援活動をしている地域のボランティア団体に助成をしています。読売新聞の社告、事業団のホームページで呼びかけ、応募のあった中から、専門家による選考委員会で決定します。助成金を使う事業だけでなく、団体の活動全体を評価して助成先を決めています。

◆ 総額　　　　　　： 250万円

◆ 1件あたり金額　： 上限額： 50 万円

◆ 応募期間　　　　： 6月〜9月
　及び応募締切

◆ 助成決定時期　　： 10月予定

◆ 申請手続き　　　： 当事業団へ直接申し込み（公募）

◆ 提出書類　　　　： 団体の予算書・決算書　団体資料（パンフレット）
所定の申請書のほか、活動内容が紹介された新聞や雑誌の記事のコピー。募集要項・申請書等は募集に合わせて事業団ホームページに掲載します。

◆ 備考　　　　　　： 募集要項、申請書は6月中旬に載せます。

社会福祉法人 読売光と愛の事業団

https://www.yomiuri-hikari.or.jp

被災者支援のほか、児童養護施設の子どもたち、重度心身障害者、介護が必要な高齢者などの福祉増進を目指します。

〒100-8055 東京都千代田区大手町1-7-1 読売新聞東京本社内
TEL: 03-3217-3473 / FAX: 03-3217-3474
hikari-ai@yomiuri.com

福祉作業所で働く障害者の支援

https://www.yomiuri-hikari.or.jp

◆ 対象分野　　　：　障がい者

◆ 対象団体　　　：　法人
　　　　　　　　　　障害者が働く全国の福祉作業所

◆ 概要　　　　　：　福祉作業所の賃金・工賃の維持・アップにつながるような設備投資費に助成しています。新規の事業
　　　　　　　　　　だけでなく、老朽化した設備や備品の購入費なども対象です。

◆ 総額　　　　　：　500万円

◆ 1件あたり金額　：　上限額： 50 万円

◆ 応募期間　　　：　10月〜11月
　　及び応募締切

◆ 助成決定時期　：　1月

◆ 申請手続き　　：　当事業団へ直接申し込み（公募）

◆ 提出書類　　　：　団体の予算書・決算書　団体資料（パンフレット）
　　　　　　　　　　所定の申請書のほか、設備投資や購入する備品の見積もり、作業所の内容が理解できるような新聞や
　　　　　　　　　　雑誌のコピー。募集要項・申請書等は募集に合わせて事業団ホームページに掲載。

◆ 備考　　　　　：　募集要項、申請書は10月に掲載します。

社会福祉法人 読売光と愛の事業団

https://www.yomiuri-hikari.or.jp

被災者支援のほか、児童養護施設の子どもたち、重度心身障害者、介護が必要な高齢者などの福祉増進を目指します。

〒100-8055 東京都千代田区大手町1-7-1 読売新聞東京本社内
TEL: 03-3217-3473 / FAX: 03-3217-3474
hikari-ai@yomiuri.com

読売光と愛・郡司ひさゑ奨学金

https://www.yomiuri-hikari.or.jp

◆ 対象分野	:	子ども
◆ 対象団体	:	来春、高校を卒業する高校生で、児童養護施設や里親家庭の出身者（社会的養護の若者）
◆ 概要	:	児童養護施設や里親家庭に在席し、来春、高校を卒業する社会的養護の若者が大学、短大、専門学校に進学した際の学費などを助成しています。卒業まで、毎年4月に年30万円を出身施設などを通じて振り込みます。奨学生には半期ごとに近況報告をしてもらいます。将来の夢を書いた作文のほか、施設長の推薦書、成績表などの書類による選考で決定します。
◆ 総額	:	約700万円（年間）
◆ 1件あたり金額	:	上限額：30万円
◆ 応募期間 　及び応募締切	:	7月〜10月
◆ 助成決定時期	:	12月中旬内定
◆ 申請手続き	:	各児童養護施設に送付する案内に従って、施設長の推薦をもらって応募。里親の場合は里親自身の所定の紹介文が必要です。
◆ 提出書類	:	所定の申請書のほか、施設長の推薦書、「私の将来」をテーマとした作文、成績、施設のパンフレット、進学希望の学校のパンフレット（学費記載のもの）。募集要項・申請書等は募集に合わせて事業団ホームページに掲載。
◆ 備考	:	募集要項や申請書は7月中旬に載せます。

社会福祉法人 読売光と愛の事業団

https://www.yomiuri-hikari.or.jp

被災者支援のほか、児童養護施設の子どもたち、重度心身障害者、介護が必要な高齢者などの福祉増進を目指します。

〒100-8055 東京都千代田区大手町1-7-1 読売新聞東京本社内
TEL: 03-3217-3473 / FAX: 03-3217-3474
hikari-ai@yomiuri.com

LUSHチャリティバンク 寄付・助成金

◆ **対象分野** ： 環境　人権・平和　災害・被災地　その他

◆ **対象団体** ： 法人　任意団体

1）小規模な草の根活動を行っている団体
2）他の企業や助成団体からの助成金や寄付が集まりにくい団体
3）より良い社会を目指して変革するために問題の根本を見極め、その解決に取り組む努力をしている団体
4）波及効果があるプロジェクトを行っている団体
5）非暴力で直接的なアクションを行う団体

◆ **概要** ： ラッシュでは、小規模な草の根団体に寄付をしています。
より良い社会を目指して、社会にポジティブな変化をもたらすために社会や環境を気にかけ活動している団体を応援したいと考えているためです。

〇助成対象事業
・自然環境の保護活動
・動物の権利擁護活動
・人権擁護/人道支援/復興支援活動

申請に関してガイドラインを設けております。以下、申請手続き欄のURLよりご確認ください。

◆ **総額** ： ---

◆ **1件あたり金額** ： 上限額： 200万円

1団体あたり10万円～200万円

◆ **応募期間**
及び応募締切 ： 応募締切:4月末日、6月末日、8月末日、10月末日、12月末日

◆ **助成決定時期** ： 応募締切の翌々月末

◆ **申請手続き** ： HPより申請フォームをダウンロードし、必須項目に記入後、メールにてご提出ください。
《メールアドレス》charity@lush.co.jp
《URL》https://weare.lush.com/jp/lush-life/our-giving/charity-pot/charitybank-guideline/

◆ **提出書類** ： ---

ラッシュジャパン合同会社

〒243-0303 神奈川県愛甲郡愛川町中津4027-3　（愛川内陸工業団地内）
TEL: / FAX:

表彰事業実施団体 （P256〜P276）

融資事業実施団体 （P277〜P285）

【 注 意 事 項 】

○掲載内容には、既に今年度の申請受付が終了された事業も含まれています。

○助成（表彰・融資）事業は、年度や次の公募の際に変更される場合があります。新たに申請を行う場合は、必ず内容を確認してください。
　また、申請書類の様式についても変更される場合があります。申請書類の様式は参考に掲載しているものですので、実際の申請には使用しないで下さい。

○掲載内容は2023年6月現在の情報です。今後、実施時期や内容に変更が生じる可能性があります。申請に当たっては、 必ず団体の実際の募集要綱を確認するようにしてください。

あしたのまち・くらしづくり活動賞

◆ **対象分野** ： 地域・まち・居場所づくり

◆ **対象団体** ： 法人 　任意団体

地域住民が自主的に結成し運営している地域活動団体、または、地域活動団体と積極的に連携して地域づくりに取り組む企業、商店街、学校等。活動に2年以上取り組み、大きな成果をあげて活動している団体。活動範囲については、市区町村地域程度まで。

◆ **概要** ： 地域住民が自主的に結成し運営している地域活動団体、または、地域活動団体と積極的に連携して地域づくりに取り組む企業、商店街、学校等を対象とし、活動に2年以上取り組み、大きな成果をあげて活動している団体の活動を顕彰する。（上位入賞8団体は助成総額65万円の副賞あり）

◆ **総額** ： 65万円

◆ **1件あたり金額** ：
・内閣総理大臣賞 20万円（×1団体）
・内閣官房長官賞 10万円（×1団体）
・総務大臣賞 10万円（×1団体）
・主催者賞 5万円（×5団体）

◆ **応募期間 及び応募締切** ： ・応募期間＝令和5年4月〜7月3日・応募締切＝令和5年7月3日

◆ **助成決定時期** ： 令和5年10月（予定）

◆ **申請手続き** ：
1.応募に必要な書類
①応募用紙
②応募レポート（これまでの活動内容と現在までの成果等を2,000字程度で記述）
③写真（活動の様子がわかる写真を5〜6枚程度）
④その他、活動内容を補足する文書、実施記録等（任意）

2.応募用紙の取寄せ方法
HPからのダウンロード、またはEメールによる請求

3.応募書類の送付方法
当協会まで、Eメールにより送付（郵送も可）

◆ **提出書類** ： ・応募用紙 ・応募レポート（2,000字） ・写真5〜6枚程度

◆ **備考** ： 応募レポート及び写真は、公益財団法人あしたの日本を創る協会のホームページ（http://www.ashita.or.jp）や当協会が発行する「まちむら」で紹介する場合があります。

公益財団法人 あしたの日本を創る協会

http://www.ashita.or.jp

地域が直面するさまざまな課題を自らの手で解決して、自分たちの住む地域社会を良くしていこうとする地域住民の活動を支援しています。

〒113-0033 東京都文京区本郷2-4-7 大成堂ビル4F
TEL: 03-6240-0778 / FAX: 03-6240-0779
（代表）ashita@ashita.or.jp（活動賞）prize@ashita.or.jp

2023年度自然体験活動支援事業
第22回トム・ソーヤースクール企画コンテスト

◆ 対象分野 : スポーツ　音楽・アート・芸能　子ども

◆ 対象団体 : ①学校部門 小学校・中学校または、小中学校より委託・協力・協働等によって当該活動を主催する団体。
小学校、中学校において授業や課外活動の一環として行われる活動で、小中学生 が各回概ね10名程度参加する企画で、学校長の承認を受けたもの。

②一般部門 定款・規約等が整備され、組織としての形態を有し、当該活動を主催する団体。
小中学生が各回概ね10名程度参加する企画であること。

◆ 概要 : 子どもたちが参加する、自然の中での体験活動であれば、内容は問いませんが、ユニークさと創造性にあふれ、高い教育効果が得られる活動とします。他の助成金や支援を受けている活動企画でも応募できます。
例）自然体験、地域交流、環境教育、史跡深訪、自然体験、アウトドアスポーツなど目的が明確であり、子どもたちの健全な心身の育成に寄与するもの。

◆ 総額 : 学校部門、一般部門の中から、計50団体を選考し、実施支援金として各10万円を贈呈いたします。なお、応募いただいた団体には参加賞としてチキンラーメン1ケース（30食）をお送りいたします（但し、応募資格に該当しない団体は除きます）。

◆ 1件あたり金額 : ●学校部門
文部科学大臣賞 1校（副賞100万円、チキンラーメン1年分）
優秀賞 1校（副賞50万円、チキンラーメン半年分）
●一般部門
安藤百福賞 1団体（副賞100万円、チキンラーメン1年分）
優秀賞 1団体（副賞50万円、チキンラーメン半年分）
●各部門共通
推奨モデル特別賞（副賞30万円、チキンラーメン半年分）
トム・ソーヤー奨励賞（副賞20万円、チキンラーメン半年分）
努力賞（副賞10万円、チキンラーメン3か月分）

◆ 応募期間 及び応募締切 : 2023年2月1日（水）～同年5月17日（水）消印有効※毎年、同じ月日で開始しています。

◆ 助成決定時期 : 7月中旬頃「自然体験.com」での発表となります。その後、参加賞のチキンラーメンとともに合否の手紙を発送します。（落選の場合、参加賞到着が7月下旬になる場合がございます。ご了承ください）

◆ 申請手続き : 所定の応募用紙に必要事項を記入し、フォーマットに記載されている応募団体の概要がわかる必要書類を同封のうえ、事務局宛に郵送で提出してください。1団体につき、1件の応募とします。
応募用紙はホームページ「自然体験.com」（http://www.shizen-taiken.com/）からダウンロードすることができます。
（パソコンが無い場合などダウンロードができなければ、応募用紙をお送りしますのでお電話ください）

◆ 提出書類 : 定款・規約　役員名簿　団体資料（パンフレット）

◆ 備考 : 当コンテストは1年サイクルで毎年開催しているコンテストになります。

２０２３年度「第２２回トム・ソーヤースクール企画コンテスト」応募フォーマット

下記のとおり「トム・ソーヤースクール企画コンテスト」に応募いたします。
（記入欄が少ない場合は、別途添付または追加して下さい。）

応募区分	□学校部門　　　　　　□一般部門　（いずれかに✓を入れてください）		
ふりがな		ふりがな	
団体名		応募責任者名 （役職名） （学校部門の場合） 学校名および校長 の承認署名・印	印 印
団体住所	〒　　　　－		
電話番号		E-mail	
ＦＡＸ番号		URL	http://www.
ふりがな		担当者 連絡先	電話、携帯番号 FAX番号 E-mail
担当者名			

※団体住所は、事務局からの書類が受け取れる住所を記入して下さい。
　（団体名、応募責任者名で送りますので、個人宅の場合は名前も記載して下さい。例：〇〇方）
※印は学校印や団体印を押印してください。

① 活動（プログラム）タイトル　　※タイトルは５０字以内でお願いします。

② 活動目的（簡潔にお願いします）

③　企画概要を１００字以内で記入お願いします。

④　活動（プログラム）の内容　※別途企画書があれば添付して下さい。

⑤　活動（プログラム）の特長（こだわり、ユニークな点、キャッチフレーズ等のアピールポイント）

⑥　活動予定日・期間　※複数回、活動する場合は各回の日程を記入して下さい。

　※審査対象期間は2023年3月1日～10月23日の間で、活動はコンテスト応募後より実施して下さい。

⑦　活動場所・フィールド・会場等

⑧　安全対策の状況（保険の加入等）

⑨　参加対象者　（学年・年齢・性別、保護者参加の可否または有無）

⑩　参加予定人数　※小中学生の人数に、幼稚園児や高校生は入れないでください。

		小中学生	幼児	大人	指導者
	延べ人数	名	名	名	名
内訳	月　日	名	名	名	名
	月　日	名	名	名	名
	月　日	名	名	名	名
	月　日	名	名	名	名
	月　日	名	名	名	名
	月　日	名	名	名	名
	月　日	名	名	名	名
	月　日	名	名	名	名
	月　日	名	名	名	名

※複数回活動実施の場合は、日付ごとに各回の参加人数及び指導者数をご記入ください。
※行が足りない場合は、行を追加してご記入ください。

⑪　参加者募集期間　　　　　　　　月　　　日　～　　　月　　　日

⑫　参加者募集方法

⑬　活動（プログラム）で使用する主な装備・備品・学習用具等

⑭ 貴団体の概要・過去の主な活動実績等

　　　

⑮ 予算の概要　※支援が決定した場合の予算と支援金の関係を知りたいので、必ず記載してください。

（収入の部）		（支出の部）	
安藤財団支援金	100,000円	交通費	円
参加費　　　　　　　　計	円	食費	
（1人当たり　　　　円）		指導者人件費	
補助金　（　　　　から）	円	宿泊費	
受託費他（　　　　から）	円	事務経費	
		プログラム費	
		保険料 他	
収入の部　合　計	円	支出の部　合　計	円

※参加費等の詳細も記入して下さい。収入および支出の合計は同額になるようにして下さい。

⑯ その他特記事項

　　　

⑰ 添付資料について（○をつけてください）※応募団体の概要が分かるものを提出して下さい。
　　学校要覧、団体概要・定款または規約・役員名簿等、その他＿＿＿＿＿＿＿＿＿＿

⑱ このコンテストを何でお知りになりましたか。
　　　　ホームページ　自然体験.com
　　　　その他ホームページ　ホームページ名＿＿＿＿＿＿＿＿＿＿＿＿＿＿＿＿＿
　　　　新聞・雑誌等　　　　掲載紙名＿＿＿＿＿＿＿＿＿＿＿＿＿＿＿＿＿＿＿＿
　　　　知人や団体より　　　具体的に＿＿＿＿＿＿＿＿＿＿＿＿＿＿＿＿＿＿＿＿
　　　　その他　　　　　　　具体的に＿＿＿＿＿＿＿＿＿＿＿＿＿＿＿＿＿＿＿＿

糸賀一雄記念賞

◆ 対象分野 ： 障がい者

◆ 対象団体 ： 日本において、障害者などの「生きづらさ」がある人に対する実践活動に長く取り組み、その活動が高く評価され、一層の活躍が期待される個人および団体（法人、任意団体を問わない）

◆ 概要 ： 糸賀一雄記念賞

◆ 総額 ： 120万円

◆ 1件あたり金額 ： 糸賀一雄記念賞:50万円

◆ 応募期間及び応募締切 ： 例年5月末から7月末 必着

◆ 助成決定時期 ： 10月頃に当財団ホームページに公表し、応募者には別途通知します。

◆ 申請手続き ： 募集開始後は、公益財団法人糸賀一雄記念財団 のHPよりダウンロードできます。財団に直接連絡も可能です。

◆ 提出書類 ： 応募案内に記載の通り

公益財団法人 糸賀一雄記念財団

http://www.itogazaidan.jp/

障害者の基本的人権の尊重を基本に、生涯を通じて障害者福祉の向上に取り組まれた故糸賀一雄氏の心を受け継ぎ、障害者やその家族が安心して生活できる福祉社会の実現に寄与することを目的として、障害者など「生きづらさ」がある人に対する取り組みが顕著または先進的で、今後の活躍が期待される個人・団体を表彰します。

〒525-0072 滋賀県草津市笠山7-8-138 滋賀県立長寿社会福祉センター内
TEL: 077-567-1707 / FAX: 077-567-1708
itoga@itogazaidan.jp

糸賀一雄記念未来賞

◆ **対象分野** ： 障がい者

◆ **対象団体** ： 国内で活動し、福祉、教育、医療、労働、経済、文化、スポーツなどの分野における障害者または障害者と同様に社会的障壁による「生きづらさ」がある人に関する取り組みが先進的であり、今後一層の活躍が期待される個人および団体（法人、任意団体を問わない）

◆ **概要** ： 糸賀一雄記念未来賞

◆ **総額** ： 120万円

◆ **1件あたり金額** ： 糸賀一雄記念未来賞:10万円

◆ **応募期間 及び応募締切** ： 例年 5月末から7月末 必着

◆ **助成決定時期** ： 10月頃に当財団ホームページに公表し、応募者には別途通知します。

◆ **申請手続き** ： 募集開始後は、公益財団法人糸賀一雄記念財団 のHPよりダウンロードできます。
財団に直接連絡も可能です。

◆ **提出書類** ： 応募案内に記載の通り

公益財団法人 糸賀一雄記念財団

http://www.itogazaidan.jp

障害者の基本的人権の尊重を基本に、生涯を通じて障害者福祉の向上に取り組まれた故糸賀一雄氏の心を受け継ぎ、障害者やその家族が安心して生活できる福祉社会の実現に寄与することを目的として、障害者など「生きづらさ」がある人に対する取り組みが顕著または先進的で、今後の活躍が期待される個人・団体を表彰します。

〒525-0072 滋賀県草津市笠山7-8-138 滋賀県立長寿社会福祉センター内
TEL: 077-567-1707 / FAX: 077-567-1708
itoga@itogazaidan.jp

第16回かめのり賞

◆ **対象分野** ： 国際協力

◆ **対象団体** ： ①NPO（非営利団体）、ボランティアグループ、個人であること
②日本とアジア・オセアニアの懸け橋となる活動を目的としていること
③過去、かめのり賞の顕彰を受けていないこと
④HPやSNS（Instagram、Facebook、Twitter等）にて、活動内容を公開していること

◆ **概要** ： かめのり賞は、日本とアジア・オセアニアの若い世代を中心とした相互理解・相互交流の促進や人材育成に草の根で貢献し、今後の活動が期待される個人または団体を顕彰します。

◆ **総額** ： ---

◆ **1件あたり金額** ： 100万円

◆ **応募期間**
　及び応募締切 ： 6月～7月中旬（予定）

◆ **助成決定時期** ： 9月中旬（予定）

◆ **申請手続き** ： 応募書類を当財団まで郵便等でお送りください。
所定の応募書類は、募集開始（2022年5月下旬予定）後にホームページからダウンロードできます。
1.所定の応募用紙
2.所定の推薦書
3.以下のいずれかを提出
①CANPAN（https://fields.canpan.info/organization/）へ団体情報を入力の上、「団体情報/団体詳細」を印刷したもの（情報開示レベル4以上の記載、及び②で示す書類の添付を含んだ団体情報を印字し、添付すること）
②最新の事業計画書、予算書および過去2年間の事業報告書、決算書またはこれらの内容を記したもの
4.組織・活動の内容を記したパンフレットなど
5.今年度以降、特に予定している新規事業があればその内容を記したもの

◆ **提出書類** ： 団体の予算書・決算書　団体資料（パンフレット）
「応募手続き」に記載の通り

◆ **備考** ： ・2022年秋に開催予定の表彰式に必ず出席して頂きます。
・2023年秋に受賞後の活動について報告書を提出して頂きます。

公益財団法人 かめのり財団

https://www.kamenori.jp/

公益財団法人かめのり財団は、日本とアジア・オセアニアの若い世代の交流を通じて、未来にわたって各国との友好関係と相互理解を促進するとともに、その懸け橋となるグローバル・リーダーの育成をはかります。
高校生などの交換留学事業、日本語および日本文化学習の促進、青少年の民間交流助成等を中心に、日本とアジア・オセアニア諸国の若い世代の人々が、異なる文化や思考、生活習慣などをお互いに体験し理解し合うことができるよう、草の根の交流事業を支援します。そして、異文化の人と人をつなぎ、グローバルに活躍できる未来の担い手を育成します。

〒102-0083 東京都千代田区麹町5-5 ベルヴュー麹町1階
TEL: 03-3234-1694 / FAX: 03-3234-1603
info@kamenori.jp

公園・夢プラン大賞2023

https://yumeplan.prfj.or.jp/

◆ 対象分野 ： 地域・まち・居場所づくり ／ その他

◆ 対象団体 ： ●「実現した夢」部門
・個人・グループ・団体・企業を問わず、どなたでも応募できます。自薦・他薦を問いません。
※他薦の場合は、イベントや活動実施者の了解を得てください。

●「やりたい夢」部門
・どなたでも応募できます。

◆ 概要 ： ●「実現した夢」部門
・公園で行われ、皆さんの「夢の実現」となった、素敵なイベントや活動を募集します。
・過去5年間（2019年1月1日以降）に、公園で実施されたイベントや活動とします。
イベントや活動の主催者は問いませんが、市民が主体となり実施したイベントや活動とします。
・過去に「公園・夢プラン大賞」に応募したイベントや活動も応募できます（入賞・入選プランを除く）。
●「やりたい夢」部門
・公園で「やってみたい」「できたらいいな」という楽しいイベントや活動のアイデアを募集します。
・応募プランは、実際に公園のイベントとして実現することがあります。
・応募プランの実現に際しては、内容の一部が変更される場合があります。
・指定管理者、公園管理者に携わる方のアイデアも大歓迎です。

◆ 総額 ： 「実現した夢」「やりたい夢」両部門合計56万円

◆ 1件あたり金額 ： ●「実現した夢」部門
最優秀賞:20万円のギフト券×1本
優秀賞：5万円のギフト券×2本
入選：1万円のギフト券×5本
●「やりたい夢」部門
最優秀賞:10万円のギフト券×1本
優秀賞：3万円のギフト券×2本
入選：1万円のギフト券×5本

◆ 応募期間
　及び応募締切 ： 募集期間:2023年4月21日（金）～2023年9月29日（金）

◆ 助成決定時期 ： 審査結果は12月頃、公園・夢プラン大賞HP上で公開します。受賞者には直接お知らせします。

◆ 申請手続き ： 申込用紙は公園・夢プラン大賞HPからダウンロードできます。
●「実現した夢」部門
・応募用紙に必要事項を記入し、郵送または、Eメールでお送りください。
・HPの応募フォームからも応募できます。
・実施状況写真は必ず添付してください。
●「やりたい夢」部門
・応募用紙に必要事項を記入し、郵送または、FAX、Eメールでお送りください。
・HPの応募フォームからも応募できます。
・内容は文章・イラストなど自由に表現してください。

◆ 提出書類 ： 応募用紙、実現した夢部門は実施状況写真

◆ 備考 ： 審査のポイント
・ワクワクして、夢があり、楽しめるもの
・オリジナリティや話題性があるもの
・フィールドや資源、人材を活かし、地域と連携したもの

一般財団法人 公園財団

(公園財団)https://www.prfj.or.jp/ （公園・夢プラン大賞）https://yumeplan.prfj.or.jp/

「公園・夢プラン大賞」は、全国の公園緑地等を舞台に、市民による自由な発想で実施された
イベントや活動、これからやってみたいアイデア・プランを募集し、審査・表彰するもので、公園を楽しく使いこなす人々をさ
らに増やしてゆくことを目指しています。

〒112-0014 東京都文京区関口1-47-12 江戸川橋ビル2F
TEL: 03-6674-1188 / FAX: 03-6674-1190
(公園・夢プラン大賞専用)yumeplan@prfj.or.jp

国際交流基金地球市民賞

https://www.jpf.go.jp/j/about/citizen/

◆ **対象分野**	:	人権・平和　地域・まち・居場所づくり　音楽・アート・芸能　外国人・多文化共生
		マイノリティ・さまざまな人への支援　ボランティア・NPO支援　その他
◆ **対象団体**	:	法人　任意団体
		公益性の高い国際文化交流活動を行っている日本国内の団体。
		団体の法人格は問いませんが、地方自治体は対象としません。
◆ **概要**	:	対象とする活動例
		・日本と海外をつなぐ文化・芸術の交流を通じて、豊かで活気のある地域やコミュニティをつくる活動
		・外国人の多様な文化（言語教育を含む）を理解、尊重し、ともに豊かで活気のある地域やコミュニティを築いていこうとする活動
		・共通の関心や問題意識を通じ、日本と海外の市民同士の連携や相互理解を進める活動 など
◆ **総額**	:	1件あたり200万円（受賞団体数は最多3件）
◆ **1件あたり金額**	:	正賞（賞状）と副賞（1件200万円）
◆ **応募期間及び応募締切**	:	2024年度の公募は5月下旬～6月頃開始予定です。詳細は国際交流基金Webサイト内、地球市民賞のページをご確認ください。
◆ **助成決定時期**	:	受賞団体は公募翌年1月に国際交流基金Webサイト内、地球市民賞のページで発表します。応募いただいた皆様には、Eメールまたは書面にて結果をご連絡いたします。なお、授賞式は公募翌年2月～3月に開催を予定しています。
◆ **申請手続き**	:	全国より、自薦/他薦にて広く募集します。（どなたでもご応募、ご推薦いただけます。）
		地球市民賞ウェブサイトより応募ガイドライン・応募用紙（Microsoft Word形式、PDF形式）をダウンロードし、必要事項をご記入の上、Eメール、または郵送にてご応募ください。
		※お一人/1団体、最大5件まで応募/推薦いただけます。
		※1団体につき1件の応募・推薦とします。事業単位ではなく、団体としてご応募、ご推薦ください。
		※応募用紙受理後、内容確認のため担当者よりご連絡を差し上げる場合があります。
		※応募用紙をダウンロードできない場合は、事務局までご請求ください。なお、ご提出いただいた書類及び資料は返却いたしませんので、ご了承ください。
		※上記の申請手続きは変更となる場合があります。最新情報は国際交流基金Webサイト内、地球市民賞のページをご確認下さい。
◆ **提出書類**	:	応募用紙など
◆ **備考**	:	過去の受賞団体例
		2022年度:特定非営利活動法人アレッセ高岡（富山県高岡市）、特定非営利活動法人Peace Culture Village（広島県広島市）、特定非営利活動法人地域サポートわかさ（沖縄県那覇市）

独立行政法人 国際交流基金（JF）

https://www.jpf.go.jp/j/about/citizen/

独立行政法人国際交流基金（The Japan Foundation、JF）は、総合的に国際文化交流を実施する日本で唯一の専門機関です。

国際交流基金地球市民賞（以下、地球市民賞）は、1985年に創設され、本年度で39年目を迎えます。

全国各地で国際文化交流活動を通じて、日本と海外の市民同士の結びつきや連携を深め、互いの知恵やアイディアを交換し、ともに考える団体を応援します。

これまでに118の団体等が受賞され、さらなる飛躍のきっかけとなるとともに、地域の活性化、地方創生にも貢献しています。

〒160-0004 東京都新宿区四谷1-6-4四谷クルーセ 国際交流基金（JF）広報部 地球市民賞事務局
TEL: 03-5369-6075 / FAX:
chikyushimin@jpf.go.jp

小林製薬青い鳥財団賞

◆ **対象分野** : 子ども 障がい者 医療・疾病・難病

◆ **対象団体** : 【応募資格】
障がいや病気を抱える子どもたちとその家族が抱えている様々な医療・福祉上の支援活動及び調査研究において、著しい成果を収めた個人又は以下の法人等（日本国内において活動しているものに限ります）。

・公益法人（公益社団法人又は公益財団法人）
・NPO法人（特定非営利活動法人、特例認定特定非営利活動法人又は認定特定非営利活動法人）
・その他法人格の有無を問わず、非営利かつ公益に資する活動を行う団体

◆ **概要** : ---

◆ **総額** : 300万円～600万円程度

◆ **1件あたり金額** : 上限額：300万円

300万円

◆ **応募期間**
　　及び応募締切 : 毎年6月～7月頃を応募期間としています。

◆ **助成決定時期** : 毎年10月中旬頃に採否を通知します。

◆ **申請手続き** : ホームページから所定の申請用紙（A4サイズ）をダウンロードし、必要事項をご記入の上、必要書類を添えて押印した正本1部のみ郵送にて応募して下さい。日本語での記入を条件とします。郵送いただいた書類等の返却は出来かねますので、予めご了承下さい。

◆ **提出書類** : 定款・規約 団体の予算書・決算書 役員名簿 団体資料（パンフレット）

公益財団法人 小林製薬青い鳥財団

https://www.kobayashi-foundation.or.jp

小林製薬青い鳥財団では、障がいや病気を抱える子どもたちとそのご家族にとって"あったらいいな"をカタチにしようとされており、著しい成果を収められた個人又は団体に対し、顕彰事業を実施しております。

〒106-0032 東京都港区六本木1-7-27 全特六本木ビルEast5F
TEL: 03-3505-5371 / FAX: 03-3505-5377
info@kobayashi-foundation.or.jp

社会貢献者表彰

◆ 対象分野	:	環境　地域・まち・居場所づくり　子ども
◆ 対象団体	:	団体や個人、法人格の有無などは問いません。 日本で活動する方、もしくは海外で活動する日本人を対象とする。
◆ 概要	:	・精神的、肉体的な著しい労苦、危険、劣悪な状況に耐え、他に尽くされた功績 ・困難な状況の中で黙々と努力し、社会と人間の安寧、幸福のために尽くされた功績 ・先駆性、独自性、模範性などを備えた活動により、社会に尽くされた功績 ・海の安全や環境保全、山や川などの自然環境や絶滅危惧種などの希少動物の保護に尽くされた功績 ・家庭で実子限らず多くの子どもを養育されている功績
◆ 総額	:	副賞1件100万円×60件＝6,000万円
◆ 1件あたり金額	:	副賞1件あたり100万円
◆ 応募期間 　及び応募締切	:	例年10月31日締切
◆ 助成決定時期	:	4月上旬と9月上旬
◆ 申請手続き	:	応募書類を郵送もしくはWebサイトの送信フォームをご利用下さい。 応募書類は事務局に請求もしくはWebサイトからダウンロードできます。
◆ 提出書類	:	団体資料（パンフレット） あれば新聞記事等
◆ 備考	:	自薦、他薦を問いません。

公益財団法人 社会貢献支援財団

https://www.fesco.or.jp

国の内外を問わず、社会と人間の安寧と幸福のために貢献し、顕著な功績を挙げられながら、社会的に報われることの少なかった方々を表彰させて頂き、そのご功績に報い感謝することを通じてよりよい社会づくりに資することを目的としています。

〒105-0003 東京都港区西新橋1-18-6 クロスオフィス内幸町801

TEL: 03-3502-0910 / FAX: 03-3502-7190

fesco@fesco.co.jp

青少年教育賞

◆ **対象分野** ： 地域・まち・居場所づくり 子ども

◆ **対象団体** ： 以下の3つの応募資格を満たしているボランティア団体
1.青少年を対象に学生が主体的に活動している
2.原則として設立から5年以上である
3.関東周辺を拠点に活動している

◆ **概要** ： 国際的な活動を含め青少年の健全育成に努める学生主体のボランティア団体に対して、一層の活動の発展を支援するために設けた賞です。個人または団体を毎年表彰するもので、近年は若い世代の人達自身の奉仕活動を優先的に取り上げ、賞状と副賞賞金を贈呈しています。

◆ **総額** ： 20万円（2022年度）

◆ **1件あたり金額** ： 最優秀賞 副賞 10万円
優秀賞 副賞 5万円

◆ **応募期間**
及び応募締切 ： 応募期間（毎年）1月31日〜5月31日（締切日:5月31日必着）

◆ **助成決定時期** ： 8月中旬までに受賞団体に通知の上、東京キワニスクラブHP上にて発表

◆ **申請手続き** ： 応募フォームをダウンロードして郵送またはメール添付にて提出
（https://www.tokyo-kiwanis.or.jp）

◆ **提出書類** ： 所定の応募申込書、活動状況の画像等

◆ **備考** ： 表彰式:9月に贈呈式を行う予定です（詳細は後日連絡します）
受賞団体は、希望すればキワニス・ユースフォーラムに参加することができます

一般社団法人 東京キワニスクラブ

https://www.tokyo-kiwanis.or.jp

会員が社会奉仕の精神を持って行動するよう啓発し、社会福祉事業その他の社会福祉活動及び青少年の健全な育成のための活動に対する援助と協力、各種災害に対する支援を行うとともに、社会奉仕の精神を普及することにより、より良き地域社会の形成を図り、あわせて会員相互の研鑽を図ることを目的とする。

〒101-0047 東京都千代田区内神田2-3-2 米山ビル7F
TEL: 03-5256-4567 / FAX: 03-5256-0080
tokyokiwanis@japankiwanis.or.jp

社会公益賞

◆ **対象分野** ： 国際協力　環境　人権・平和　地域・まち・居場所づくり　災害・被災地　スポーツ　音楽・アート・芸能
子ども　子育て・ひとり親支援　不登校・ひきこもり　高齢者　LGBT・セクシュアルマイノリティ　障がい者
外国人・多文化共生　貧困・路上生活　いじめ・暴力・被害　マイノリティ・さまざまな人への支援
セルフヘルプグループ・自助グループ　相談・カウンセリング　ボランティア・NPO支援　その他

◆ **対象団体** ： 法人　個人　任意団体
NPO・ボランティアグループ（法人格は問いません。）

◆ **概要** ： 基本的には5年以上活動を継続していることが要件となる。上記理念及び事業の目的等に沿った活動をする団体（法人格は問わない。）及び、個人（グループ活動を主とする。）の事業に対し表彰。

◆ **総額** ： 20万円（2022年度）

◆ **1件あたり金額** ： 20万円

◆ **応募期間**
及び応募締切 ： 4月1日〜翌年3月31日までの事業を対象とします。毎年11月15日〜3月31日（当日消印有効）を応募期間とします。

◆ **助成決定時期** ： 8月中旬 申請者宛書面等で通知

◆ **申請手続き** ： 東京キワニスクラブ事務局宛申請用紙を取寄せ、必要事項を記入し、社会公益委員会宛に申し込む。（東京キワニスクラブ事務局経由）

◆ **提出書類** ： 連絡先明示のこと。

◆ **備考** ： 応募は一団体につき1件のみです。

一般社団法人 東京キワニスクラブ

https://tokyo-kiwanis.or.jp

東京都内における社会公益のために、長い間献身的な労苦を続けている人を広く探し求め、その功績に敬意を表するとともに、その尊い存在を世間に紹介しようとするものである。加えて、これを契機として社会福祉対策が政府においても民間においても積極的に取り上げられ、満足な施策が講ぜられるよう出来る限りの運動を展開しようとするものである。なお、当クラブは特に幼い子どものための奉仕活動に力を入れているため、その点を考慮する。

〒101-0047 東京都千代田区内神田2-3-2 米山ビル7F
TEL: 03-5256-4567 / FAX: 03-5256-0080
tokyokiwanis@japankiwanis.or.jp

第12回若手難民研究者奨励賞

◆ **対象分野** ： 国際協力 人権・平和

◆ **対象団体** ： 国籍、所属、居住地、年齢などは不問（詳細は応募要領をご参照ください）。
ただし日本在住者を優先します。また奨励賞の成果論文は、難民研究フォーラムの機関誌『難民研究ジャーナル』への掲載を想定しているため、日本語での執筆とします。
また、本賞を過去に受賞した方も再度申請することができます。ただし審査は別途に行い、前回の研究成果からの発展性などを含め、審査をします。

◆ **概要** ： 有望な難民研究を奨励し成果の発表機会を提供することで難民研究者の育成に寄与します。
難民研究として、難民・無国籍問題及び強制移住等の研究を対象とします。
難民研究を志す方であれば、分野及び対象地域は限定しません。
原則として、一つのテーマとして独立した個人研究（ただし、少人数グループによる共同研究も含む）を対象とします。

◆ **総額** ： 120万円

◆ **1件あたり金額** ： 上限額：30万円

◆ **応募期間** ： 1月:募集開始、3月:応募締切
   及び応募締切

◆ **助成決定時期** ： 6月

◆ **申請手続き** ： 応募要領をご確認の上、「申請書」「研究計画書」をダウンロードし、その他必要資料とともに、メールにてご提出ください。

◆ **提出書類** ： ---

難民研究フォーラム

https://refugeestudies.jp/

「難民研究フォーラム」は、刻々と変化する難民を取り巻く環境に対応し、日本での難民問題専門の研究機関として、2010年7月に設立されました。多角的な視点から国内外の難民の現状や難民政策に関する学際的な研究を行い、その成果を幅広く共有及び活用することによって、難民及び庇護希望者に寄与することを目的として活動しています。

〒101-0065 東京都千代田区西神田2-5-2 TASビル4階 難民支援協会気付
TEL: 03-5379-6001 / FAX: 03-5215-6007
info@refugeestudies.jp

日本女性学習財団 未来大賞

https://www.jawe2011.jp/nii_awards/index2023.html#bosyu2023_7th

◆ 対象分野	:	人権・平和　地域・まち・居場所づくり　災害・被災地　子育て・ひとり親支援　LGBT・セクシュアルマイノリティ　外国人・多文化共生　マイノリティ・さまざまな人への支援　ボランティア・NPO支援
◆ 対象団体	:	趣旨に関心をもつ個人及びグループ（性別・国籍問わず）
◆ 概要	:	テーマは「出発・再出発」。男女共同参画社会、多様な人々が生きやすい社会の実現に向けて、次への一歩を踏み出したい/踏み出した人（踏み出す人を支援する人・グループも可）の思いやその過程などをまとめたレポートを募集し、優秀作を表彰する。 ※レポートの内容は、家庭、仕事、学校生活、地域活動、女性活動、NPOおよびNGO活動、社会教育・生涯学習活動、震災経験や復興に向けた営みなど、幅広い領域を対象とする。
◆ 総額	:	10万円
◆ 1件あたり金額	:	未来大賞 奨励金10万円（1篇のみ）
◆ 応募期間及び応募締切	:	4月1日募集開始 8月31日締切（当日消印有効）
◆ 助成決定時期	:	12月下旬までに応募者全員に通知
◆ 申請手続き	:	Eメール添付ファイル、または郵送（簡易書留） 提出物 （1）応募レポート本文 （2）目次 （3）要旨 （4）所定応募用紙（財団HPからダウンロード、またはメール等で請求。）
◆ 提出書類	:	---
◆ 備考	:	大賞受賞者のレポートは、当財団発行の月刊「We learn（ウィラーン）」に全文掲載する。

公益財団法人 日本女性学習財団

https://www.jawe2011.jp/

男女共同参画社会の形成に資する生涯学習及び次世代育成の進行に寄与することを目的に、（1）研究、調査の実施 （2）人財育成事業 （3）情報の提供 （4）関係諸団体との連携及び支援 （5）日本女子会館建物の賃貸事業 を行っている。

〒105-0011 東京都港区芝公園2-6-8 日本女子会館5階
TEL: 03-3434-7575 / FAX: 03-3434-8082
jawe@nifty.com

毎日社会福祉顕彰

◆ **対象分野** ： 子ども 高齢者 障がい者 その他

◆ **対象団体** ： 特に制限なし。

◆ **概要** ：
（1）学術
社会福祉全般あるいは児童、高齢者、心身障害者などの分野について優れた研究論文・資料を作成した個人または団体。
（2）技術
社会福祉全般あるいは児童、高齢者、心身障害者などの分野で、独創的な科学技術、プロセスを導入し、効果をあげた個人または団体。
（3）創意
社会福祉施設の改善、整備、あるいは福祉活動についての指導、育成養護などの実務面において
独創的な発想、創意、工夫を取り入れ、業績をあげた個人または団体。
（4）奉仕
長年にわたって国際福祉、地域福祉または福祉施設、団体、援護を要する個人などに対し、奉仕活動を続け、将来もこれを継続して行う強い意志を持つ個人または団体。
（5）勤勉
社会福祉施設等に長年（30年以上）にわたって勤続し、その使命に献身、勉励し、顕著な成績をあげた個人。
（6）その他
新しい分野を開き、時代のニーズに応える福祉活動をしている個人または団体。その他、上記のどの項目にも該当しないが、社会福祉の分野で顕彰に値する功績をあげ、貢献をした個人または団体。

◆ **総額** ： 総額300万円

◆ **1件あたり金額** ： 賞金1件100万円

◆ **応募期間**
　及び応募締切 ： 毎年3月1日～5月31日

◆ **助成決定時期** ： 9月中旬発表

◆ **申請手続き** ： 本顕彰の候補を推薦しようとする団体または個人は、所定の候補推薦用紙(最寄りの毎日新聞社会事業団、都道府県社会福祉協議会にあります)に所要事項を記入して、お送りください。
なお、候補の活動の実績を示す資料や書類などがありましたら、添付してください。
添付資料・書類は原則として返却いたしませんのでご了承下さい。
なお、自薦は認めませんので、ご注意ください。

◆ **提出書類** ： ---

公益財団法人 毎日新聞東京社会事業団

https://www.mainichi.co.jp/shakaijigyo/

全国の社会福祉関係者および団体の中から、とくに優れた功績をあげ、社会福祉の発展向上に貢献している個人あるいは団体を表彰し、新しい福祉国家の形成と進展に寄与するねらいです。

〒100-8051 東京都千代田区一ツ橋1-1-1
TEL: 03-3213-2674 / FAX: 03-3213-6744
mai-swf@fine.ocn.ne.jp

福祉分野で貢献している団体などを顕彰する読売福祉文化賞

https://www.yomiuri-hikari.or.jp

◆ 対象分野	:	地域・まち・居場所づくり　災害・被災地　子ども　子育て・ひとり親支援　高齢者　障がい者
◆ 対象団体	:	今の時代にふさわしい福祉事業に取り組んでいる個人・団体を表彰。
◆ 概要	:	読売新聞社と共催で、誰もが暮らしやすい社会作りや障害を克服し社会参加している方々を表彰しています。一般部門、高齢者福祉部門の2部門があり、それぞれ3個人・団体を毎年12月に表彰、副賞として各100万円を贈呈しています。2023年度は21回目の公募となります。受賞者の活動は読売新聞特集面で紹介されます。副賞の100万円は助成金ではないので、使途は自由。活動の実績を評価するので、選出されるには最低でも5年程度の取り組み実績が必要となります。
◆ 総額	:	600万円
◆ 1件あたり金額	:	上限額： 100 万円 賞6件（副賞として各100万円）
◆ 応募期間 　及び応募締切	:	7月〜9月
◆ 助成決定時期	:	11月下旬
◆ 申請手続き	:	当事業団へ直接申し込み（公募）
◆ 提出書類	:	団体の予算書・決算書　団体資料（パンフレット） 所定の申請書のほか、個人・団体を紹介した新聞や雑誌の記事コピー。募集要項・申請書等は募集に合わせて事業団ホームページに掲載。
◆ 備考	:	募集要項や申請書は7月中旬に掲載します。

社会福祉法人 読売光と愛の事業団

https://www.yomiuri-hikari.or.jp

被災者支援のほか、児童養護施設の子どもたち、重度心身障害者、介護が必要な高齢者などの福祉増進をめざす。

〒100-8055 東京都千代田区大手町1-7-1 読売新聞東京本社内
TEL: 03-3217-3473 / FAX: 03-3217-3474
hikari-ai@yomiuri.com

女性・若者・シニア創業サポート事業

◆ 対象分野 ： 地域・まち・居場所づくり

◆ 対象団体 ： 【融資・支援対象者】
・女性、若者（39歳以下）、シニア（55歳以上）で、創業の計画がある者又は創業後5年未満の者（代表者）
※個人で創業し、同一事業を法人化した者で、個人で創業した日から5年未満の者も含まれます
・個人事業主、株式会社、NPO法人、一般社団法人、一般財団法人
・東京都内に本店又は主たる事業所を置く創業事業であること
・地域の需要や雇用を支える事業であること

【融資・支援条件】
・創業規模は中小企業者の範囲に合致し、大企業が実質的に経営を支配していないこと
・公序良俗に問題のある事業、風俗営業などでないこと
・現在かつ将来にわたって暴力団等反社会的勢力に該当しないこと
・法令等で定める租税についての未申告、滞納がないこと

◆ 概要 ： 地域の需要や雇用を支える事業
例）・働くママを助ける家事代行サービス
　　・地域のお年寄りを見守る介護サービス業
　　・地元商店街で飲食店開業 など

※融資対象にならないもの
公序良俗に問題のある事業、風俗営業などでないこと

◆ 総額 ： ‐‐‐

◆ 1件あたり金額 ： 1,500万円以内（運転資金のみは750万円以内）
※取扱金融機関によって上限金額の設定は異なります（上記の範囲以内）。

◆ 応募期間
　及び応募締切 ： 随時

◆ 助成決定時期 ： 随時（目安として2ヶ月程度 ※事業内容や金融機関によって審査に必要な期間は変わります。）

◆ 申請手続き ： 融資の申し込みについては、ホームページ記載の金融機関にお問い合わせください。
※事業内容についてのご質問等は、当会までご連絡下さい。また、個別相談会、各種セミナーも開催しております。詳細はホームページをご覧ください。

◆ 提出書類 ： 当会までお問い合わせください。

◆ 備考 ： 【融資条件】
・融資限度額:1,500万円以内（運転資金のみは750万円以内）
・利率（年）:固定金利1%以内
・ご返済期間:10年以内＜うち据置期間3年以内＞
・担保:無担保
※取扱金融機関によって金額、利率、返済期間等の詳細な設定は異なります（上記の範囲以内）。また、本事業と併せて取扱金融機関独自の融資を利用する場合、表面記載の融資条件と異なる可能性があります。

【資金の使いみち】
新たに事業を始めるため、または新たな事業開始後に必要とする設備資金・運転資金
※他の借入金の借換は対象となりません。

【支援内容】※全て無料
・地域創業アドバイザーがセミナーや個別相談を行います。（原則3回まで）
・事業計画についてセミナーや面談形式でアドバイスを受けることができます。
・地域創業アドバイザーが、融資後も皆様を訪問して経営をサポートします。（最長5年間）
経営アドバイス・・・・・経営ノウハウ・地域ネットワークを持ったアドバイザーが、事業計書のブラッシュアップ・事業の継続発展のためのアドバイスを行います。（年8回）

決算書作成アドバイス・・・税理士等が、帳簿・記帳・はじめての決算書作成関する
アドバイスを行います。（初年度のみ2回）

NPO法人 コミュニティビジネスサポートセンター

http://cb-s.net/tokyosupport/

東京都内での女性・若者・シニアによる地域に根差した創業を支援します。
※本事業は、東京都が東京都信用金庫協会・東京都信用組合協会を通じて、融資原資を信用金
庫・信用組合に預託することで、有利な条件での融資を実行する事業です。また、アドバイ
ザーの活動は、東京都の補助金を活用して行っております。

〒101-0054 東京都千代田区神田錦町3-21 ちよだプラットフォームスクウェアA-205
TEL: 03-5939-9503 / FAX: 03-5939-9502
tokyosupport@cb-s.net

西武コミュニティローン(コミュニティビジネス支援ローン)

◆ 対象分野 ： 地域・まち・居場所づくり

◆ 対象団体 ： 主たる事業所の所在地が当金庫の営業地区内にあり、かつ下記の条件をいずれか満たす方とさせていただきます。
①国や自治体等から「特定非営利活動法人」の法人認証を受けた方
②国や自治体等から「認証保育所」の認証を受けた方
③コミュニティビジネスを創出、充実させる事業者の方
④コミュニティビジネス、ソーシャルビジネス創出や充実のための支援に取り組む当金庫連携先が発行する所定の確認書を受けた起業予定者の方、または創業5年以内の方
⑤地域の商店会（商店会の会員が行う商店会活性化を目的とした会社またはNPO法人を含む）等の団体の方

◆ 概要 ： ①特定非営利活動法人設立後の活動資金、設備資金
②認証保育所の開設資金、設備資金、または経営に必要な資金
③コミュニティビジネスの創出資金、充実資金
④起業に向けた必要な設備資金及び運転資金
⑤地域の商店会等の団体が行う地域商業振興の事業資金

◆ 総額 ： 現時点では設けておりません。

◆ 1件あたり金額 ： （1）無担保
原則、1,000万円以内（1万円単位）
※助成金がある場合は助成金の範囲内まで
※融資対象団体の④の方は100万円以内（1万円単位）
（2）有担保
不動産を担保として差し入れていただける場合には、原則、当金庫の担保評価の範囲内まで
※有担保の場合は、ご融資時に当金庫所定の不動産担保設定事務手数料が必要となります。

◆ 応募期間
　 及び応募締切 ： 随時お申込みを受け付けております。

◆ 助成決定時期 ： お申込みの内容によって異なりますが、通常1カ月程度のご審査期間をいただきます。

◆ 申請手続き ： 西武信用金庫最寄りの支店でお取り扱いしております。また、ご不明な点は支店窓口または本部までお気軽にお問い合わせ下さい。

◆ 提出書類 ： 定款・規約　団体の予算書・決算書　役員名簿　団体資料（パンフレット）

履歴事項全部証明書（法人格の場合）、本人確認書類等。なお、審査の過程で追加書類をご依頼する場合がございますのでご了承願います。

◆ 備考 ： ・お申込みに際しましては、当金庫所定の審査がございます。結果によってはご希望に添えない場合がございますので、あらかじめご了承願います。
・ご返済の試算やご用意いただく書類等、詳しくは当金庫の窓口までお問い合わせください。また、店頭に「商品概要書」をご用意しております。
・ご融資金額が700万円超となる場合は、事前に当金庫の出資金を購入して会員になっていただきます。
・本商品はご返済中に返済条件を変更されますと、当金庫所定の手数料をいただきます。

西武信用金庫

https://www.shinkin.co.jp/seibu/

西武信用金庫は地域金融機関として、地域社会への貢献のために「ソーシャルビジネス」「コミュニティビジネス」を営むお客さまをご支援しております。

〒164-8688 東京都中野区中野2-29-10
TEL: 03-6382-7016 / FAX: 03-3384-6129
chiikikyoso@seibushinkin.com

NPO事業サポートローン

https://chuo.rokin.com/banking/loan/npo/

◆ 対象分野　　　　：　国際協力　環境　人権・平和　地域・まち・居場所づくり　災害・被災地　スポーツ　音楽・アート・芸能　子ども　子育て・ひとり親支援　不登校・ひきこもり　高齢者　LGBT・セクシュアルマイノリティ　障がい者　医療・疾病・難病　外国人・多文化共生　貧困・路上生活　いじめ・暴力・被害　マイノリティ・さまざまな人への支援　セルフヘルプグループ・自助グループ　相談・カウンセリング　ボランティア・NPO支援

◆ 対象団体　　　　：　法人

（1）茨城県・栃木県・群馬県・埼玉県・千葉県・東京都・神奈川県・山梨県内に主たる事務所を有する特定非営利活動法人（NPO法人）
（2）原則として、貸付を受けようとする事業を法人格取得前も含めて3事業年度以上継続して行っており、かつ法人格取得後1事業年度以上の決算が確定している法人

◆ 概要　　　　　　：　（1）運転資金〔経常・長期運転資金、つなぎ資金、季節資金等〕
（2）設備資金〔事務所等施設取得（改装含む）資金、車両・備品購入資金等〕

【ご返済期間】運転資金:原則1年以内、設備資金:原則10年以内

◆ 総額　　　　　　：　金庫の期首総貸付金残高の0.1％以内

◆ 1件あたり金額　：　（1）無担保 1,000万円以内 ※つなぎ資金など、1,000万円超のご希望でもご利用いただける場合がありますので、ご相談ください。
（2）有担保 5,000万円以内かつ当金庫所定の担保評価額の範囲内
（3）預金担保 1億円以内かつ担保とする定期性預金残高の範囲内 ※担保にできる預金は、当金庫の定期性預金です。

◆ 応募期間　　　　：　申請期間・申請締切はありません。
　　及び応募締切

◆ 助成決定時期　　：　相談書類ご提出後、審査に1〜2ヵ月

◆ 申請手続き　　　：　中央労働金庫 総合企画部（CSR）＜電話03-3293-2048＞または最寄りの営業店までお問い合わせください。

◆ 提出書類　　　　：　定款・規約　団体の予算書・決算書　役員名簿　団体資料（パンフレット）

NPO法人の認証書（写し）、法人設立時の申請書類（写し）、総会議案書（写し）、法人税確定申告書および附属明細（法人控えの写し、原則3期分）、法人登記事項証明書（直近のもの、写しでも可）、事業の許認可に関する書類（写し）、資金使途に関する書類、担保物件の図面・登記簿謄本（有担保の場合）、その他（ろうきん所定の用紙）など

◆ 備考　　　　　　：　・NPO法人の運営・経営責任者（代表者、常勤理事）の方1名以上に個人連帯保証人となっていただきます。
・ご相談内容や審査結果により、ローンをご利用いただけない場合がありますのであらかじめご了承ください。

中央労働金庫

https://chuo.rokin.com/

ろうきんは、働く人の夢と共感を創造する協同組織の福祉金融機関です。

ろうきんは、会員が行う経済・福祉・環境および文化にかかわる活動を促進し、人々が喜びをもって共生できる社会の実現に寄与することを目的とします。

ろうきんは、働く人の団体、広く市民の参加による団体を会員とし、そのネットワークによって成り立っています。

会員は、平等の立場でろうきんの運営に参画し、運動と事業の発展に努めます。

ろうきんは、誠実・公正および公開を旨とし、健全経営に徹して会員の信頼に応えます。

〒101－0062 東京都千代田区神田駿河台2－5
TEL: 03－3293－2048 / FAX: 03－3293－2007
npo@chuo-rokin.or.jp

「障害者支援事業所様向け融資」

◆ **対象分野** ： 障がい者

◆ **対象団体** ： 当組合営業エリア内の法人及び個人

◆ **概要** ： ---

◆ **総額** ： 1千万円～、返済期間7年以内、無担保、保証人は「経営者保証に関するガイドライン」に基づく

◆ **1件あたり金額** ： ---

◆ **応募期間 及び応募締切** ： 融資申込の期間、締切日はございません、随時受付しております。

◆ **助成決定時期** ： 申請内容を精査・審査後、遅滞なく申請者にご連絡いたします。ご相談内容や審査の結果、ご利用いただけない場合がありますので予めご了承下さい。

◆ **申請手続き** ： 当組合宛にお電話、またはメールにてお問合せ下さい。

◆ **提出書類** ： 定款・規約　団体の予算書・決算書　役員名簿　団体資料（パンフレット）

◆ **備考** ： 定形外の融資商品ののコースでも、個別に検討いたしますのでご相談下さい。
お問合せ先フリーダイヤル:0120-294-805（ふくしはえんご）ご連絡後、係りがお伺いいたします。

東京厚生信用組合

https://www.tokyokosei.co.jp

当組合は昭和28年に設立された、福祉・医薬・環境衛生の事業を営む企業及び個人や、従事する職員の皆様への良質な金融サービスの提供を使命としている業域型の信用組合です。
当組合の職員の過半が介護職員初任者研修（旧ホームヘルパー2級）や認知症サポーターの認定を受けております。

〒160-0023 東京都新宿区西新宿6-2-18
TEL: 0120-294-805 / FAX: 03-3342-4163
koshin@mxj.mesh.ne.jp

「障害者グループホーム事業者様向け融資」

◆ 対象分野	:	障がい者
◆ 対象団体	:	当組合営業エリア内の法人及び個人
◆ 概要	:	---
◆ 総額	:	1ユニット 1億円〜、返済期間30年以内、有担保、保証人は「経営者保証に関するガイドライン」に基づく
◆ 1件あたり金額	:	---
◆ 応募期間 及び応募締切	:	融資申込の期間、締切日はございません、随時受付しております。
◆ 助成決定時期	:	申請内容を精査・審査後、遅滞なく申請者にご連絡いたします。ご相談内容や審査の結果、ご利用いただけない場合がありますので予めご了承下さい。
◆ 申請手続き	:	当組合宛にお電話、またはメールにてお問合せ下さい。
◆ 提出書類	:	定款・規約 団体の予算書・決算書 役員名簿 団体資料（パンフレット） ---
◆ 備考	:	定形外の融資商品ののコースでも、個別に検討いたしますのでご相談下さい。お問合せ先フリーダイヤル:0120-294-805（ふくしはえんご）ご連絡後、係りがお伺いいたします。

東京厚生信用組合

https://www.tokyokosei.co.jp

当組合は昭和28年に設立された、福祉・医薬・環境衛生の事業を営む企業及び個人や、従事する職員の皆様への良質な金融サービスの提供を使命としている業域型の信用組合です。
当組合の職員の過半が介護職員初任者研修（旧ホームヘルパー2級）や認知症サポーターの認定を受けております。

〒160-0023 東京都新宿区西新宿6-2-18
TEL: 0120-294-805 / FAX: 03-3342-4163
koshin@mxj.mesh.ne.jp

「認知症高齢者グループホーム事業者様向け融資」

◆ 対象分野	:	高齢者
◆ 対象団体	:	当組合営業エリア内の法人及び個人
◆ 概要	:	---
◆ 総額	:	1ユニット 1億円、返済期間30年以内、有担保、保証人は「経営者保証に関するガイドライン」に基づく
◆ 1件あたり金額	:	---
◆ 応募期間 及び応募締切	:	融資申込の期間、締切日はございません、随時受付しております。
◆ 助成決定時期	:	申請内容を精査・審査後、遅滞なく申請者にご連絡いたします。ご相談内容や審査の結果、ご利用いただけない場合がありますので予めご了承下さい。
◆ 申請手続き	:	当組合宛にお電話、またはメールにてお問合せ下さい。
◆ 提出書類	:	定款・規約　団体の予算書・決算書　役員名簿　団体資料（パンフレット） ---
◆ 備考	:	定形外の融資商品ののコースでも、個別に検討いたしますのでご相談下さい。 お問合せ先フリーダイヤル:0120-294-805（ふくしはえんご）ご連絡後、係りがお伺いいたします。

東京厚生信用組合

https://www.tokyokosei.co.jp

当組合は昭和28年に設立された、福祉・医薬・環境衛生の事業を営む企業及び個人や、従事する職員の皆様への良質な金融サービスの提供を使命としている業域型の信用組合です。

当組合の職員の過半が介護職員初任者研修（旧ホームヘルパー2級）や認知症サポーターの認定を受けております。

〒160-0023 東京都新宿区西新宿6-2-18
TEL: 0120-294-805 / FAX: 03-3342-4163
koshin@mxj.mesh.ne.jp

ソーシャルビジネス支援資金

https://www.jfc.go.jp/n/finance/search/socialbusiness.html

◆ **対象分野** : 地域・まち・居場所づくり

◆ **対象団体** : 次の1または2に該当する方
1 NPO法人
2 NPO法人以外であって、次の（1）または（2）に該当する方
（1）保育サービス事業、介護サービス事業等（注1）を営む方
（2）社会的課題の解決を目的とする事業（注2）を営む方

（注1）日本標準産業分類における老人福祉・介護事業、児童福祉事業、障がい者福祉事業等を指します。
（注2）日本公庫が定める一定の要件を満たす必要があります。

◆ **概要** : 資金のお使いみち:事業を行うために必要な設備資金および運転資金

◆ **総額** : ……

◆ **1件あたり金額** : 7,200万円以内（うち運転資金4,800万円）

◆ **応募期間** : 特になし
及び応募締切

◆ **助成決定時期** : ‑‑‑

◆ **申請手続き** : 融資制度やお申込手続き等は「事業資金相談ダイヤル」までお問合せください。
【事業資金相談ダイヤル】電話番号:0120-154-505 受付時間:平日9～17時（これから創業をお考えの方、創業して間もない方、個人企業・小規模企業の方は平日9時～19時）

※電話番号のお掛け間違いにご注意ください。
事業資金相談ダイヤル 0120-154-505

◆ **提出書類** : 団体の予算書・決算書

‑‑‑

株式会社 日本政策金融公庫 国民生活事業

https://www.jfc.go.jp/

地域や社会の課題解決に取組む中小企業・小規模事業者、NPOのみなさまを応援します。

〒104-0033 東京都中央区新川1-17-28 日本政策金融公庫 国民生活事業 東京創業支援センター
TEL: 03-3553-6187 / FAX: 03-3552-7438

助成・表彰・融資事業
実施団体
連絡先等一覧

助成・表彰・融資事業実施団体 連絡先等一覧

◆ **公益財団法人 愛恵福祉支援財団**

https://www.aikei-fukushi.org/

〒114-0015 東京都北区中里2-6-1 愛恵ビル5F
TEL: 03-5961-9711 / FAX: 03-5961-9712 / loveandgrace@aikei-wf.or.jp

◆ **一般社団法人 アクト・ビヨンド・トラスト**

http://www.actbeyondtrust.org/

〒150-0044 東京都渋谷区円山町5-5 Navi渋谷V 3F
TEL: 03-6665-0816 / FAX: 03-6869-2411 / contact@actbeyondtrust.org

◆ **社会福祉法人 朝日新聞厚生文化事業団**

https://www.asahi-welfare.or.jp/

〒104-8011 東京都中央区築地5−3−2朝日新聞東京本社新館9階
TEL: 03-5540-7446 / FAX: 03-5565-1643 / mail@asahi-welfare.or.jp

◆ **公益財団法人 あしたの日本を創る協会**

http://www.ashita.or.jp

〒113-0033 東京都文京区本郷2-4-7 大成堂ビル4F
TEL: 03-6240-0778 / FAX: 03-6240-0779 / (代表)ashita@ashita.or.jp(活動賞)prize@ashita.or.jp

◆ **公益信託 アジア・コミュニティ・トラスト（アジア留学生等支援基金）**

https://act-trust.org/

〒113-8642 東京都文京区本駒込2-12-13 アジア文化会館1F ACC21内
TEL: 03-3945-2615 / FAX: 03-3945-2692 / asip-act@acc21.org

◆ **公益財団法人 安藤スポーツ・食文化振興財団**

http://www.shizen-taiken.com/

〒563-0041 大阪府池田市満寿美町8-25
TEL: 072-752-4335 / FAX: 072-752-2473 / info-foundation@ando-zaidan.jp

◆ **公益財団法人 伊藤忠記念財団**

https://www.itc-zaidan.or.jp/

〒107-0061 東京都港区北青山2-5-1
TEL: 03-3497-2651 / FAX: 03-3470-3517 / bs-book@itc-zaidan.or.jp

◆ **公益財団法人 糸賀一雄記念財団**

http://www.itogazaidan.jp/

〒525-0072 滋賀県草津市笠山7-8-138 滋賀県立長寿社会福祉センター内
TEL: 077-567-1707 / FAX: 077-567-1708 / itoga@itogazaidan.jp

◆ **公益信託 今井記念海外協力基金**

http://www.imai-kikin.com/

〒113-8642 東京都文京区本駒込2-12-13 アジア文化会館1F ACC21内
TEL: 03-3945-2615 / FAX: 03-3945-2692 / imai-kikin@acc21.org

◆ 「エクセレントNPO」をめざそう市民会議

http://www.excellent-npo.net/

〒113-0013 東京都中央区日本橋人形町3-7-6 LAUNCH 日本橋人形町ビル5階 言論NPO内
TEL: 03-3527-3972 / FAX: 03-6810-8729 / enpo@genron-npo.net

◆ 社会福祉法人 NHK厚生文化事業団

https://www.npwo.or.jp

〒150-0041 東京都渋谷区神南1-4-1 第七共同ビル
TEL: 03-3476-5955 / FAX: 03-3476-5956 / info@npwo.or.jp

◆ 公益財団法人 大阪コミュニティ財団

http://www.osaka-community.or.jp/

〒540-0029 大阪市中央区本町橋2-8 大阪商工会議所ビル5階
TEL: 06-6944-6260 / FAX: 06-6944-6261 / info@osaka-community.or.jp

◆ 株式会社 大塚商会

https://www.otsuka-shokai.co.jp/corporate/csr/society/

〒102-8573 千代田区飯田橋2-18-4
TEL: 非公開 / FAX: 非公開 / heartful@otsuka-shokai.co.jp

◆ 独立行政法人 環境再生保全機構

https://www.erca.go.jp

〒212-8554 神奈川県川崎市幸区大宮町1310 ミューザ川崎セントラルタワー8階
TEL: 044-520-9505 / FAX: 044-520-2192 / c-kikin@erca.go.jp

◆ 社会福祉法人 木下財団

〒104-0042 東京都中央区入船3-2-7 第二明治ビル6F
TEL:（03）6222-8927 / FAX:（03）6222-8937 / info@kinoshita-zaidan.or.jp

◆ 公益財団法人 キユーピーみらいたまご財団

https://www.kmtzaidan.or.jp

〒150-0002 東京都渋谷区渋谷1-4-13
TEL: 03-3486-3094 / FAX: 03-3486-6204 / kmtsupport@kmtzaidan.or.jp

◆ 公益財団法人 キリン福祉財団

https://foundation.kirinholdings.com/

〒164-0001 東京都中野区中野4丁目10番2号 中野セントラルパークサウス
TEL: 03-6837-7013 / FAX: 03-5343-1093 / fukushizaidan@kirin.co.jp

◆ 公益財団法人 区画整理促進機構 街なか再生全国支援センター

https://www.sokusin.or.jp/machinaka/index.html

〒102-0084 東京都千代田区二番町12番地12 B.D.A二番町ビル2階
TEL: 03-3230-8477 / FAX: 03-3230-4514 / mail@sokusin.or.jp

◆ 公益財団法人 草の根事業育成財団

https://kusanoneikusei.net

〒182-0024 東京都調布市布田1丁目15番9 エスポワール・ヴェール403
TEL: 042-427-4278 / FAX: 042-449-6942 / info@kusanoneikusei.net

◆ 公益財団法人 KDDI財団

https://www.kddi-foundation.or.jp/

〒102-8460 東京都千代田区飯田橋3-10-10 ガーデンエアタワー
grant@kddi-foundation.or.jp

◆ 公益財団法人 かめのり財団

https://www.kamenori.jp/

〒102-0083 東京都千代田区麹町5-5 ベルヴュー麹町1階
TEL: 03-3234-1694 / FAX: 03-3234-1603 / info@kamenori.jp

◆ 公益財団法人 公益推進協会

https://kosuikyo.com/

〒105-0004 港区新橋6-7-9 新橋アイランドビル2階
TEL: 03-5425-4201 / FAX: 03-5425-4204 / info@kosuikyo.com

◆ 一般財団法人 公園財団

(公園財団)https://www.prfj.or.jp/（公園・夢プラン大賞）https://yumeplan.prfj.or.jp/

〒112-0014 東京都文京区関口1-47-12 江戸川橋ビル2F
TEL: 03-6674-1188 / FAX: 03-6674-1190 /（公園・夢プラン大賞専用)yumeplan@prfj.or.jp

---

◆ 独立行政法人 国際交流基金（JF）

https://www.jpf.go.jp/j/about/citizen/

〒160-0004 東京都新宿区四谷1-6-4四谷クルーセ 国際交流基金（JF）広報部 地球市民賞事務局
TEL: 03-5369-6075 / chikyushimin@jpf.go.jp

◆ 公益社団法人 国土緑化推進機構

https://www.green.or.jp/

〒102-0093 東京都千代田区平河町2-7-4 砂防会館 別館5階
TEL: 03-3262-8457 / FAX: 03-3264-3974 / info@green.co.jp

◆ 生活協同組合 こくみん共済 coop（全国労働者共済生活協同組合連合会）

http://www.zenrosai.coop/

〒151-8571 東京都渋谷区代々木2-12-10
TEL: 03-3299-0161 / FAX: 03-5351-7776 / 90_shakaikouken@zenrosai.coop

---

◆ 独立行政法人 国立青少年教育振興機構

https://yumekikin.niye.go.jp

〒151-0052 東京都渋谷区代々木神園町3-1
TEL: 0120-57-9081 / FAX: 03-6407-7720 / yume@niye.go.jp

◆ こどもの未来応援国民運動推進事務局（こども家庭庁、文部科学省及び独立行政法人福祉医療機構）

https://www.wam.go.jp/hp/cat/kodomomiraikikin/

〒105-8486 東京都港区虎ノ門4-3-13ヒューリック神谷町ビル9階 福祉医療機構 NPOリソースセンターNPO支援課
TEL: 03-3438-4756 / FAX: 03-3438-0218

◆ 公益財団法人 小林製薬青い鳥財団

https://www.kobayashi-foundation.or.jp

〒106-0032 東京都港区六本木1-7-27 全特六本木ビルEast5F
TEL: 03-3505-5371 / FAX: 03-3505-5377 / info@kobayashi-foundation.or.jp

---

◆ NPO法人 コミュニティビジネスサポートセンター

http://cb-s.net/tokyosupport/

〒101-0054 東京都千代田区神田錦町3-21 ちよだプラットフォームスクウェアA-205
TEL: 03-5939-9503 / FAX: 03-5939-9502 / tokyosupport@cb-s.net

◆ 一般財団法人 コープみらい社会活動財団

http://www.coopmirai-zaidan.or.jp

〒164-0011 東京都中野区中央5-6-2
TEL: 03-3382-5665 / FAX: 03-5385-6035

◆ 一般財団法人 サウンドハウスこどものみらい財団

https://www.kodomozaidan.org/

〒605-0816 京都市東山区新宮川町通松原下る西御門町456番地
TEL: 0476-89-2111 / info@kodomozaidan.org

◆ 社会福祉法人 清水基金

https://www.shimizu-kikin.or.jp/

〒103-0027 東京都中央区日本橋3-12-2 朝日ビルヂング3階
TEL: 03-3273-3503 / 非公表

◆ NPO法人 市民社会創造ファンド

http://www.civilfund.org

〒103-0012 東京都中央区日本橋堀留町1-4-3 日本橋MIビル1階
TEL: 03-5623-5055 / FAX: 03-5623-5057 / info@civilfund.org

◆ 公益財団法人 社会貢献支援財団

https://www.fesco.or.jp

〒105-0003 東京都港区西新橋1-18-6 クロスオフィス内幸町801
TEL: 03-3502-0910 / FAX: 03-3502-7190 / fesco@fesco.co.jp

◆ 公益財団法人 車両競技公益資金記念財団

https://www.vecof.or.jp/

〒113-0033 東京都文京区本郷3-22-5 住友不動産本郷ビル8階
TEL: 03-5844-3070 / FAX: 03-5844-3055 / kouekijigyou@vecof.or.jp

◆ 公益財団法人 正力厚生会

http://shourikikouseikai.or.jp/

〒100-8055 東京都千代田区大手町1-7-1 読売新聞ビル29F
TEL: 03-3216-7122 / FAX: 03-3216-8676

◆ 公益財団法人 昭和池田記念財団

https://www.showaikedakinen-zaidan.or.jp/

〒142-0041 東京都品川区戸越5-17-14
TEL: 03-3785-1149 / FAX: 03-3785-1273

◆ 一般社団法人 昭和会館

〒100-0013 東京都千代田区霞が関3-3-2 新霞が関ビル20F
TEL: 03-3581-1621 / FAX: 03-3581-0957 / koueki@showakaikan.or.jp

◆ 宗教法人 真如苑

https://kobo.shinnyo-en.or.jp/

〒190-0015 東京都立川市泉町935-32
TEL: 042-538-3892 / FAX: 042-538-3841 / kobo@shinnyo.org

◆ 一般社団法人 ジャパン・フィランソロピック・パートナー

https://jphilpartner.org/index.html

〒105-0004 東京都港区新橋5丁目7番12号7階

◆ 公益財団法人 洲崎福祉財団

https://www.swf.or.jp/

〒103-0022 東京都中央区日本橋室町三丁目2番1号 日本橋室町三井タワー15階
TEL: 03-6870-2019 / FAX: 03-6870-2119 / info@swf.or.jp

◆ 公益財団法人 住友生命健康財団

https://skzaidan.or.jp

〒160-0003 東京都新宿区四谷本塩町4番41号 住友生命四谷ビル6F
TEL: 03-5925-8660 / FAX: 03-3352-2021 / sports@am.sumitomolife.co.jp

◆ 西武信用金庫

https://www.shinkin.co.jp/seibu/

〒164-8688 東京都中野区中野2-29-10
TEL: 03-6382-7016 / FAX: 03-3384-6129 / chiikikyoso@seibushinkin.com

◆ 一般社団法人 生命保険協会

https://www.seiho.or.jp

〒100-0005 東京都千代田区丸の内3丁目4番1号
TEL: 03-3286-2643 / FAX: 03-3286-2730

◆ 一般財団法人 セブン-イレブン記念財団

https://www.7midori.org

〒102-8455 東京都千代田区二番町8番地8
TEL: 03-6238-3872 / FAX: 03-3261-2513

◆ 一般社団法人 全国食支援活動協力会

http://www.mow.jp

〒158-0098 東京都世田谷区上用賀6-19-21
TEL: 03-5426-2547 / FAX: 03-5426-2548 / infomow@mow.jp

◆ 公益財団法人 SOMPO環境財団

https://www.sompo-ef.org

〒160-8338 東京都新宿区西新宿1-26-1
TEL: 03-3349-4614 / FAX: 03-3348-8140 / office@sompo-ef.org

◆ 公益財団法人 SOMPO福祉財団

https://www.sompo-wf.org/

〒160-8338 東京都新宿区西新宿1-26-1 損保ジャパン本社ビル
TEL: 03-3349-9570 / FAX: 03-5322-5257 / 専用お問い合わせフォームよりお願いいたします。https://www.sompo-wf.org/contact.html

◆ 公益財団法人 太陽生命厚生財団

http://www.taiyolife-zaidan.or.jp/

〒143-0016 東京都大田区大森北1-17-4 太陽生命大森ビル
TEL: 03-6674-1217 / FAX: 03-6674-1217 / kosei-zaidan@taiyo-seimei.co.jp

◆ NPO法人 高木仁三郎市民科学金

〒160-0008 東京都新宿区四谷三栄町16-16 iTEXビル3階
TEL: 070-5074-5985 (すげなみ) / FAX: 03-5539-4961 / info@takagifund.org

◆ 公益信託 タカラ・ハーモニストファンド

https://www.takarashuzo.co.jp/environment/

〒600-8008 京都府京都市下京区四条通烏丸東入長鉾町20 みずほ信託銀行株式会社 京都支店内
TEL: 075-211-5525 / FAX: 075-212-4915 / kouekishintaku.kyotoshiten@mizuhotb.co.jp

◆ 公益財団法人 タチバナ財団

〒103-0007 東京都中央区日本橋浜町2丁目56番1号
TEL: 03-3667-7070 / FAX: 03-3667-7576 / zaidan@t-group.co.jp

◆ 公益財団法人 大同生命厚生事業団

https://www.daido-life-welfare.or.jp

〒550-0002 大阪府大阪市西区江戸堀1-2-1
TEL: 06-6447-7101 / FAX: 06-6447-7102 / info@daido-life-welfare.or.jp

◆ 公益財団法人 大和証券財団

https://www.daiwa-grp.jp/dsz/

〒104-0031 東京都中央区京橋1-2-1 大和八重洲ビル
TEL: 03-5555-4640 / FAX: 03-5202-2014 / zaidan@daiwa.co.jp

◆ 公益財団法人 中央競馬馬主社会福祉財団

https://www.jra-umanushi-hukushi.or.jp/

〒105-0001 東京都港区虎ノ門1丁目2番10号 虎ノ門桜田通ビル2階
TEL: 03-6550-8966 / FAX: 03-6550-8967

◆ 中央労働金庫

https://chuo.rokin.com/

〒101-0062 東京都千代田区神田駿河台2-5
TEL: 03-3293-2048 / FAX: 03-3293-2007 / npo@chuo-rokin.or.jp

◆ 公益財団法人 つなぐいのち基金

https://tsunagu-inochi.org/

〒104-0031 東京都中央区京橋2-14-1兼松ビルディング3F 助成選定委員会 事務局
TEL: 03-6758-3980 / FAX: 050-3153-0279 / info@tsunagu-inochi.org

◆ 公益財団法人 電通育英会

https://www.dentsu-ikueikai.or.jp/

〒104-0061 東京都中央区銀座7-4-17 電通銀座ビル4F
TEL: 03-3575-1386 / FAX: 03-3575-1577

◆ 東京ウィメンズプラザ

http://www1.tokyo-womens-plaza.metro.tokyo.jp/

〒150-0001 東京都渋谷区神宮前5-53-67
TEL: 03-5467-1980 / FAX: 03-5467-1977 / S1121208@section.metro.tokyo.jp

◆ 一般社団法人 東京キワニスクラブ

https://www.tokyo-kiwanis.or.jp

〒101-0047 東京都千代田区内神田2-3-2 米山ビル7F
TEL: 03-5256-4567 / FAX: 03-5256-0080 / tokyokiwanis@japankiwanis.or.jp

◆ 東京厚生信用組合

https://www.tokyokosei.co.jp

〒160-0023 東京都新宿区西新宿6-2-18
TEL: 0120-294-805 / FAX: 03-3342-4163 / koshin@mxj.mesh.ne.jp

◆ 公益財団法人 東京市町村自治調査会

https://www.tama-100.or.jp/

〒183-0052 東京都府中市新町2-77-1 東京自治会館4階
TEL: 042-382-7781 / FAX: 042-384-6057

◆ 社会福祉法人 東京都共同募金会

http://www.tokyo-akaihane.or.jp/

〒169-0072 東京都新宿区大久保3-10-1 東京都大久保分庁舎201
TEL: 03-5292-3183 / FAX: 03-5292-3189 / haibun@tokyo-akaihane.or.jp

◆ 公益財団法人 東京都公園協会

https://www.tokyo-park.or.jp/profile/

〒100-0012 東京都千代田区日比谷公園1-5 2階
TEL: 03-5510-7183 / FAX: 03-3504-5300 / midorinokikin@tokyo-park.or.jp

◆ 公益財団法人 東京都福祉保健財団

https://www.fukushizaidan.jp/313kosodate/

〒163-0718 東京都新宿区西新宿2丁目7番1号 小田急第一生命ビル16階
TEL: 03-3344-8535 / kosodateouen@fukushizaidan.jp

◆ 公益財団法人 東京動物園協会

〒110-0007 東京都台東区上野公園 9-83 恩賜上野動物園内
TEL: 03-3828-8235 / FAX: 03-3828-8237 / twcf@tokyo-zoo.net

◆ 東京ボランティア・市民活動センター

https://www.tvac.or.jp/

〒162-0823 東京都新宿区神楽河岸1-1 セントラルプラザ10階
TEL: 03-3235-1171 / FAX: 03-3235-0050 / office@tvac.or.jp

◆ 公益財団法人 都市緑化機構 （調査研究活動助成）

https://urbangreen.or.jp/

〒101-0051 東京都千代田区神田神保町3-2-4 田村ビル2F
TEL: 03-5216-7191 / FAX: 03-5216-7195 / midori.info@urbangreen.or.jp

◆ TOTO株式会社
https://jp.toto.com/

〒802-8601 福岡県北九州市小倉北区中島2-1-1
TEL: 093-951-2052

◆ 難民研究フォーラム
https://refugeestudies.jp/

〒101-0065 東京都千代田区西神田2-5-2 TASビル4階 難民支援協会気付
TEL: 03-5379-6001 / FAX: 03-5215-6007 / info@refugeestudies.jp

◆ 公益財団法人 日工組社会安全研究財団
http://www.syaanken.or.jp/

〒101-0047 東京都千代田区内神田1-7-8 大手町佐野ビル6階
anzen23@syaanken.or.jp

◆ 公益財団法人 日本財団
https://www.nippon-foundation.or.jp/

〒107-8404 東京都港区赤坂1-2-2 日本財団ビル
TEL: 03-6229-5111 / FAX: 03-6229-5110 / cc@ps.nippon-foundation.or.jp

◆ 株式会社 日本政策金融公庫 国民生活事業
https://www.jfc.go.jp/

〒104-0033 東京都中央区新川1-17-28 日本政策金融公庫 国民生活事業 東京創業支援センター
TEL: 03-3553-6187 / FAX: 03-3552-7438

◆ 日本郵便株式会社
https://www.post.japanpost.jp/kifu/

〒100-8792 東京都千代田区大手町2-3-1 大手町プレイスウエストタワー
TEL: 03-3477-0567 / nenga-kifu.ii@jp-post.jp

◆ 一般財団法人 日本おもちゃ図書館財団
http://www.toylib.or.jp

〒108-0014 東京都港区芝5-31-15 センチュリー三田ビル7階
TEL: 03-6435-2842 / FAX: 03-6435-2843 / info@toylib.or.jp

◆ 公益財団法人 日本科学協会
https://www.jss.or.jp

〒107-0052 東京都港区赤坂1-2-2 日本財団ビル5F
TEL: 03-6229-5360 / FAX: 03-6229-5369 / josei@jss.or.jp

◆ 一般財団法人 日本国際協力システム
https://www.jics.or.jp/

〒104-0053 東京都中央区晴海2-5-24 晴海センタービル5階
TEL: 03-6630-7869 / FAX: 03-3534-6811 / shienngo@jics.or.jp

◆ 日本コープ共済生活協同組合連合会
https://coopkyosai.coop/csr/socialwelfare/

〒151-0051 東京都渋谷区千駄ヶ谷4-1-13
TEL: 03-6836-1324 / FAX: 03-6836-1325 / contribution@coopkyosai.coop

◆ 公益財団法人 日本社会福祉弘済会

https://www.nisshasai.jp/

〒136-0071 東京都江東区亀戸1-32-8
TEL: 03-5858-8125 / FAX: 03-5858-8126

◆ 公益財団法人 日本女性学習財団

https://www.jawe2011.jp/

〒105-0011 東京都港区芝公園2-6-8 日本女子会館5階
TEL: 03-3434-7575 / FAX: 03-3434-8082 / jawe@nifty.com

◆ 独立行政法人 日本スポーツ振興センター（JSC）

https://www.jpnsport.go.jp/sinko/

〒160-0013 東京都新宿区霞ヶ丘町4-1
TEL: 03-5410-9180 / FAX: 03-5411-3477 / kuji-josei@jpnsport.go.jp

◆ 公益財団法人 日本生命財団（ニッセイ財団）

http://www.nihonseimei-zaidan.or.jp/kourei/index.html

〒541-0042 大阪府大阪市中央区今橋3-1-7 日本生命今橋ビル4階
TEL: 06-6204-4013 / FAX: 06-6204-0120 / kourei-fukusi@nihonseimei-zaidan.or.jp

◆ 公益財団法人 日本テレビ小鳩文化事業団

http://www.ntvkb.jp/

〒101-0054 東京都千代田区神田錦町3-19-21 橋ビル六階
TEL: 03-5259-5533 / FAX: 03-5259-5534 / nkb@ntvcf.or.jp

◆ 公益社団法人 日本ナショナル・トラスト協会

http://www.ntrust.or.jp/

〒171-0021 東京都豊島区西池袋2-30-20 音羽ビル
TEL: 03-5979-8031 / FAX: 03-5979-8032 / office@ntrust.or.jp

◆ 公益財団法人 日本フィランソロピック財団

https://np-foundation.or.jp/

〒100-0011 東京都千代田区内幸町1丁目3-1 幸ビルディング9階
TEL: 050-5433-8008

◆ 公益社団法人 日本フィランソロピー協会

https://www.philanthropy.or.jp

〒100-0004 東京都千代田区大手町2-2-1 新大手町ビル244
TEL: 03-5205-7580 / FAX: 03-5205-7585 / jpa-info@philanthropy.or.jp

◆ 一般財団法人 ハウジングアンドコミュニティ財団

http://www.hc-zaidan.or.jp/

〒105-0014 東京都港区芝2-31-19 バンザイビル7F
TEL: 03-6453-9213 / FAX: 03-6453-9214

◆ 公益財団法人 原田積善会

http://www.haradasekizenkai.or.jp

〒158-0082 東京都世田谷区等々力3-33-3
TEL: 03-3701-0425 / FAX: 03-3701-2111 / haradasekizenkai@p00.itscom.net

◆ 一般社団法人 パチンコ・パチスロ社会貢献機構

http://www.posc.or.jp

〒162-0844 東京都新宿区市谷八幡町16 市ヶ谷見附ハイム103
TEL: 03-5227-1047 / FAX: 03-5227-1049

◆ 公益財団法人 パブリックリソース財団

http://www.public.or.jp/

〒104-0043 東京都中央区湊2-16-25 ライオンズマンション鉄砲洲第3 202号
TEL: 03-5540-6256 / FAX: 03-5540-1030 / center@public.or.jp

◆ 生活協同組合 パルシステム東京

http://www.palsystem-tokyo.coop/

〒169-8526 東京都新宿区大久保2-2-6 ラクアス東新宿
TEL: 03-6233-7600 / FAX: 03-3232-2581 / paltokyo-shimin@pal.or.jp

◆ ファイザー株式会社

http://www.pfizer.co.jp/

〒151-8589 東京都渋谷区代々木3-22-7 新宿文化クイントビル
TEL: 03-5309-7000

◆ 独立行政法人 福祉医療機構

https://www.wam.go.jp/hp/cat/wamjosei/

〒105-8486 東京都港区虎ノ門4-3-13 ヒューリック神谷町ビル9階
TEL: 03-3438-4756 / FAX: 03-3438-0218

◆ 公益信託 富士フイルム・グリーンファンド

http://www.jwrc.or.jp/

〒130-8606 東京都墨田区江東橋3丁目3番7号
TEL: 03-6659-6310 / FAX: 03-6659-6320

◆ 公益財団法人 フランスベッド・ホームケア財団

https://www.fbm-zaidan.or.jp

〒187-0004 東京都小平市天神町4丁目1番1号 フランスベッド(株)メディカレント東京3階
TEL: 042-349-5435 / FAX: 042-349-5419 / shinsei@fbm-zaidan.or.jp

◆ PRUDENTIAL SPIRIT OF COMMUNITY ボランティア・スピリット・アワード

http://www.vspirit.jp

〒100-0014 東京都千代田区永田町2-13-10 プルデンシャルタワー
TEL: 03-5501-5364 / info@vspirit-info.jp

◆ 公益財団法人 ベネッセこども基金

https://benesse-kodomokikin.or.jp/

〒206-8686 東京都多摩市落合1-34
TEL: 042-357-3659 / FAX: 042-356-7313 / info@benesse-kodomokikin.or.jp

◆ 公益財団法人 ホース未来福祉財団

https://horse-fw.or.jp

〒145-0066 東京都大田区南雪谷2-17-8
TEL: 03-3720-5800 / info@horse-fw.or.jp

◆ 公益財団法人 毎日新聞東京社会事業団

https://www.mainichi.co.jp/shakaijigyo/

〒100-8051 東京都千代田区一ツ橋1-1-1
TEL: 03-3213-2674 / FAX: 03-3213-6744 / mai-swf@fine.ocn.ne.jp

◆ NPO法人 まちぽっと（ソーシャル・ジャスティス基金）

https://socialjustice.jp/

〒160-0021 東京都新宿区歌舞伎町2-19-13 ASKビル5階
TEL: 03-5941-7948 / FAX: 03-3200-9250 / info@socialjustice.jp

◆ 公益財団法人 まちみらい千代田

https://www.mm-chiyoda.or.jp

〒101-0054 東京都千代田区神田錦町3-21 ちよだプラットフォームスクウェア4階
TEL: 03-3233-7556 / FAX: 03-3233-7557 / machisapo@mm-chiyoda.or.jp

◆ 社会福祉法人 松の花基金

http://matsunohana.jp/

〒103-0004 東京都中央区東日本橋1-7-2 長坂ビル内
TEL: 03-5848-3645 / FAX: 03-3861-8529

◆ 社会福祉法人 丸紅基金

https://www.marubeni.or.jp

〒100-8088 東京都千代田区大手町1-4-2 丸紅ビル
TEL: 03-3282-7591・7592 / FAX: 03-3282-9541 / mkikin@marubeni.com

◆ 公益財団法人 みずほ教育福祉財団

http://www.mizuho-ewf.or.jp

〒100-0005 東京都千代田区丸の内1-6-1
TEL: 03-5288-5903 / FAX: 03-5288-3132 / fjp36105@nifty.com

◆ 公益財団法人 みずほ福祉助成財団

http://mizuhofukushi.la.coocan.jp/

〒100-0005 東京都千代田区丸の内1-6-1 丸の内センタービルディング
TEL: 03-5288-5905 / BOL00683@nifty.com

◆ 公益財団法人 三菱財団

https://www.mitsubishi-zaidan.jp

〒100-0005 東京都千代田区丸の内2-3-1 三菱商事ビルディング21階
TEL: 03-3214-5754 / FAX: 03-3215-7168 / info@mitsubishi-zaidan.jp

◆ 公益財団法人 明治安田こころの健康財団

https://www.my-kokoro.jp

〒171-0033 東京都豊島区高田3-19-10
TEL: 03-3986-7021 / FAX: 03-3590-7705 / kenkyujyosei@my-kokoro.jp

◆ NPO法人 モバイル・コミュニケーション・ファンド

https://www.mcfund.or.jp/

〒100-6150 東京都千代田区永田町2-11-1 山王パークタワー41階
TEL: 03-3509-7651 / FAX: 03-3509-7655 / info@mcfund.or.jp

◆ Yahoo！基金

http://kikin.yahoo.co.jp

〒102-8282 東京都千代田区紀尾井町1-3 東京ガーデンテラス紀尾井町
TEL: 非公開 / FAX: 非公開 / 非公開

◆ 公益財団法人 ヤマト福祉財団

https://www.yamato-fukushi.jp/

〒104-8125 東京都中央区銀座2-16-10
TEL: 03-3248-0691 / FAX: 03-3542-5165 / y.zaidan@yamatofukushizaidan.or.jp

◆ 一般財団法人 ゆうちょ財団（国際ボランティア支援事業部）

http://www.yu-cho-f.jp/

〒101-0061 東京都千代田区神田三崎町3-7-4 ゆうビル2階
TEL: 03-5275-1815 / FAX: 03-6831-8970 / vlcenter@yu-cho-f.jp

◆ 公益財団法人 ユニベール財団

http://www.univers.or.jp/

〒160-0004 東京都新宿区四谷2-14-8 YPCビル5階
TEL: 03-3350-9002 / FAX: 03-3350-9008 / info@univers.or.jp

◆ 社会福祉法人 読売光と愛の事業団

https://www.yomiuri-hikari.or.jp

〒100-8055 東京都千代田区大手町1-7-1 読売新聞東京本社内
TEL: 03-3217-3473 / FAX: 03-3217-3474 / hikari-ai@yomiuri.com

◆ 公益財団法人 楽天未来のつばさ

http://www.mirainotsubasa.or.jp

〒162-0022 東京都新宿区新宿6-27-30 新宿イーストサイドスクエア16階
TEL: 03-6205-5638 / FAX: 03-6205-5639

◆ ラッシュジャパン合同会社

〒243-0303 神奈川県愛甲郡愛川町中津4027-3 （愛川内陸工業団地内）

東京都社会福祉協議会
民間助成団体部会
ごあんない

様々な分野の市民活動へ助成する団体が学び合い・交流しています。

民間助成団体部会は、社会福祉分野をはじめとした生活上の課題すべての分野において活動しているボランティア・NPOなどの市民活動や非営利法人に助成を行っている団体がネットワークをもち、協議する中で、助成活動の一層の向上と発展に資することを目的として、2001年に設立されました。

総会
会員間で課題の出し合いや情報交換をし、部会の取り組みや方向性を決めます。顔の見える人数でざっくばらんに話し合いができます。

公益法人改革、市民活動団体への寄付税制の問題等について検討

学習会
その時々の課題をクローズアップし、市民活動団体など助成先となる現場の事例提供者を交えながら会員同士で勉強する会です。

災害救援ボランティア、任意団体からNPO法人への移行事例など学習

研究協議会
年に一度宿泊（1泊）をしながら、いくつかのテーマを講師を招いてじっくりと研究します。交流も深め合うことができる会です。

福祉施設の被災を契機に助成団体の共同による緊急助成が実現

情報交換会
会員以外の民間助成団体も参加して、社会福祉の動向や市民活動をめぐる情勢などの情報提供と、各団体の助成事業の状況について情報交換を行います。

高齢者支援、環境学習、スポーツ参加など地域でとりくむNPOと自治体の委託・協働について情報提供

研究協議会の様子

『ボランティア・市民活動助成ガイドブック』の発行
民間助成団体の助成事業を一覧にしています。（共編）

メーリングリスト
助成先決定など会員間の日常的な情報交流に。

会員団体
(2023年6月現在・順不同)

公益財団法人昭和池田記念財団
社会福祉法人東京都共同募金会
公益財団法人明治安田こころの健康財団
社会福祉法人松の花基金
公益財団法人日本社会福祉弘済会
公益財団法人SOMPO福祉財団
公益財団法人みずほ教育福祉財団
社会福祉法人読売光と愛の事業団
公益財団法人ヤマト福祉財団
公益財団法人原田積善会
社会福祉法人木下財団
公益財団法人愛恵福祉支援財団
公益財団法人ホース未来福祉財団

社会福祉法人清水基金
社会福祉法人丸紅基金
社会福祉法人テレビ朝日福祉文化事業団
社会福祉法人朝日新聞厚生文化事業団
公益財団法人日本テレビ小鳩文化事業団
公益財団法人太陽生命厚生財団
公益財団法人キリン福祉財団
中央労働金庫
公益財団法人みずほ福祉助成財団
社会福祉法人NHK厚生文化事業団
公益財団法人小林製薬青い鳥財団

東京ボランティア・市民活動センターのホームページにも掲載しています。
https://www.tvac.or.jp/tvac/programs/fund.html

ボランティア・市民活動助成
ガイドブック 2023—2024

発　行／東京ボランティア・市民活動センター
共同発行／東京都社会福祉協議会民間助成団体部会
〒162-0823
東京都新宿区神楽河岸1-1
TEL　03-3235-1171
FAX　03-3235-0050

２０２３年６月

（センター管理用）